Wäis Kiani
Die Susi-Krise

PIPER

Zu diesem Buch

Stirb, Susi! So hieß der Schlachtruf, als Frauen merkten, dass sie sich neben diesen soften Frauenverstehern nicht sexy fühlen und sich den echten Mann zurückwünschten. Doch die Susis haben nicht nur überlebt, sondern sich auch rapide vermehrt und sind schuld an der Susi-Krise: Die Frauen sind attraktiv, klug, selbstbewusst und wissen, was sie wollen. Die Männer haben ihre Haare verloren, lassen sich einen Bauchansatz wachsen und brauchen gleichzeitig wieder so viel Bestätigung und devote Bewunderung wie ein Kleinkind. Da sie die gleichaltrigen Frauen weder mit ihrem Auto noch ihrem Lifestyle beeindrucken können, müssen sie auf junge Mädchen zurückgreifen – lassen es aber perfiderweise so aussehen, als wären die gleichaltrigen Frauen nicht mehr knackig genug.
Wäis Kiani erklärt klug und entlarvend die große Krise des Erwachsenwerdens, warum auch erwachsene Frauen sich noch echte Männer wünschen, warum der Susi-Mann nicht ausstirbt und wieso Frauen immer noch dringend Männer brauchen, obwohl sie ohne sie viel glücklicher sind.

Wäis Kiani wurde in der Nähe von Frankfurt am Main geboren. Als Journalistin und Kolumnistin schreibt sie für verschiedene Zeitungen und Magazine (u. a. FAS, InStyle, L'officiel Homme, Sonntagsblick). Dabei beschäftigt sie sich überwiegend mit gesellschaftskritischen Themen. Die Idee zu ihrem ersten Buch entstand, kurz nachdem Wäis Kiani im Dezember 2003 mit einem Artikel in der Süddeutschen Zeitung mit dem Titel »Stirb, Susi!« für Furore sorgte. Wäis Kiani lebt und arbeitet in München und Zürich.

Wäis Kiani

Die Susi-Krise

Warum Frauen keine Männer mehr brauchen
und sich jetzt langweilen

PIPER
München Berlin Zürich

Mehr über unsere Autoren und Bücher:
www.piper.de

MIX
Papier aus verantwortungsvollen Quellen
FSC® C083411

Originalausgabe
September 2015

Umschlaggestaltung: ZERO-Werbeagentur, München
Umschlagabbildung: GettyImages/Susan Hassmann
Satz: Satz für Satz. Barbara Reischmann, Wangen im Allgäu
Gesetzt aus der Sabon
Druck und Bindung: CPI books GmbH, Leck
Printed in Germany ISBN 978-3-492-30588-4

Inhalt

Intro

Als ich im Jahr 2003 *Stirb, Susi!*, den Vorläufer dieses Buches, schrieb, hat niemand mit dem gerechnet, was das Buch damals auslöste. Ich hatte nur aufgeschrieben, worauf wir Frauen bei Männern stehen und was wir nicht wollen, weil es uns abturnt. Basiert haben meine damaligen Erkenntnisse auf meinen eigenen Erfahrungen seit der Pubertät und meinen Beobachtungen. Den No-go-Typen, das Weichei, den Softie ohne Eier, den nannte ich, nur der Abgrenzung halber: Susi. *Stirb, Susi!* wurde zum Schlachtruf, und die Anti-Susi, also der echte Mann, wurde als Macho deklariert. Schon war ich die Macho-Freundin und die Männerversteherin.

Jetzt sind wir zehn Jahre weiter, und plötzlich ist alles ganz anders. Wir Frauen sind älter geworden, so wie die Susis und Machos auch. Wir sind das, was man »erwachsen« nennt. Und kommen damit nicht gut zurecht. Was ist los mit den Männern? Und was ist los mit uns Frauen? Wir sind genervt von den Männern, die wir nicht mehr brauchen, um zu überleben, aber das Leben ohne Mann finden wir auch entsetzlich leer und langweilig. Und warum können wir plötzlich mit den Männern in unserem Alter nichts mehr anfangen und die nichts mit uns?

Was ist der Stand der Dinge?

Dieses Buch liefert keine Lösungen. Aber es beantwortet einige Fragen, die wir uns alle im Wandel der Zeit stellen, und es ist ein stabiler Helfer durch die Krise.

Danken möchte ich allen Männern, die mich in den letzten zehn Jahren begleitet und zu diesem Buch inspiriert haben. Ich liebe euch alle!

Wäis Kiani, Ibiza, im Juni 2015

#männer_brauchen

Seit den Siebzigerjahren ist es bei uns in Mitteleuropa modern, als Frau unabhängig zu sein. Die moderne Frau braucht keinen Mann, um ihr Leben zu meistern. »Was für eine unabhängige Frau«, wurde anerkennend geraunt, sobald es eine schaffte, ohne die Hilfe eines Mannes die Straße zu überqueren und dabei nicht überfahren zu werden. Unabhängig sein ist cool, abhängig sein das Gegenteil. Offiziell jedenfalls. Frauen sollen und wollen keine Männer mehr brauchen. Denn wer etwas braucht, ist abhängig und nicht frei.

So wurden die Kinder schon im frühen Alter möglichst gleich erzogen. Kleine Mädchen wurden in dieselben Latzhosen und Gummistiefel gesteckt wie kleine Jungen, auch wenn sie lieber Kleidchen mit weiten Röcken (in denen sie sich ganz lange drehen und dann auf den Boden werfen konnten, und dann breitete sich der Rock wie ein Fächer bei Cinderella um sie aus) und alles in Rosa wollten. In den Schulen hatten die Jungen Handarbeitsunterricht und die Mädchen Handwerken. Und was dabei passierte, war erstaunlich: Die Topflappen der Jungen waren genauso schön wie die der Mädchen, und die Jungs hatten großen Spaß am Häkeln und konnten gar nicht genug davon kriegen. Die Mädchen wünschten sich statt rosa Feenkleider mit Flügeln lieber einen soliden Handwerkskasten, den sie überallhin mitnahmen.

Nein, Spaß beiseite, so war es natürlich nicht. Die Jungs konnten die Häkelnadel kaum halten, ihre Topflappen waren wie verknotete Würste, die man nur noch dem Hund zum Zerkauen geben konnte, während sich die Mädchen bis zur letzten Stunde vor den Ferien beim Installieren einer Leuchtdiode zu Tode langweilten und verächtlich zusahen, wie die Jungs mit heraushängender Zunge an den kleinen Lampen und Drähten herummachten und am Ende laut triumphierten, wenn sie den winzigen Schalter betätigten und es blinkte.

An dieser Stelle höre ich förmlich das empörte Geschrei von Millionen Feministinnen in diesen Schuhen, die vorne breiter sind als hinten. Moment, liebe Bequemschuhträgerinnen, beruhigt euch! Es ist nicht so, dass kein Mädchen das Prinzip der Halbleiterdiode versteht, aber die meisten tun es nun einmal nicht, daran kann weder die Emanzipation noch Gott noch ein Gesetz etwas ändern. Oder sagen wir so: Die meisten tun es nicht, weil sie nicht wollen und weil sie sich für andere Dinge interessieren. Aber sie könnten, wenn sie wirklich wollten. Und die Jungen, deren Topflappen wunderschön gleichmäßig gehäkelt sind ... nun, was aus denen wird, wissen wir ja. Sie werden sich vermutlich bald an eine Nähmaschine setzen und erst Kleider für ihre Muttis nähen und später Modedesigner werden. Oder sie werden zumindest ihr ganzes Leben davon träumen.

Aber Mädchen brauchen keinen Jungen, die schöne Topflappen häkeln, das können sie selbst, ihre Mutter, ihre Freundin, ihre Schwester oder die Oma besser. Sie brauchen den Typen mit dem totalen Leuchtdioden-Durchblick, der wird gebraucht. Denn in dem Moment, wo er sich über ihre Diodenplatte beugt und an dem fragilen Silberdrahtzeug herumlötet, während das heiße weiche Silber in einem dicken Tropfen vom Lötstab abfällt und sofort fest wird, sieht sie ihn an und denkt: *Er hat so schöne lange braune Wimpern, so lange, dass man sie zwischen die Lippen nehmen und küssen möchte …* Wenn der Junge ihr dann die Platte hinschiebt und kurz sagt: »Hier, funktioniert!«, wird sie traurig, weil er sich jetzt auf sein Bike schwingen und wegfahren wird, weg von ihr, in sein eigenes aufregendes Jungsleben. Sie geht mit ihm zu den Fahrrädern, er schließt sein schweres Abus-Stahlrohr-Bügelschloss auf, und wenn er dann endlich sagt: »Wollen wir noch irgendwo ein Eis essen?«, ist sie das glücklichste Mädchen der Welt.

Das ist auch genau der Moment, in dem der ganze Handwerksunterricht seiner wahren Bestimmung zugeführt wird: nämlich dem Zusammenführen der Geschlechter im frühen Alter.

#doppeltes_uebel

Frauen sind komisch. Erst mühen sie sich jahrzehntelang ab, kämpfen um ihre Rechte und um Gleichberechtigung und wollen unabhängig sein und bitte keinen Mann mehr zum Leben brauchen. Und wenn es nach vierzig Jahren Geschlechterkampf endlich so ist und sie frei und unabhängig ihr Leben genießen dürfen, ohne dass ihnen die Gesellschaft einen Mann zur Existenzsicherung abverlangt, wünschen sie sich nichts sehnlicher als ... einen Mann.

Es ist natürlich so, dass sie nun nicht mehr einen Mann wollen, weil sie einen wollen müssen, sondern weil sie einfach wollen. Es ist sozusagen genetisch in ihnen verankert. Es geht um #liebe, #aufmerksamkeitssucht und #vaginalsucht. Frauen wollen einen Mann, um sich vollkommen oder wenigstens nicht komplett unvollkommen zu fühlen, um sich neben der männlichen Energie besser als Frau zu spüren und durch den Mann zu einer besseren Frau heranreifen zu können. Oder auch, weil sie nur jemanden brauchen, den sie ärgern können.

Männer dagegen brauchen keine Frau, um sich vollkommen zu fühlen. Sie erlangen das Gefühl der Vollkommenheit durch ihre Arbeit, durch #geld und durch die Macht, die sie durch ihren Status erhalten. Frauen brauchen Männer nicht mehr, weil sie deren Status oder #geld brauchen (Ausnahme: die Hochschläferin), sie sind in dieser Hinsicht unabhängig geworden. Aber durch die neue Unabhängigkeit sind auch die Ansprüche entsprechend hoch. Merke: Je unabhängiger, desto schwerer vermittelbar ist die Frau. Denn Männer träumen zwar von einer Beziehung auf #augenhöhe, können diese aber meistens nicht ertragen. Und je unabhängiger die Frau wird, desto unangenehm schlechter drauf wird sie sein, weil sie keinen finden wird, der ihren Ansprüchen gerecht wird. Dann kommt es zu dem, was man im Volksmund »verbitterte Zitronenmöse« nennt. Also ein doppeltes Übel, das alle Männer noch weiter wegtreibt: kein Mann und schlechte Laune.

Zitronenmösen sagen sich die ganze Zeit, dass sie keinen Mann brauchen. Aber sie wollen in Wahrheit nur eins: in die starken, fleischigen Arme eines Mannes sinken und sich dadurch geliebt und weiblich und unabhängig und gleichwertig fühlen. Aber das zu schaffen ist schwieriger, als einer Katze das Apportieren beizubringen. Denn starke Frauen sind sehr viel stärker als starke Männer. Schwache Frauen sind ja schon stärker als starke Männer – wie viel stärker, belastbarer, selbstbewusster ist erst die starke, unabhängige Frau?

Die Frau, die es geschafft hat, sich durchzubeißen, um in eine Position zu gelangen, in der sie ihr Leben selbst bestimmen und finanzieren kann, ist unglaublich stark geworden durch die vielen Kämpfe, die sie ausfechten und gewinnen musste, bevor sie an diesen Punkt gelangen konnte, der für jeden Mann von Geburt an ganz selbstverständlich ist.

Sobald Frauen in Entscheiderpositionen kommen, stellen sie fest, dass das auch ganz schön lästig und nervig sein kann. Entscheidungen zu treffen ist anstrengend, man muss unangenehme Dinge tun wie Leute motivieren oder ihnen mehr oder weniger schonend beibringen, dass sie die Anforderungen nicht erfüllen. Man muss sich permanent neu beweisen und wird ständig von der Angst begleitet, das Level nicht mehr halten zu können und dann zu fallen. Und tatsächlich fällt man oft, und dann muss man damit fertigwerden. Oder da ist diese Angst, von einer Besseren/Jüngeren/Hübscheren ausgestochen zu werden. Die Angst, bloßgestellt zu werden. Vielleicht sogar von einem Mann. Hinzu kommt, dass Frauen grundsätzlich immer mehr können und auch in ihrem Job besser sein müssen als Männer, um fast genauso erfolgreich zu sein. Sie müssen sich mehr einsetzen als Männer, um fast genauso weit zu kommen, und sie müssen mehr vorweisen können, um halb so viel Respekt zu erlangen wie ein Mann in derselben Position. Von #geld gar nicht zu reden, da in höheren Positionen kaum noch jemand über sein Einkommen spricht. Fest steht: Es ist vollkommen normal, dass Männer höher dotiert werden als Frauen, sie dürfen einen größeren Geschäftswagen fahren – und sollen das bitte schön auch (er einen A4; sie einen A1, mehr verlangt sie auch nicht) –, und sie bekommen ein höheres Spesenkonto. Natürlich ist das gesetzlich nicht so festgelegt, und alle Personalchefs und alle Männer werden das abstreiten, aber in der Praxis sieht es hierzulande so aus. Dass es allein eine ernsthafte Debatte gibt, die »Lohndebatte« heißt, sagt schon alles.

Diese Angst und die Ungerechtigkeiten hauen schon im Vorfeld viele Frauen um und entmutigen sie, überhaupt den kämpferischen Weg zu gehen. Was zur Folge hat, dass in den oberen Chefetagen branchendeckend so gut wie keine Frauen zu finden sind. Hinzu kommt, dass man sich als Frau in vielen anderen Bereichen außerhalb des Jobs eben noch stärker behaupten und zusätzlich andere Kämpfe kämpfen muss, zum Beispiel:

- den Kampf mit Kollegen oder Vorgesetzten, die eine Frau sexuell attraktiv finden und sich die Frechheit herausnehmen, das ganz offen kundzutun. Ist die Frau so dumm, sich darauf einzulassen, wird sie bald ihren Job verlieren. Lässt sie sich nicht auf die lästigen Avancen ein und erteilt ihm eine Abfuhr, hat sie einen gefährlichen Feind in ihrer Nähe, der dafür sorgen wird, dass sie nicht weiterkommt.

- den Kampf der neidischen Kolleginnen, die sich selbst nichts zutrauen und es nicht ertragen, dass ihnen eine andere durch ihren Mut die fetten Früchte wegschnappt.
- den Kampf mit der Susi zu Hause. Die erwachsene Susi verdient immer noch nicht genug #geld, hat keinen Waschbrettbauch, fährt kein besonderes Auto und hat natürlich keine echten Eier, sondern nur vorgetäuschte. Das perfekte Opfer für machthungrige Frauen, die sich mehr als eine Susi auf einem klapprigen Fahrrad auf dem Weg zu Lidl nicht zutrauen. Entweder, weil sie sich als Frau in der realen Welt keine Machtposition zutrauen, oder weil sie es gewöhnt sind, die Hosen anzuhaben. Oder weil sie den Kampf um die Rolle desjenigen, der dominieren darf, lieben und das ständige Armdrück-Spiel mit ihrer Susi brauchen, um sich zu spüren. Wobei er dabei natürlich immer verliert, weil sie zur Not zu unlauteren Mitteln greifen. Denn a) ist er ja eine Susi und b) erträgt er nichts. Schon gar keine Kälte, Geschrei und Gezicke. Und weil er natürlich auch, wie alle Männer, eine versteckte #sexist-susi ist, wird er sich aus dem Hinterhalt mies rächen und sich einen jüngeren, anspruchsloseren und unkomplizierteren Ersatz suchen. Am Ende bleiben die Frauen wieder als Verliererinnen und allein auf der Strecke.
- den Kampf mit den Männern. Dieser findet nicht statt. Erwachsene Männer kämpfen nicht mit Frauen. Und schon gar nicht mit kampflustigen Frauen. Vielleicht um Frauen mit anderen Männern, aber nie mit Frauen. Und schon gar nicht darum, wer das Sagen hat, denn diese Frage stellt sich bei echten Männern gar nicht. Da gibt es keine Diskussionen, Frau ist entweder Frau, oder Frau geht und andere Frau, die das besser verstanden hat, besetzt ihre Stelle. Das

ist sehr bitter, aber leider Fakt. Wenn die Frau sich am Anfang einer Bekanntschaft mit einem Mann klug verstellt, damit der Mann nicht merkt, dass sie in Wahrheit ein machthungriger Drachen ist und ihn nur bezwingen will, wird er sie, kurz nachdem sie sich selbst aus Versehen die liebliche Maske heruntergerissen und ihn Feuer speiend in eine Wolke gehüllt hat, einfach wortlos verlassen. Echte Männer haben keine Nerven und keine Energie für sinnlose Grabenkämpfe mit Frauen. Und sie sehen Frauen zudem auch nicht als bekämpfbare Gegner, weil sie meistens offene #sexist-susis sind. Frauen sind für sie eben Frauen, nicht mehr und nicht weniger. Deswegen bleibt der Traum von einer Beziehung auf #augenhöhe ab vierzig eben nur ein Traum.

- den Kampf zu Hause, wenn der Partner weniger erfolgreich ist als sie. Der Mann, der sich neben seiner erfolgreicheren, strahlenderen Frau klein fühlt, greift gern zu unlauteren Methoden, um sich besser zu fühlen. Er quält sie. Und womit kann er sie am besten quälen? Indem er ihre #aufmerksamkeitssucht ausnutzt und sie ignoriert oder zusätzlich eine andere liebt. Quälen und entwürdigen. Das hat Prince Charles mit Lady Diana so gemacht und Ethan Hawke mit Uma Thurman. Und es wird auch jeder andere Mann so tun.
- den Kampf mit den Kindern, sofern vorhanden. Karrieremütter müssen sich ständig von Lehrern, Schulleitern und BILD-Kolumnisten vorhalten lassen, dass sie ihre Kinder nicht ausreichend bemuttern.
- den Kampf, als Frau gut auszusehen und einen Mann zu finden, der sich das ansieht, da dies allein ihren Wert ausmacht.
- den Kampf, sich ständig dafür rechtfertigen zu müssen, keine Kinder zu wollen und keine Ehe zu führen. Eine Frau die keine Familie gründen möchte, sich für Kinder und Ehe

nicht interessiert, aber ansonsten vollkommen in Ordnung ist – attraktiv, gesund und glücklich –, ist verdächtig und nicht normal. So modern ist unsere Gesellschaft.

Ja, viele Kämpfe sind das, im täglichen Leben sind es sogar noch viel mehr. It's a long way to go!

#awas

Die Menschen altern heutzutage ganz anders als noch vor etwa zwanzig Jahren. Dreißigjährige sind heute noch Jugendliche, und Vierzigjährige bereiten sich auf das Erwachsenwerden vor. Und mit fünfzig wird uns bewusst: Es bleibt nicht mehr viel Zeit, um sich zusammenzureißen. In der Praxis sieht es so aus, dass sich der Schwerpunkt des Glücklichseins in den ersten dreißig bis vierzig Jahren tageszeitlich auf den Abend konzentriert, wohingegen es sich nach der Wende zum Erwachsenwerden eher auf den Tag verschiebt.

Diese spezifische Verschiebung hin zum Erwachsensein kannten unsere Eltern nicht. Sie waren schon mit fünfundzwanzig alt. Aber wir, die nachfolgende Generation, werden auch alt und befinden uns zwar schon lange im Erwachsenenalter, sind aber im Geiste und im Herzen sehr jung, fast noch jugendlich, und fühlen uns in unseren Interessen, unserem Lebensstil, unserer Ausdrucksweise und unseren Bedürfnissen in keiner Weise alt. Wenn wir das Leben des Jugendlichen nicht mehr zelebrieren können und wollen, aber das Erwachsensein langweilig finden, dann sind wir: Awas. Was so viel bedeutet wie: adults with attitude.

Deutschland ist ein Awa-feindliches Land, bei uns wird den armen Awas nicht viel geboten. Simples Sich-Vergnügen hört ab etwa Mitte dreißig auf. Wenn ein Awa gerne Dinge tun möchte, wie laute, schöne Musik hören und/oder sogar vielleicht tanzen, steht er als einsamer Greis zwischen Kindern. Für den Awa gibt es die normalen Erwachsenen-Beschäftigungen, die bis Achtzigplus passen: Theater, klassische Konzerte, Musicals, Museen, Ausstellungen, Lesungen, Golf, Oper, Tennis, Kunst, Zeug sammeln und bei langweiligen Dinnertafeln über all diese Dinge schwafeln. Dinge eben, die man als Erwachsener so macht, die aber den anspruchsvollen und verwöhnten Awa nicht erfüllen.

Der Awa will sich amüsieren, kann es jedoch nicht, also langweilt er sich die ganze Zeit (#langeweile). In seinem bisherigen Leben war der arme Awa schon überall, er hat schon viel gesehen und erlebt. Wirklich viel. Doch Awas sind zwar übersättigt und schwer zu beeindrucken, aber sie sind noch nicht fertig. Sie kennen viel, aber nicht alles. Sie suchen immer noch, und sie wissen nicht genau, wie es weitergehen soll. Das macht den Awas Angst, denn sie wussten es vierzig Jahre ganz genau, und ihr Leben lief wie an einer schönen Schnur, an der eine glitzernde Diskokugel nach der anderen aufgereiht war: Partys, Exzesse, Spaß bis zum Umfallen, #sex, Dates, Leidenschaft, Romantik und Herzblut.

Und dann hört das fast schlagartig auf. Der Awa könnte zwar einfach weitermachen, aber der Spaß ist vorbei. Stattdessen sitzt der Awa mit sechs anderen gelangweilten Awas vor seiner Sashimi-Platte in einem Sushi-Restaurant ohne sexy Stimmung, wie es zum Beispiel in jedem Nobu-Restaurant dieser Welt zu überprüfen ist (in der Besenkammer der Londoner Filiale wurde Boris Becker seinerzeit Opfer von Samenraub). Danach gibt es noch ein paar langweilige Drinks in einer trendy Bar und dann schnell nach Hause und ins Bett. Das kann doch nicht alles gewesen sein, denkt der Awa noch unglücklich, bevor er einschläft, denn am nächsten Morgen kommt der Fitnesstrainer, um den schlappen Awa-Körper zu trainieren.

In Deutschland gibt es noch nicht einmal ein Nobu, und es sind auch keine Fälle von Samenraub in Szene-Restaurants bekannt. Kein Wunder, dass sich die Awas langweilen.

Awas waren zu lange und zu intensiv jung und sind an Thrills, Kicks, große Auftritte und ständigen Input gewöhnt. Sie sind auf der ewigen Suche nach dem, worum es als Nächstes geht, und die Suche selbst ist ihr Lebenselixier. Diese Rastlosigkeit lässt ab Ende dreißig nach, da machen sich Job, #karriere, Geldverdienen, Familie, Kinder, Disziplin, Scheidung, Alleinerziehung und andere Dinge im Leben breit. Während der fünfundzwanzigjährige männliche Awa nur die richtigen Turnschuhe, einen angemessenen Musikgeschmack und Kenntnis der Clubszene brauchte, muss sich der vierzigjährige Awa, egal ob männlich oder weiblich, durch Erfolg und Verantwortungsbewusstsein Respekt verschaffen.

Die weibliche Awa hat sich in ihrer Jugend für nichts anderes interessiert als für sich, ihre Verehrer, den aktuellen Boyfriend und vielleicht noch für die fünf besten Freundinnen, mit denen sie sich wiederum über Klamotten, Jungs und Partys ausgetauscht hat. Doch irgendwann entwischt der süße Vogel Jugend unbemerkt, und nichts fühlt sich noch so intensiv an, dass sie ständig das Gefühl hat, auf Messers Schneide zu stehen. Der Sommer ist kein »Summer of Love« mehr, sondern nur noch ein viel zu kurzer Sommer mit zwei Wochen Urlaub. Sie verbringt diesen nicht knutschend an Flüssen und Seen oder Stränden und nicht kiffend in Parks, sondern sie macht Ferien in einem Finca-Hotel, spielt tagsüber Golf, trägt am Strand statt Wildleder-Hotpants bequeme Tunikas mit Zebramuster und geht pünktlich zur reservierten Zeit ins Restaurant und sitzt danach noch auf ein paar Longdrinks in einer Strandbar, anstatt mit einer Handvoll sommersprossigen Iren auf den Strandliegen unter dem Sternenhimmel mit ein paar

Flaschen Vino aus dem Supermarkt die Nacht durchzumachen.

Es ist nicht so, dass die Awas diese Zeit ihrer Jugend zurücksehnen, aber sie langweilen sich in der realen Erwachsenenwelt und können sich nur kurzzeitig mit richtigen Erwachsenen, vorzugsweise aus beruflichen oder familiären Gründen, zusammensetzen. Die Business-Partner, Auftraggeber, Nachbarn und anderen Eltern reden auch nur von dem besten Biomarkt, von ihren Food-Intoleranzen (#food-intolerance-sucht) oder von ihrem Fitnesstrainer und tauschen sich darüber aus, wie sie ihr #geld in Kunst und Immobilien anlegen wollen. Und welche Finca-Hotels mit angrenzenden Golfplätzen auf Mallorca wirklich zu empfehlen sind.

Bei den Awas handelt es sich um ein internationales Metropolen-Phänomen. In der Provinz, auf dem Land oder in Städten wie Hameln, Wiesbaden oder Fulda gibt es das Awa-Problem wenig bis gar nicht. In Deutschland ist Berlin die Hochburg der Awas, zumal in Berlin Erwachsenwerden generell verpönt ist. Sechzigjährige Punks, die mit Bierdose schnorren, gehören zum Stadtbild. International lieben Awas folgende Städte: New York, London, Dubai, Tokio, Los Angeles, Paris, Hongkong, Tel Aviv und neuerdings Istanbul.

In der Dritten Welt gibt es keine Awas, da wird man mit fünfundzwanzig schon erwachsen, heiratet bei der ersten Gelegenheit und bekommt Kinder. Und dann hat man genug Probleme. Genauso in Ländern wie Indien oder Saudi-Arabien: Auch da hat man zu viele andere Sorgen.

Dafür versammeln sich in England so gut wie alle vierzig- bis sechzigjährigen Awas. London ist wie ein Vergnügungspark für Ü-Vierziger. Alles ist darauf ausgerichtet, dass sich wirklich jeder in jedem Alter stilvoll amüsieren kann, egal in welcher geistigen oder materiellen Verfassung er sich befindet. London ist ein gigantisches Awa-Nest, wer nicht ein Kid ist, ist ein Awa, und jeder weiß, dass Awas leicht depressiv werden oder das Gefühl bekommen könnten, das Leben sei vorbei. So gibt es alles überall, was die Awas aufmuntert. Es gibt die richtige Lektüre an jedem Kiosk, Männer-Lifestylemagazine wie *GQ* oder *Loaded* werden nicht von Schwulen, sondern von Awas gemacht und gelesen, weil alles drinsteht, was zum Coolsein als Awa gehört. Es gibt fancy Restaurants wie das Peyote, das Zuma oder das Hakkassan, wo es fantastische Mexican-Japanese-Fusion-Food-Kreationen gibt, von denen wir in Deutschland noch nicht mal träumen dürfen. Alles vom Menü bis zum Ambiente ist ganz auf die hohen Ansprüche der Awas abgestimmt. So auch die vielen Members Only Clubs, die schon allein deshalb Spaß machen, weil nicht jeder rein darf, wie das uberhippe Chiltern Firehouse, der etwas langweilige Arts Club in Mayfair oder das legendäre Annabels. Oder für die Normaleren das Soho House in Soho, in das im Gegensatz zu Berlin, wo sich Hinz und Kunz herumtreiben und man noch nicht mal im Notfall etwas essen möchte, wirklich nur Members reindürfen und man ausgezeichnet speisen kann. Tanzwütige Awas können in den neuen Crescent Club oder in den Kinky Box Club gehen, oder sie können sich unter die Clubber ins Fabric mischen.

Wer sich komplett zurichten will, als wäre es 1994, kann dies auch mit fünfzig tun, ohne sich beim Raven wie ein Päderast zu fühlen. Die Engländer haben sogar einen Fachterminus dafür: Greyver – Raver with grey hair. Auch sonntags, oder gerade sonntags wird für den sensiblen Awa differenziertes Entertainment geboten. Neben allen Museen, Ausstellungen und anderen Kulturveranstaltungen, die viel weniger bedeutungslos sind als bei uns, gibt es in allen Pubs bis vier Uhr nachmittags ein ordentliches Sunday Roast, einen Sonntagsbraten mit beeindruckenden Beilagen, dazu alle, wirklich alle Sonntagszeitungen und eine Bombenstimmung. In London kommt der Awa also nach einem erfüllten Wochenende nach Hause geschlendert, um sich montags gestärkt seiner #karriere zu widmen.

Nicht ganz so perfekt, aber immer noch gut genug, ist der

Lifestyle der Awas in Paris. Dort sind Baron André, Macher des legendären Le Baron Clubs Paris und anderer wichtiger Adressen wie der neue Club Castel, und Purple-Magazine-Macher Olivier Zahm die beiden Szene-Könige des Pariser Nachtlebens, und sie sind selbst schon beide fast fünfzigjährige Familienväter. Bei den Franzosen ist es sogar für sechzigjährige Herren selbstverständlich, auf ihren Sex-Appeal zu achten, genauso wie für die reifsten Ladies. Sich nachts in Abendgarderobe zu lauter Musik rauchend und trinkend in dunklen puffähnlichen Räumlichkeiten zu amüsieren, ist ein Must, auf den der erwachsene Pariser auf keinen Fall verzichten möchte.

Nicht so bei uns. Bei uns bleibt dem Awa keine andere Wahl, als sich auf dem Sofa liegend mit ein paar Fernbedienungen in der Hand in die #midlife-crisis zu stürzen.

#susi_krise

Ein bekannter TV-Star, dessen Namen wir leider nicht verraten dürfen, sagte nach seinem einundvierzigsten Geburtstag zu einer guten Freundin:

»Ich habe keinen Bock.«

»Worauf?«

(Eine berechtigte Frage, denn er sah, im Gegensatz zu seinen Artgenossen, noch einwandfrei und wenig abgenutzt aus und war sowohl auf dem Kopf als auch im Gesicht ausreichend behaart.)

»Ich bin nicht der Mann geworden, der ich mit vierzig sein wollte«, sagte er betrübt. »Und ich habe auch keinen Bock, es zu werden.«

»Wieso nicht?«

»Zu anstrengend alles. Ich habe keinen Bock, jeden Tag ins Gym zu rennen, keinen Bock auf wenig saufen und nach 15 Uhr keine Carbs essen. Keinen Bock auf richtig viel #geld verdienen. Und auf Frauen habe ich auch keinen Bock mehr. Gehen mir nur noch auf die Nerven, kosten #geld und finden mich unreif.«

Wahre Worte! Früher oder später nach dem vierzigsten Geburtstag wird auch der smarteste, charmanteste und boyishste Mann sein Spiegelbild ansehen und feststellen: Der Haaransatz ist nicht dichter, der Bauch nicht waschbrettiger geworden, und mit den drei Eigenschaften, die laut Andy Warhol die Attraktivität eines Mannes ausmachen – #geld, Status, Macht –, ist es auch nicht so weit gekommen wie geplant. Stattdessen sind die gleichaltrigen Frauen, mit denen man sich bis jetzt herumschlug, nicht mehr zu genießen. Das Problem? Er kann es ihnen als Mann nicht mehr recht machen, denn sie wissen selbst nicht genau, was sie wollen. Zu Hause darf er kein Fleisch essen, keine Kuhmilch und nur wenig Alkohol trinken, und am Wochenende darf er nicht in sein MacBook oder iPad starren, geschweige denn Playstation spielen. Er kann mit ihr nicht mehr TV schauen wie früher, und auch nicht ins Kino, weil sie *Django Unchained* unerträglich findet. Dafür ist sie süchtig nach Serien wie *Dr. House*, *Carnivàle* und *West Wing*. Geht er mit ihr aus, nörgelt sie über das Essen, den Service oder über die anderen Frauen.

Überhaupt, das Essen. Mit den gleichaltrigen Frauen kann man nicht mehr essen, weil sie alle nichts mehr essen oder glauben, nichts zu vertragen (siehe #detoxsucht, #food-intolerance-sucht). Geht er ohne sie aus, erwarten ihn danach Ärger und die Frage, warum er sich mit seinen langweiligen Loser-Freunden besser amüsiert als mit ihr. Gibt es dazu noch eins oder mehrere Kinder, wird nur noch darum gestritten, wer sich zu viel oder zu wenig um den Nachwuchs kümmert, und bei all dem Stress kommt der #sex auch viel zu kurz, vor allem mit anderen Frauen.

Das alles ist dem Mann zu viel, haben sich doch bei ihm neben einer handfesten #midlife-crisis, Bauchansatz und Geheimratsecken auch ein paar neue Marotten wie Rückenschmerzen, Laktose-Unverträglichkeit und diverse #ängste eingeschlichen. Die Panik vor Potenzverlust und die Angst, nicht mehr begehrenswert zu sein, haben sich hinterlistig aus dem Nichts herangeschlichen. Genau wie die Furcht vor dem Tod, die den Alltag auch nicht gerade leichter macht. Der Mann ist vom Leben und vom Sein komplett überfordert und will eigentlich auch gar nicht älter oder erwachsen, wie sie das nennt, werden. Und die Frauen sind auch nicht mehr zu gebrauchen.

Ein anspruchsvoller Mann von Welt klagt: »Frauen haben generell keine Interessen. Nicht in dem Sinne, wie Männer Interessen haben und entwickeln. Ich kann über kanadische Schneidbretter für die Küche promovieren! Und wenn ein Mann mehr Dessous-Marken kennt als sie, am Wochenende zu einem Autorennen geht, einen Tag später eine Story über Landschaftsmalerei des frühen neunzehnten Jahrhunderts aus dem Ärmel schüttelt und danach vier Brioni-Hosen kauft, weil eine Farbe einfach zu wenig wäre, überfordert sie das. Frauen essen nichts, sie erkennen kein Filmzitat, sie denken, mit einem Paar Louboutins geht alles voran, sie kennen keine Musik außer Paolo Nutini, und sie wollen einen Trinity-Ring. Kann nicht gehen. Not for the good men.«

Und dann fügt er hinzu: »Ich will vögeln und dann endlos über Anderson diskutieren und dann vögeln und dann ein wissendes Lächeln ernten, wenn ich die Szene erwähne aus *Newsroom*, in der Will Mackenzie erklärt, warum Willie Nelsons Version von ›Always on my mind‹ noch besser ist als die von Elvis. Und dann könnte man theoretisch wieder vögeln.«

Nun, die Lösung all dieser Probleme liegt auf der Hand: die Twentysomething-Bitch. Plötzlich sind drei Bier am Abend nicht zu viel, sondern zu wenig, Fleisch sogar in Form von Burgern mit Weißbrot willkommen, und Restaurantbesuche aller Art werden stets mit freudiger Dankbarkeit honoriert. Im Urlaub macht ein Drei-Sterne-Hotelbett mit der jungen Begleitung mehr Spaß als sonst vier Sterne, der Hotel-Pool ist groß genug, es gibt genug Schatten, er muss in keine einzige Ausstellung, die gerade wichtig ist, darf aber dafür seine Lieblingsserien gucken, er darf sich vor dem Mittagessen schon eine Flasche Wein bestellen und abends eine Flasche Wodka in einem Nachtclub, wo die anderen Männer neidisch dabei zusehen, wie sie auf seinem Schoß sitzt und ihn verliebt umarmt. Alles ist plötzlich nicht gut, aber viel besser.

Wenn man die Susi fragt, warum er schon wieder eine sehr viel jüngere Freundin habe, die nichts außer Stress bringen würde, und ob ihm dieser Stress nicht langsam an die Substanz gehe, antwortet er:

»Ich kann nicht alleine sein.«

»Aber warum nicht? Warte doch lieber.«

»Weil ich sonst noch mehr trinke. Ich bin dann jeden Abend unterwegs und besoffen.«

Die Beziehung als Schutz vor Selbstzerstörung also. Das ist unreif und kindisch. Keine erwachsene Frau möchte diese Rolle spielen: ihn hüten, damit er existieren kann. Und sich nicht selber zerstört. Da ist er, der Grund, warum Männer ab vierzig Susis sind, die keine gleichaltrigen Frauen vertragen.

Was die Susi in der Krise braucht: Bestätigung und #sex sowie jemanden, dem er alles erzählen kann. Was er in der Krise nicht mehr braucht: Machtkämpfe und die Aufforderung, endlich erwachsen zu werden.

Die Susi in der Krise ...

- liebt es, unangestrengt zu beeindrucken und sich reicher und mächtiger zu fühlen, als er ist.
- hasst es, sich unterlegen zu fühlen.
- isst im Restaurant Austern, Seafood, Steak; zu Hause: TK-Pizza.
- trägt Designeranzüge oder Jeans und Hemd (aus der Hose getragen) und Jackett; dazu Schuhe: Nike Air, Adidas Stan Smith, Desert Boots, Chelsea Boots.
- ist sportlich: Golfen auf Malle; Kieser-Training gegen Rückenschmerzen; im Sommer mit dem Cinelli-Bike und Helm auf Tour.

- sagt gerne: »Akzeptier mich bitte mit Bauch, Schatz.«
- schaut *Top Gear* im TV.
- verehrt Angelina Jolie.
- nutzt gerne eine Ausrede für alles: »Ich war den ganzen Tag im Meeting.«
- fährt einen Land Rover Defender.
- datet grundsätzlich nur digital; SMS und Facebook-Chat; verschickt Selfies.
- trifft man im Sommer auf Ibiza; im Winter in Kitzbühel.
- hütet ein Geheimnis: Liquid Viagra; und hat Angst, dass es nicht mehr wirkt.
- kann man gewinnen, indem man zugibt, noch nie japanisch gegessen zu haben.
- kann man verlieren, indem man beim Japaner die Karte auswendig kann und auf Japanisch bestellt.

#susi-frau

Der Vormarsch der männlichen Susi-Identitäten in den letzten zwanzig Jahren blieb natürlich nicht ohne Auswirkung auf den weiblichen Teil der Menschheit, sprich die zwischen 1960 und 1980 geborenen Frauen unserer Generation.

Die jungen Susis hatten mit ihrer Weichheit, Passivität und Unmännlichkeit eine verheerende Wirkung auf die Entwicklung in unserer Gesellschaft. Durch das rebellische Verweigern der vom Feminismus platt gewalzten Susi-Männer, Frauen nicht wie Frauen zu behandeln, sondern sich stattdessen mit ihnen um die weibliche Rolle zu streiten, haben sich auf der weiblichen Seite zwei vollkommen neue Spezies Frauen heranentwickelt: die Susi-Frau und der #susi-schreck.

Die Susi-Frau ist die Frau, die sich durch die Verweigerungshaltung der Susi-Männer an ihrer Seite, sich wie Männer zu benehmen, neben der Susi nicht weiblich fühlen konnte und durfte und als logische Konsequenz ihre störende Weiblichkeit zurückschrauben musste, anstatt sich von den weichen Susis zu distanzieren und ihre Kräfte mit echten Männern zu messen. Meistens hatte die Susi-Frau bereits einen Vater, der sich entweder einen Jungen gewünscht hätte und diesen nicht bekommen hat oder der einfach seine Tochter nicht wie ein richtiges Mädchen behandelt hat. Die Susi-Frau hatte es also meist als Kind schon nicht gelernt, von männlicher Seite in ihrer Weiblichkeit empfangen und belohnt zu werden. Unter Umständen war der Vater auch nur eine Susi und wusste nicht mit Frauen umzugehen. Es gibt viele Gründe, die eine erwachsene Frau in die Arme einer oder vieler Susis treiben können.

Frauen, die früh an Susis gerieten, sind vom Susitum gezeichnete Frauen. Sie durften sich nie wie ihre Geschlechtsgenossinnen Allüren erlauben, denn Allüren erträgt keine Susi. Weibliche Allüren sind der sofortige Killer für jede Susi. Um ihn, die Susi, nicht zu strapazieren, verachtet sie bis ins Alter Zickereien, geht stets auf Männer ein, verzeiht ihnen alles, was es zu verzeihen gibt, und bemerkt Verletzungen und Demütigungen zur Sicherheit erst gar nicht. Und stellt immer eine Entschuldigung für sein Missverhalten bereit. Sie kennt es ja weder, verwöhnt oder auf Händen getragen zu werden, noch, dass man ihr den Hof macht. Sie wird nicht auf Reisen eingeladen, geschweige denn angebettelt mitzufahren, sondern sie muss es vorschlagen – »Ich kann doch mitfahren!« – oder sich aufdrängen: »Ich fahre aber auf jeden Fall mit!« Ihre Kosten trägt sie selbstverständlich immer selbst, vielleicht sogar einen Teil von seinen. Ihr wird in einer gemeinsamen Wohnung kein eigenes Bad eingerichtet und kein Ankleidezimmer, in dem sie stundenlang am Telefon hängen kann, um mit ihren Freundinnen über andere Freundinnen zu reden. Sie hat sich abgewöhnt, Filme und Bücher zu lieben, von denen er nichts versteht, oder sich für Dinge zu interessieren, für die er keinen Sinn aufbringt. Sie tut nichts, wofür sie ein Kompliment ernten könnte, denn die bleiben ohnehin aus. Sie bekommt grundsätzlich keinen Schmuck geschenkt, darum sagt sie gerne vorschnell: »Ich mache mir nichts aus Schmuck.« Mittlerweile ist sie sogar selbst überzeugt davon.

Ihr lädt niemand alle wirklich wichtigen Apps auf ihr iPhone, sie weiß nicht, was »einen Standort schicken« heißt, und niemand schreibt unter eines ihrer Fotos auf Facebook: geiler Arsch. Sie wird auch nicht gezwungen, Instagram kennenzulernen. Niemand erklärt ihr, wieso ein Peugeot ein uncooles Auto ist und welches Bike ihr gut stünde. Niemand hat sie gebeten, die neuen Nietenpumps im Bett anzubehalten. Sie interessiert sich natürlich für Kunst, geht ständig in Ausstellungen, kennt aber Banksy nicht. Sie geht gerne ins Theater, liebt die Oper und trinkt gerne Wein – Weißwein, aber als Schorle. Sie kann nicht kochen, und wenn sie behauptet, es zu können, kann sie es trotzdem nicht. Aber meistens ruft sie schnippisch: »Ich kann nicht kochen!« Weil sie sich doch für keinen Mann in die Küche stellt. Das ist ihre Definition von Emanzipation. Sie versteht keinen Spaß und keine Ironie und keine rauen Witze. Dafür ist sie süchtig nach Quizshows. Die Susi-Frau hasst Serien wie *Mad Men*, weil sie ästhetisch zu anspruchsvoll sind, sagt aber: »Das ist total sexistisch!« und »Die rauchen alle die ganze Zeit!« Sie versteht keine Slang-Ausdrücke und weiß nicht, dass es einen Unterschied zwischen *Fuck you* und *Fick dich* gibt, und sie weiß noch nicht einmal, was es bedeutet, wenn jemand sagt: »Ich hol mir mal nen Cheese.« Sie fragt dreimal nach, und beim vierten Mal hat sie es immer noch nicht verstanden, bis sie angebrüllt wird: »EINEN CHEESEBURGER, VERDAMMT!«

Die Susi-Frau hat durch ihr jahrelanges Susi-Leid eine Transformation durchgemacht und sich von den Dingen, die eine erfüllte Frau ausmachen, abgewendet. Den Kampf mit der Männerwelt hat sie schon längst aufgegeben, denn die Susi ist bekanntlich kein kampftauglicher Gegner, und an andere Männer traut sich die Susi-Frau nicht heran, ergo lernt sie auch keinen kennen. Sie geht kampftauglichen Männern bewusst aus dem Weg, da sie diese als frauenfeindliche #sexist-susis abstempelt. Im Gegenzug interessieren sich die immer rarer werdenden, kampftauglichen Männer überhaupt nicht für Susi-Frauen, da diese ihre Interessen nicht wahrnehmen kann, was die Susi-Frauen wiederum noch bitterer und anspruchsloser werden lässt.

Natürlich hält sich gerade die Susi-Frau für die größte Feministin aller Zeiten. Dabei ist sie abhängiger von männlicher Aufmerksamkeit und Feedback und dem Gefühl, einen Mann zu beherrschen, als jede Twentysomething-Barbie. Sie könnte das nicht zugeben, das wäre ja ein Eingeständnis, und anschließend müsste sie etwas an sich und ihrer Einstellung ändern. Das ist anstrengend. Und wer weiß, ob dann überhaupt Resultate erzielt werden? Lieber macht sie anderen Frauen, neben denen sie sich besonders stark als Susi-Frau geoutet fühlt, das Leben schwer. Susi-Frauen sind darum auch die allergrößten Hater überhaupt, aber sie fallen nicht so schnell auf, da sie im Gegensatz zu einer bitchenden Twentysomething-Barbie harmlos wirken. Aber sie können erstaunlich gefährlich werden, weil sie sehr verletzlich sind und vor nichts mehr Angst haben, als diese Schwäche zu zeigen.

Charakterlich ist die Susi-Frau der versteckten #sexist-susi nicht unähnlich. Sie gibt vor, frei zu sein und sich für oberflächliche Inhalte nicht weiter zu interessieren, denn sie habe andere, bessere und tiefere Werte. Die Susi-Frau trägt beispielsweise kein Make-up, das findet sie lächerlich. Überhaupt ist sie meistens schlecht, nachlässig oder gar unpassend angezogen. Sie will damit demonstrieren, dass sie frei von allen Diktaten ist. Fragt man die Susi-Frau auf einem eleganten Cocktailempfang, warum sie eine zerknitterte Jacke und einen Baumwollschal trage (alle Susi-Frauen lieben Baumwollschals, locker um den Hals gewunden wie eine alte Windel), statt sich etwas chic zu machen, wenn die Herren schon dunkle Anzüge tragen, antwortet sie von oben herab, sie habe andere Dinge im Kopf, als immer nur darüber nachzudenken, was sie anziehe. Was natürlich eine Beleidigung sein soll, aber nicht ist. Denn die meisten

Menschen haben ab einem gewissen Alter, spätestens ab dreißig, noch andere Dinge im Kopf als ihre Klamotten. Jedoch gibt es erwachsene Menschen, für die Styling, Haare und Körperpflege so selbstverständlich sind, dass es vollkommen zufällig und mühelos wirkt. Und nun steht die arme Susi-Frau zwischen den Champagner trinkenden Damen in figurbetonten Cocktailkleidern, unter denen die seidig-nackten Beine in nagelneuen High Heels enden, und muss zusehen, wie die Herren in den gut sitzenden Anzügen zwischen den Damen lustwandeln, Gläser reichen, perfekt manikürte Hände wie zufällig Schultern streicheln und es anscheinend sehr lustig haben, denn was sonst bedeutet dieses kindische Gelächter? Bar jeglicher männlichen Aufmerksamkeit redet die Susi-Frau mit zwei anderen Susi-Frauen und wird bald nach Hause gehen, während sie zu sich selbst sagt, dass sie solche Veranstaltungen hasst und demnächst nicht mehr hingehen wird.

Oder sie hat sich lange mit einem Mann unterhalten, mit dem sie beruflich zu tun hat, und ist jetzt heimlich verliebt. Sie wird ihn auf Facebook adden und seine Bilder liken. Dann wird sie ihn mehrmals anchatten, in der Hoffnung auf #digital-dating, aber er wird nur höflich das Nötigste zurückchatten. Irgendwann wird sie – todesmutig, denn wer nicht wagt, der nichts gewinnt, denkt sie – ein neues Treffen vorschlagen. Der Mann wird überrascht sein: »Ich habe im Moment wirklich den Kopf voll Arbeit, aber natürlich können wir bald mal auf einen Drink gehen.« Er wird sich nicht melden, aber die Susi-Frau bleibt hartnäckig, jedoch … er hat keine Zeit. Die Susi-Frau redet mit anderen Susi-Frauen nur noch über ihn. Bis sie ihn eines Tages in einer Bar zufällig trifft. Neben ihm: eine Sonia, wie sie erfährt! Eine hübsche Brünette mit langen Rapunzellocken und Rehaugen. Die Susi-Frau hört und sieht nichts mehr, rennt hinaus und denkt nur noch daran, Bambi zu töten.

Dabei ist die Susi-Frau nicht unbedingt alt oder unattraktiv.

Sie war lediglich entweder nicht lange genug oder noch gar nicht jung, oder sie hat das Jungsein einfach aufgegeben. Susi-Frau sein ist reine Kopfsache, es geht schon mit zwanzig. Die Poetry-Slammerin Julia Engelmann aus Bielefeld ist beispielsweise eine sehr junge Susi-Frau, und ihre Fanschar besteht ebenfalls aus Susi-Frauen.

Die Susi-Frau lebt so wenig spürbar, dass dieses banale Lied »One day« von Asaf Avidan mit den noch banaleren Worten »Eines Tages, Baby, werden wir alt sein, oh Baby, werden wir alt sein, und an all die Geschichten denken, die wir hätten erzählen können« zu einer Art Anti-Lethargie-Hymne avanciert und sie aus ihrer Trägheit reißt.

Diese Grundangst vor dem Leben, die in allen menschlichen Wesen steckt und die die Susi-Frau dazu bringt, sich einzureden, an den Dingen, denen sie sich nicht gewachsen fühlt, nicht interessiert zu sein, ist wie die alte Geschichte von den sauren Trauben: Für den Fuchs ist die Welt ohne Trauben völlig in Ordnung, solange kein anderer Fuchs kommt, nach ihnen schnappt und schmatzend davon nascht. Erst dann fällt dem Fuchs ein, dass er auch gerne Trauben hätte. Doch aus Angst, sich zu blamieren – denn nach den Trauben zu schnappen ist anstrengend und gar nicht so einfach –, bringt er die Die-sind-mir-zu-sauer-Ausrede.

Genau so läuft es auch bei der Susi-Frau. Um sich nicht wegen ihrer Angst und Faulheit zu blamieren, sagt sie: »Das ist mir zu oberflächlich.« Oder sie verschanzt sich hinter der nicht allzu schützenden Fassade des Feminismus und sagt: »Ich lasse mich nicht zu Opfern des Systems machen!« Denn was wäre, so denkt die Susi-Frau angsterfüllt, wenn ich mir ein schönes Kleid anziehe, und ich bin immer noch nicht schön genug?

Ihr Motto heißt: Ich will so geliebt werden, wie ich bin. Ihr Aufschrei lautet: Ich bin kein sexuelles Wesen, und andere sollen es auch nicht sein, gefälligst, sonst komme ich ganz schlecht drauf. Und: Wir müssen den Feind besiegen, der uns mithilfe von immer härteren Schönheitsidealen dazu zwingt, uns in ein Korsett zu zwängen! Dabei sitzt der einzige Feind weit und breit nur in ihr selbst.

#susi-schreck

Der Susi-Schreck ist die Sorte Frau, die sich als Lebensmotto ein Ziel gesetzt hat, nämlich in allem so gut wie möglich zu sein.

Schon in jungen Jahren, meist im Teenageralter, hat der Susi-Schreck die Erfahrung gemacht, dass es unangenehm ist, abhängig von Männern zu sein, besonders gravierend: abhängig von einer Susi zu sein, in welcher Form auch immer. Darauf zu warten, dass die Susi etwas organisiert, sei es Karten fürs Kino, eine Reise oder ihr eigenes Leben. Denn die Susi ist stets überfordert. Der werdende Susi-Schreck springt ein und erledigt alles mühelos und professionell, was für ihn nicht zu bewältigen ist. So wird der Susi-Schreck immer besser in allem, und die Susi bleibt so jämmerlich, wie er war, kann aber als erwachsene Susi mit unterentwickeltem Ego keinen Susi-Schreck vertragen und wendet sich darum an sehr junge und ahnungslose weibliche Wesen, die ihn allerdings, sofern sie schlau und talentiert sind, auch in kürzester Zeit überholen und zu neuen Susi-Schrecks werden.

Der junge Susi-Schreck lernt bereits auf dem Schulhof, dass Flennen in der Öffentlichkeit überhaupt nicht geht. Das haben ihr die Jungs, auf welchem Weg auch immer, beigebracht. Mädchen, die bei jedem platten Reifen sofort den Wasserhahn aufdrehen, verdienen sich keinen Respekt. Doch Respekt bedeutet auf dem Schulhof Aufmerksamkeit. Der Susi-Schreck lernt auch, wann sie zu schweigen hat (wenn die Jungs über Fußball sprechen oder sie eigentlich gar nicht dabei sein sollte) und wann es ihre Aufgabe ist, etwas zu sagen, weil die Jungs von hochemotionalen Themen überfordert sind (zum Beispiel wenn der Hund eines Kumpels überfahren wurde und der Kumpel todtraurig dabeisitzt), wann es richtig ist, Fragen zu stellen, und wann sie keine Fragen stellen sollte (also meistens). Und sie weiß, dass es Jungs durchaus süß finden, wenn sie beim Anblick eines Welpen säuselnd vor dem Hund auf die Knie fällt.

Waren die Männer im Laufe des Lebens des Susi-Schrecks keine Susis, sondern echte junge Männer, war sie deren Launen und Stimmungen ausgeliefert. Wir alle wissen, dass erwachsene Männer launenhafter sind als ein Bus gefüllt mit PMS-geplagten Frauen. Wenn der angehende Susi-Schreck also etwas von ihrem echten Mann brauchte, wie zum Beispiel ein Update ihres Computers, einen Musiktipp oder Hilfe beim Hereinschleppen der Saftorangenkisten, musste sie sich auf ein: »Jetzt nicht!« oder »Keine Zeit!« gefasst machen und warten. Warten und noch einmal nachhaken und sich dabei schon etwas weniger sexy fühlen: Wer stellt schon gerne immer wieder dieselbe Frage?

Abgesehen davon, dass Warten zu den drei widerlichsten Beschäftigungen überhaupt zählt (die anderen beiden sind Laufen, ruiniert die Absätze, und Schleppen, ruiniert die Maniküre und die Stimmung), hat keine Frau Lust, beim Warten Schimmel anzusetzen und dann wieder dieselbe dumme Frage zu stellen, eine schlecht gelaunte Antwort zu bekommen und dann noch einmal extra gedisst zu werden, weil sie die ist, die immer nur dumme Fragen stellt: Wann kommst du endlich vorbei und hängst mir mein Bild auf? Hast du die Flüge umgebucht? Wann baust du endlich unser Billy-Regal auf?

Der Susi-Schreck hat weder Lust zu warten noch Lust auf schlechte Laune. Und schon gar keine Lust auf das Geschrei, weil die Bohrmaschine nicht genug Power hat, die Schrauben nicht passen oder der Flug nicht umbuchbar ist. Ihr restliches Leben lang wird sie bei Bedarf grundsätzlich einen Handwerker ins Haus bestellen, der ihr sauber und ordentlich ihre Löcher da bohrt, wo sie sie gerne hätte und nicht fünf Zentimeter daneben. Sie weiß, dass Ikea auch liefert und aufbaut, was nur wenig #geld kostet und zusätzlich die Beziehung rettet, und wenn die Susi klagt, wir müssen noch die Flüge umbuchen, haucht sie leicht wie eine Feder: »Habe ich schon.«

Sie will nur noch eins: ihn nicht brauchen müssen. Frühzeitig wurde ihr klar, dass sie immer in der Lage sein muss, genug #geld zu verdienen, um die Handwerker zu bezahlen und ihre eigene Vielfliegerkarte und/oder eine Kreditkarte zu besitzen, die immer gültig ist. Nichts ist entwürdigender, als ihn zum Flügebuchen um seine Kreditkarte bitten zu müssen, weil die eigene nicht funktioniert. Seltsamerweise gehen die Kreditkarten von Frauen und Susis sehr oft nicht, dafür die von Männern immer.

So sind Frauen der Sorte Susi-Schreck ihr ganzes Leben auf einem ständigen Selbstverbesserungstrip, innerlich und natürlich auch äußerlich. Im Gegensatz zur #susi-frau, die durch männlichen Einfluss immer frustrierter und hoffnungsloser wird, geht der Susi-Schreck aus jeder Beziehung, Freundschaft oder vielleicht auch nur einem Gespräch mit einem Mann gestärkter und klüger hervor. Natürlich weiß der Susi-Schreck auch, dass #emanzipation heißt, männliche Einflüsse zu reflektieren und sich von Abhängigkeiten, jedoch nicht von Weiblichkeit und weiblicher Ästhetik zu lösen. Der erwachsene Susi-Schreck kennt die Männer und hat sich im Laufe ihres Lebens mit ihrer Hilfe weiterentwickelt.

Der Susi-Schreck weiß, dass Männer es lieben, wenn Frauen mysteriös und unnahbar sind. Nur #susi-frauen setzen sich hin und erzählen einem Mann zuerst alles aus ihrem Leben und fragen ihn dann noch fröhlich und unbekümmert aus. Die internationale Regel lautet: Ein Mann, egal, welcher und in welcher Relation, darf niemals das Gefühl haben, dass die Frau neugierig auf ihn ist. Er muss sich nach Neugierde sehnen, das spornt ihn an, sich interessant zu machen. Nur die allerdümmsten Susis mit den größten Ego-Problemen verlangen von Frauen, dass man ihnen viele Fragen stellt, oder sind gar beleidigt, weil man ihnen keine oder kaum welche gestellt hat.

Der Susi-Schreck hat ein einziges Mal erlebt, wie ein Mann zu einer #susi-frau erschrocken sagte: »Du stellst aber viele Fragen.« Oder: »Du fragst mir ja Löcher in den Bauch.« Oder: »Ist das hier ein Verhör?« Und hat sich sofort gemerkt: Bloß keine Fragen stellen. Wenn er etwas erzählen will, wird er es ohnehin tun. Ohnehin hat der Susi-Schreck eher das Problem, dass ihr zu viel erzählt wird statt zu wenig.

Der Susi-Schreck hat es von der Pike auf gelernt, wie sie von Männern Respekt bekommt. Respekt für ihren Charme und für ihre Diskretion. Respekt für ihre Intelligenz, für ihre Brüste, für ihre weiche Haut, für ihren saftigen Apfelkuchen und für ihren Schmorbraten. Respekt dafür, dass sie nicht anfängt zu heulen, wenn er einmal »Asi-Schlampe« zu ihr sagt, ihn nicht mit SMSen bombardiert, wenn er mit seinen Freunden verreist und sie ein paar Tage nicht anruft. Respekt, dass sie genug #geld verdient, um sich immer hübsch anzuziehen, und Respekt, dass sie ihm erklärt hat, welche Lebensmittel er von seinem Essensplan streichen muss, damit seine Magenschmerzen endlich für immer verschwinden. Respekt, dass sie seinen Vater zum Lachen bringt und Blumen für den Geburtstag seiner Mutter besorgt hat, obwohl sie in einer anderen Stadt lebt. Respekt, dass sie weiß, wie man den Ölstand kontrolliert, und ihm keine Fragen stellt wie »Was denkst du?« oder »Liebst du mich?«.

Respekt, dass sie ihm die neue Xbox One schenkt, obwohl sie die Computerspielerei hasst, und Respekt, dass er als Einziger keinen Stress hat, wenn er mit seinen Buddies Männersnowboardferien in Kanada macht. Respekt, dass sie loyal zu ihren Freundinnen ist und deswegen auch mal länger keine Zeit für ihn hat.

Um es kurz zu machen: Der Susi-Schreck weiß, wie es geht, und hat nicht nur die Susis schon lange hinter sich gelassen. Es kommen jetzt auch die anderen Männer nicht mehr mit.

Nicht, dass der Susi-Schreck keine haben könnte, nein, alle Männer lieben sie (am Anfang), aber sie langweilt sich schnell. Da sitzt sie nun, mit ihrem pilatesgestählten Körper und von regelmäßigem Detox gereinigten Geist in ihrer neuen Agent-Provocateur-Unterwäsche. Sie kennt jeden neuen Film, jedes neue Buch, jede neue Serie. Verbringt ihre Sommer und Winter fern von zu Hause, liebt ihre Wohnung und besitzt ein vielumsorgtes, wohlerzogenes pet. Sie bekommt überall auf der Welt sofort einen Tisch in ihrem Lieblingsrestaurant, läuft Ski, surft und spielt Tennis und kann asiatisch, mediterran und orientalisch kochen. Sie wirkt perfekt, bis auf ein paar Psychomacken, aber die gehören dazu. Sie braucht keinen Sparringspartner mehr, denn sie kennt das Spiel, sie will einen Gefährten auf Augenhöhe, mit dem sie das Leben genießen kann. Sie hat den Kampf schon lange gewonnen.

Aber die Männer im Susi-Schreck-Alter wollen keine perfekte Frau, der man nichts mehr zeigen oder vormachen kann. Sie brauchen ein hilfloses, unwissendes Wesen, das leicht zu beeindrucken ist und ihnen grenzenlose Bewunderung entgegenbringt. Und vor allem eins nicht tut: sie anstrengen.

#lady

Die Lady hat sich, im Gegensatz zur #susi-frau und zum #susi-schreck, komplett unter Kontrolle. Die Lady hat »es nicht nötig«, wie man so schön sagt. Sie muss nicht mehr kämpfen und wird nicht getrieben von Komplexen und falschen Projektionen. Sie weiß, wer sie ist und was sie will. Oder was sie auf keinen Fall will. Die Lady hat das, was der Susi-Frau total und dem Susi-Schreck ein wenig abgeht: Sie hat Selbstrespekt und mutet sich nie zu viel zu, sie bleibt immer sie selbst.

Männer lieben Ladies, jedenfalls denken sie das. Und sie wissen auch, dass Frauen gerne eine Lady sein wollen, und benutzen dieses Wissen als Waffe.

Ein Mann und ein Susi-Schreck sind gemeinsam in die Ferien gefahren und sitzen abends friedlich am Hotelpool und trinken Rioja. Der Mann spielt mit seinem iPhone, lacht und sagt:

»Schau mal, da ist ein Bild von deiner besten Freundin …«, und zeigt ihr das Facebook-Bild auf seinem Telefon. Er meint es ironisch. Die abgebildete Person auf dem Bild hatte dem #susi-schreck übel mitgespielt, und sie hatten sich mehrmals schon getrennt, und jetzt war die Freundschaft endgültig beendet.

»Die alte F–«, ruft der #susi-schreck empört und benutzt ein übles F-Wort.

»Sag mal, wie redest du eigentlich? Noch dazu hier vor den ganzen Leuten? Das hören doch alle, was sollen die von dir denken?«

»Du sagst auch dauernd F–«, verteidigt sich der #susi-schreck.

»Aber ich bin ein Mann, ein ungehobelter Kerl, ich darf das. Du bist eine Lady, von dir erwarte ich etwas anderes.«

Da bricht der arme #susi-schreck in Tränen aus. Am Pool vor versammelter Mannschaft. Sie war keine Lady und hatte es eben mit ihrem ungehobelten Verhalten bewiesen. Sie war am Boden. Fertig. Aus.

Lady sein ist sehr schwer. Und da es sehr wenige Frauen gibt, die den Status einer Lady erreichen, können Männer auch weiterhin davon träumen, wie es wäre, mit einer Lady zusammen zu sein und eine Beziehung auf #augenhöhe zu führen. Sie wissen ja nicht, dass eine Lady…

- sich keinen Auseinandersetzungen hingibt. Sie wird ihn nie anschreien: »Wenn du mich noch einmal warten lässt, fahre ich wieder.« Sie wartet fünf Minuten und fährt dann, ohne ein Wort darüber zu verlieren.
- darauf verzichtet, ihm wochenlang zermürbende Telefonate abzuringen: »Du wolltest dich doch melden …« Die Lady sieht sich das ein paar Wochen an, dann trifft sie sich mit ihm, vorzugsweise in ihrer Wohnung, dann muss er gehen und nicht sie, und sie sagt so etwas wie: »Du möchtest keine Kinder, ich aber schon. Ich mag dich zu gern, um dir ein Kind anzuhängen, aber Familie ist mir wichtig, darum haben wir keine Zukunft.«
- genau weiß, dass man niemanden ändern kann und sich bei dem Versuch nur selbst quält.
- Prinzipien hat und keine Allüren.

- einen gewachsenen Stil hat. Sie springt nicht auf jeden Hype an und verachtet einstudierte Verhaltensmuster, die nur dazu da sind, anderen zu imponieren.
- Werte hat. Das kann für Männer sehr anstrengend und für Susis tödlich sein.
- nie billig ist. Weder innerlich noch äußerlich, selbst wenn ihre Kleidung nicht teuer war. Und sie mag es nicht, wenn es andere sind.
- jede Einladung innerhalb von vier Wochen mit einer Gegeneinladung erwidert und verwundert ist, wenn es andere nicht tun.
- den Menschen nicht die kalte Wahrheit ins Gesicht sagt, ohne dabei verlogen zu sein. »Bin ich zu dick?«, beantwortet sie mit: »Du warst letzten Sommer etwas schlanker, aber es hat deiner Schönheit keinen Abbruch getan.«
- keine Fäkalausdrücke benutzt.
- nie so betrunken ist, dass sie lallt, torkelt oder Sätze mit »Ihr Männer wollt doch alle ...« beginnt.
- ein elegantes Zuhause hat, schöne Bettwäsche und Handtücher und immer Getränke und Eiswürfel vorrätig.
- keine Plastikuhr trägt und so wenig (echten) Schmuck wie möglich.
- niemals Acrylnägel oder fancy Maniküre hat. Sie hat auch keine Freundinnen, die das mögen.
- nicht tätowiert ist, weder am Körper noch im Gesicht als Permanent Make-up, und sie mag es auch bei anderen nicht.
- gut riecht, ohne stark parfümiert zu sein. Sie reagiert empfindlich auf Gerüche anderer.
- weiß, wie sie die Beine in Szene setzt, wenn sie sich irgendwo niederlässt. Sie sitzt nicht breitbeinig, und ihre Schuhspitzen zeigen auf Fotos nicht aufeinander.
- sich am Tisch nicht hinlümmelt. Lümmeln heißt: den Kopf mit der Hand aufstützen, als könne sie ihn nicht mehr halten.

- niemals über Diäten und ihre Ernährung, schon gar nicht über ihre Verdauung spricht.
- sich niemals langweilt und dasselbe auch von anderen erwartet.
- auf ihre innere Stimme hört.
- ihrem Gegenüber immer in die Augen sieht.
- nie schlecht über Leute redet. Wenn sie Menschen widerlich findet, schweigt sie.
- diejenige ist, der die Menschen ungefragt ihre tiefsten Abgründe erzählen, sie selbst aber nie etwas ungewollt preisgibt.
- immer pünktlich ist. Unpünktlichkeit empfindet sie als äußerst schlechtes Benehmen. Darum kann die Lady mit dem #keine-zeit-loser nichts anfangen.
- weiß, dass man auf Partys die Leute einander vorstellt, damit alle miteinander reden können. Sie weiß auch, wie man das richtig macht. Sie achtet darauf, dass niemand alleine herumsteht oder einen verlassenen Eindruck macht.
- Verantwortung übernimmt. Dasselbe erwartet sie auch von Männern.
- barmherzig ist und gerne denen hilft, die wenig oder nichts haben.
- die Sorte Frau ist, denen die Männer immer mit Respekt begegnen, egal in welcher Beziehung sie zu ihnen steht.
- nie verzweifelt ist, weil sie keinen Lover hat. Sie weiß die Zeit als Single durchaus zu schätzen und genießt die Ruhepause.

#verheiratete_susi

Jede Ehe wird irgendwann ermüdend. Manche Ehen sind es von Anfang an, bei anderen herrscht ein endloser Kampf. Beides ist zermürbend. Wenn die Frau das erkennt und den Entschluss fasst, ihr Leben zu ändern, hinterlässt sie eine geschädigte Susi. (siehe #silf)

Egal, wie schlecht sie sich vorher benommen haben und wie oft sie verwarnt wurden, Männer verkraften Trennungen grundsätzlich nicht. Männer bekommen starke Ego-Probleme, sobald sie von einer Frau verlassen werden, und beim Scheitern ihrer Ehe bricht ihre Welt zusammen, noch dazu wenn es überhaupt nicht ihre Idee, sondern die ihrer Frau war. Sie verwandeln sich, zumindest für eine längere Zeit, in grauenvolle Next-Level-Susis und versinken im Susi-Jammertal. Aber auch Männer, die ihre Frauen gehasst, ignoriert und betrogen haben, brechen zusammen, wenn sie geht. Auch Männer, die schon lange eine Zweitfrau haben, der sie versprechen, die lästige Erstfrau zu verlassen, und in getrennten Schlafzimmern schlafen, brechen zusammen, wenn die dumme Pute tatsächlich geht. Womöglich zu einem anderen Kerl. Großes Drama.

Aber so weit ist es bei der verheirateten Susi ja noch nicht gekommen. Die steckt noch in der Ehe fest und träumt. Träumt davon, sich sexy und begehrenswert zu fühlen. Träumt davon, begehrt zu werden und zu begehren. Und sie träumt von Bewunderung, Macht und dem Gefühl der Überlegenheit. Träumt von #sex, Liebe und Romantik. Vor allem von #sex.

Grundsätzlich gibt es drei Typen von gebundenen Männern:

- **Typ A:** der chronische Betrüger, der nur ein Sex-Abenteuer sucht
- **Typ B:** Mamas Liebling, der eine Schulter zum Ausweinen braucht
- **Typ C:** der potenzielle Ehebrecher, der abgestumpft betrügend seit Jahren neben der falschen Frau vor sich herlebt, aber nicht den Mut hat, sie zu verlassen

Bei Typ A kann man sich überlegen, ob man Lust auf eine reine Sex-Affäre hat. Wenn nicht, schnell das Weite suchen. Typ B erkennt man daran, dass er zwar ständig von seiner Moni, aber nie von Trennung spricht. Auch hier: Bloß weg. Bleibt also Typ C.

Wer sich in einen solchen Mann verliebt, muss über eine starke, stabile Persönlichkeit sowie über ein eigenes, unabhängiges Leben verfügen. Denn dieser Mann kann keine zusätzliche Belastung gebrauchen, zu Hause warten schließlich schon eine unzufriedene Frau, Vorwürfe und Pflichten auf ihn. Eine zusätzliche Baustelle, die ohne ihn nicht funktioniert, würde er nicht ertragen. Hier bedarf es damenhafter Reife, die bis zur gleichgültigen Distanz reichen sollte, was leider selten der Fall ist. Folgende Regeln sind zu beachten:

1. Für einen unglücklich verheirateten Mann gibt es nichts Schöneres als eine unbeschwerte, glückliche Frau, die ihm mit ihrem Lachen Freude bereitet, und ganz wichtig: ihn bewundert und ihn niemals, wirklich niemals, kritisiert. Denn das hasst er zu Hause am meisten. Kritik, Vorwürfe und schlechte Stimmung. Keine Vorwürfe, egal was er anstellt. Wer hier sein Ego schärfen möchte, kann es sofort vergessen.

2. Egal was passiert, eine Geliebte ist immer voller Verständnis und hat einen eigenen Plan B. Er sagt das einzige Treffen in der Woche ab? Sie bleibt stabil und beruhigt ihn: »Macht doch nichts, mein Schatz, dann ist es umso schöner, wenn wir uns nächste Woche sehen.« Jawohl. Am besten, Sie legen sich mehrere Therapeuten und ein Stück Holz zu, worauf Sie beißen können, anstatt zu schreien. Sie sind trotzdem stinksauer und würden ihn am liebsten erschießen? Dann gehen Sie da weg.
3. Ein gebundener Mann hat ein unglaubliches SMS- und E-Mail-Repertoire. So viel Liebespost wird man von keinem anderen Mann nie bekommen. Deshalb ist es hier durchaus erlaubt, Leidenschaft zu zeigen und Dinge zu tun, die sonst mehr als uncool wären. Zum Beispiel mitten am Tag einfach ein »Ich liebe dich. Jeden Tag ein bisschen mehr ...« verschicken. Denn wenn der Handlungsstrang reduziert ist, potenziert sich die Innigkeit in der Kommunikation. (siehe #kommunikation)
4. Geschenke kann man getrost annehmen! Bei großen Geschenken große Freude und Dankbarkeit zeigen und das kleine Armband auch bei jedem Treffen umlegen und verliebt streicheln, das motiviert ihn, bald die passenden Ohrringe zu besorgen, denn seine Frau tauscht immer alles um.
5. Nie ein schlechtes Wort über die Ex in spe. Wenn er jammert, ein verständnisvolles/schockiertes/mitleidiges Gesicht machen und schnurren: »Du Armer. Kann ich irgendetwas für dich tun, mein Schatz?« Er wird dann antworten: »Du hast doch schon alles getan ...«, und ein schlechtes Gewissen bekommen. Wenn er zu viel über sie spricht: zuhören, Thema wechseln. Je weniger Details bekannt werden, desto einfacher.

6. Er beschwert sich, dass seine Frau ihm kein Feedback gibt? Dann natürlich bei jeder Kleinigkeit, die er für Sie tut, in Jubel ausbrechen. Er wird zu Höchstleistungen auflaufen, solange er selbstverständlich nicht kritisiert wird. Vielmehr sollte er für alles gelobt werden. Auch für die lächerlichsten Kleinigkeiten! Zum Beispiel: »Es ist so schön für mich, wenn du vor mir sitzt und lächelst. Wenn du so strahlst, ist es, als würde mich die ganze Welt anlachen.« Oder: »Ich freue mich so, dass du jetzt anrufst …«, und nach dem Gespräch noch ein: »Danke, dass du dir die Zeit genommen hast anzurufen.« Das hat ihm seine Frau noch nie gesagt.
7. Immer tipptopp gepflegt und sexy aussehen – eine leichte Aufgabe als Geliebte, denn man sieht sich ja nicht allzu oft.
8. Ihn allen Freunden vorstellen und ihm einen festen Platz in der eigenen Welt einräumen. Das verleiht der verlogenen Beziehung eine tiefere Ebene.
9. Immer darauf bedacht sein, dass es ihm gut geht: nachfragen, zuhören. Hier geht es um ihn, denn er ist der arme Gefangene, der emotional verkümmert ist und ein Defizit an Zärtlichkeit hat. Einfach mal mehr geben, als man zurückbekommt, kann für eine kurze Zeit auch mal sehr schön sein. Für eine kurze Zeit!
10. In der Trennungsphase von seiner Frau absolut hinter ihm stehen, aber auf keinen Fall mit auf die Bühne gehen, sondern ruhig im Zuschauerraum sitzen bleiben. Das sollen die beiden hübsch alleine miteinander regeln.
11. Zu seinen Kindern am Anfang freundlich und etwas arrogant sein. Die Gören werden sonst nur frech. Außerdem merken die jede Unsicherheit sofort und erzählen ohnehin nach jedem Besuch alles ihrer Mutter.
12. Er ist endlich getrennt und frei? Na super. Jetzt überlegen Sie sich, ob Sie ihn noch wollen. Hoffentlich nicht, aber

wahrscheinlich schon. Machen Sie einfach so weiter, dann bleiben Sie für immer ein tolles Liebespaar!

Aber zu bedenken ist: Jede Frau hat es bei einem gebundenen Mann, der nicht bereit ist, sofort die Konsequenzen seines Tuns zu tragen, natürlich mit einem chronischen Lügner und Betrüger zu tun. Einem Menschen, der nicht transparent ist in dem, was er tut, der nicht zu dem steht, was er ist, und der ein Doppelleben führt, das wahrscheinlich Jahre andauert. Und wenn es sich um eine ältere verheiratete Susi handelt, dann sicher nicht zum ersten Mal. Profi-Betrüger haben auch etwas enorm Abgebrühtes und gehen beinahe schematisch schnell zur Sache. Diese Männer betrügen und lügen seit Jahren in alle Richtungen. Sie belügen ihre Frau, ihre Kinder, ihre Freunde und natürlich auch ihre Geliebte.

#sexist-susi

Fast jede erwachsene Frau glaubt heute von sich, emanzipiert zu sein, viele halten sich sogar selbstverständlich für Feministinnen, obwohl sie sich bewusst von einem Mann abhängig machen. Sie denken, sie leben so etwas wie modernen Feminismus, denn wahrer Feminismus hat den Beigeschmack von Hässlichkeit und Latzhosenlesbentum. Dabei kann man eine Top-Feministin sein, sich für Klamotten und Make-up interessieren und Männer lieben. Es fühlt sich gut an, dieses Feministin-sein-Wollen, so gut, dass sogar verheiratete Hausfrauen, die ihren Mann nach den Parametern #geld und Status ausgesucht haben, statt nach Aussehen und Charme, kühn behaupten: »Feministin ist man doch sowieso.« Auch Ehefrauen, die von nichts anderem sprechen als von ihrem großartigen Mann, behaupten das. Oder Unverheiratete, die sich nichts sehnlicher wünschen, als verheiratet zu sein. Sogar jene, die keiner anderen Frau etwas gönnen und nur Frauen mögen, die hässlicher sind als sie selbst. Sie alle behaupten, Feministinnen zu sein. Nur die Twentysomething-Bitches sagen ehrliche Sätze wie: »Ich bin zwar keine Feministin und ich glaube an die große Liebe für immer, aber auch wenn ich so schnell wie möglich heiraten will, mag ich dabei mein eigenes Ding machen.« Die Jugend von heute ist nun mal eine andere Generation und ganz anders als wir.

Der Feminismus wird also, zumindest verbal, in gebildeten Kreisen hochgehalten und vor bösen Feinden sofort inbrünstig verteidigt, als ginge es um die persönliche Ehre. Und wer ist der schlimmste Feind der modernen Feministin? Die Sexist-Susi, ganz klar.

Und so bitter es klingen mag: So gut wie alle Männer sind Sexist-Susis. Der Vorteil des Erwachsenseins als Frau liegt darin, diesen Umstand zu erkennen und zu akzeptieren. Und ihn zum eigenen Vorteil zu nutzen. Aber vorher muss erforscht werden, ob es sich um eine offene oder eine versteckte Sexist-Susi handelt.

Ein großer öffentlicher Vertreter dieser Gattung war zuletzt der Vorsitzende der FDB-Bundestagsfraktion Rainer Brüderle, und die Feindes-Vertreibung hatte sogar ein schickes Hashtag: #aufschrei!, so wurde kollektiv und mutig gerufen. (Für die Siebzigplus-Leser: Hashtag ist das Raute-Zeichen in der Computertastatur, anhand dessen man per Schlagwort alle Themen in der digitalen Welt findet.) Es musste nur ein harmloser wollüstiger Politikergreis zu unverblümt Gefallen an den vermutlich einladenden Brüsten einer Journalistin finden, schon machte diese einen Skandal daraus, was man ihr noch nicht einmal verübeln kann, immerhin ging ein #aufschrei durch die Republik. Lustbruder Brüderle war als frauenfeindliches, sexistisches Schwein entlarvt, und Tausende Frauen waren sich einig: So etwas kann man mit uns nicht machen! Nieder mit den bösen Männern, die Frauen auf ihre sexuellen Reize reduzieren!

Ohne ausgerechnet einen Brüderle in Schutz nehmen zu wollen, denn jeder, der *Stirb, Susi!* aufmerksam gelesen hat, weiß, dass Politiker auf Platz vier der uncoolen Berufe für Männer stehen, dennoch ist sein Verhalten weniger chauvinistisch als natürlich und instinktgesteuert zu bewerten.

Auch Präsident Obama (unangenehmerweise leider schon wieder ein Politiker) kann sich nicht immer von derlei Triebverhalten freisprechen. Bei dem G8-Gipfel in L'Aquila bei Rom konnte er sich trotz der unzähligen Kameras, die die Bilder sofort mit spöttischen Kommentaren in die ganze Welt schickten, nicht zurückhalten, zusammen mit dem damaligen Premier Sarkozy und Mädchenspezialist Berlusconi auf den wohlgeformten Hintern eines jungen Mädchens in einem gar nicht allzu kurzen Rock zu schielen. Die Kleine war nicht anzüglich gekleidet, sie trug ein knielanges biederrotes Kleid, aber sie war jung und durchaus ansehnlich. Obama und Sarkozy haben damit nicht bewiesen, dass sie Chauvinisten sind, sondern ganz normal fühlende Männer. Was auch irgendwie eine Erleichterung mit sich bringt, nicht? Über Berlusconi wollen wir hier nicht sprechen, der Mann ist ein Extra-Thema.

Nun sieht das die #susi-frau, die das Resultat jahrelanger Susi-Herrschaft ist, natürlich nicht so. Die #susi-frau sagt: Das ist offener Chauvinismus und muss mit Aktionen wie #aufschrei! bekämpft werden. Frauen, die behaupten, das wäre in Ordnung, lassen sich vom Chauvinismus unterdrücken und spielen den Männern die Macht in die Hand.

Allerdings, liebe #susi-frau, muss man den Männern nicht die Macht zuspielen, denn sie haben diese längst. Männer halten grundsätzlich immer zusammen, daran wird sich nie etwas ändern. Und da die Welt weitgehend von Männern regiert wird, können wir davon ausgehen, dass die Macht sich auch weiterhin fest in männlicher Hand befinden wird.

Aber ist es tatsächlich so? Befindet sich die Macht in männlicher Hand oder ist das nur eine Farce, die die Wahrheit verdeckt, nämlich dass die Welt eigentlich von der geistigen Energie von Frauen geführt wird und eindeutig auf das Matriarchat zusteuert, auch wenn die Menschheit das noch nicht weiß? Das Geheimnis kluger Frauen besteht doch darin, die Männer so zu manipulieren, dass sie nicht merken, wie machtlos sie eigentlich sind. Doch kluge Frauen agieren nicht mit aggressivem Gebrüll, sondern gehen mit sanfter Ruhe und Überlegenheit vor. Und sie riechen dabei so gut, dass die vollkommen benebelten Männer sich unbemerkt manipulieren lassen.

Die offene Sexist-Susi ist mit seinem leicht zu durchschauenden Verhalten – ein anzüglicher Blick oder ein lusttriefender Sabber-Kommentar – weit harmloser als die versteckte Sexist-Susi. Dieser gibt sich als solcher kaum zu erkennen und lockt die Frauen gerne in seine Falle, wo sie dann unrettbar verloren sind.

Gerne bedient sich das der Weiblichkeit unterlegen fühlende Susi-Weichei der Taktik der versteckten Sexist-Susi: Aus Missmut über seine eigene Schwäche grämt er sich in eine neidvolle Bitterkeit hinein, holt irgendwann zum Dolchstoß aus und sticht die arme Frau mitsamt ihren einladenden Brüsten und ausladendem Hintern nieder. Im übertragenen Sinne. Hier ist nicht die Rede von echtem Blutvergießen, sondern vom alltäglichen Machtkampf, der zum Beispiel am Arbeitsplatz verheerende Folgen haben kann, wie folgendes Beispiel zeigt:

Die junge Juniortexterin einer großen Werbeagentur sitzt mit ihrem Vorgesetzten, einer offenen Sexist-Susi, dem überheblichen Startexter, in einem Büro. Er sieht ihr jeden Morgen erst auf die Brüste und dann auf die Beine und bringt Sprüche wie: »Das enge Shirt hast du doch für mich angezogen?« oder: »Warum ist dein Rock heute nicht so kurz wie gestern? Trägst du eigentlich Strapse?«

Die Juniortexterin hat drei Möglichkeiten:

1. Sie lacht und nimmt ihn nicht ernst. (Ihr steht eine große #karriere bevor.)
2. Sie trägt nur noch Baggyhosen und Sweatshirts, die drei Nummern zu groß sind. (Sie wird schlechte Laune bekommen und weniger gute Texte schreiben und ihre #karriere vernachlässigen.)

3. Sie bittet um ein anderes Büro. (Die offene Sexist-Susi wird beleidigt sein und sie nur noch mit schlechten Jobs beauftragen.)

Ganz anders würde es mit der versteckten Sexist-Susi laufen, denn er benimmt sich harmlos und zutraulich, als würde er Frauen als gleichwertig erachten und ihnen auf Augenhöhe begegnen:

Die Juniortexterin sitzt mit ihrem Vorgesetzten, dem netten, durch ihre Späße leicht zu verunsichernden Startexter Rudi, in einem Büro. Er fragt sie nach ihren Ideen, und sie sagt, sie hat viele davon. Sie gefallen erst ihm und dann den Kunden, und so darf sie die ersten eigenen Kampagnen alleine texten. Alles läuft großartig. Die Arbeit macht Spaß. Die Kunden loben die guten Headlines. Plötzlich wird ihr vom Agentur-Chef mitgeteilt, sie wechsle in eine andere Abteilung. Gemeinsam mit einem alten verbitterten Mann, der seinen Job hasst, wird sie Packungsaufschriften für ein Fitnessgetränk texten.

»Aber ich habe doch alles gut gemacht! Die Kunden lieben meine Ideen! Ich will hier weiterarbeiten!«, ruft sie verzweifelt. Der Chef zuckt mit den Schultern und sagt, es tue ihm leid, aber es gehe nun mal nicht anders. Die Arbeit, die der Juniortexterin so viel Spaß gemacht hat, macht plötzlich überhaupt keinen Spaß mehr, sondern sie ist erdrückend und deprimierend langweilig. Der alte verbitterte Mann redet kein Wort und fährt pünktlich um achtzehn Uhr den Computer herunter, schnappt seinen schwarzen Aktenkoffer und eilt nach Hause. Die Juniortexterin hat sich das anders vorgestellt, versucht noch ein weiteres Mal, den Agentur-Chef zu überzeugen, dass ihr Talent als Flaschenrückseitentexterin vergeudet ist, aber zwecklos. Sie kündigt und schwirrt einer goldenen Zukunft als Journalistin entgegen.

Viele Jahre später trifft sie den Ex-Startexter Rudi nachts in einem Club. Rudi sitzt betrunken an der Bar. Er winkt ihr zu und ruft aufgeregt »Hallo!«, aber sie will weitergehen. Rudi ist nur ein provinziell aussehender Typ in einem schlecht sitzenden Sakko, von so einem lässt sie sich hier in Anwesenheit ihrer Freunde nicht ansprechen.

Er packt sie am Ärmel und zieht sie zu sich heran: »Es tut mir so leid wegen damals …«, lallt er in ihr Ohr.

Sie weiß erst nicht, wovon er spricht, es ist auch sehr laut in dem Club, und ihr Freund steht am DJ-Pult und schielt schon sauer zu ihr und dem Unbekannten an der Bar. Gleich würde er kommen und sie wegzerren.

»Es war schrecklich für mich. Ich hatte tage- und nächtelang an dem Job gesessen und mir den Kopf zerbrochen und mir ist nichts eingefallen zu dem Auto-Glanzwachs, und dann zeigte ich dir das Bild mit den Tieren, und du sagtest wie aus der Pistole geschossen: ›Glanz, der neidisch macht.‹ Er hält seinen Kopf zwischen den Händen und schüttelt ihn. »Es war schrecklich für mich. Ich dachte … du bist viel besser als ich.«

Sie starrt ihn an. Sie hatte das alles schon lange vergessen. Er sitzt zusammengesackt wie ein Penner an der Bar und blickt trübsinnig in sein Bierglas. »Ich hab's nicht ertragen, ich hatte Angst vor dir, und dann habe ich dafür gesorgt, dass du in das andere Team kommst.«

Sie kann immer noch nichts sagen, fassungslos über so viel Schlechtigkeit. In dem Moment kommt der befreundete Clubbesitzer, packt den vor Scham kleingeschrumpften Rudi am Kragen und schreit: »Belästigt der dich, Süße?«

Sie überlegt eine Sekunde, ob sie nicken soll, damit er nie wieder in ihren Club kommen kann, aber sie kann nicht, ihr Mitleid ist zu groß, und Rudi ist eine arme Sau, kein Gegner. Sie runzelt die Stirn, geht zurück zu ihren Freunden an den Tisch mit dem großen Kübel voller Wodkaflaschen und schüttelt sich, schüttelt den traurigen Rudi mitsamt seiner widerwärtigen Schuld zu »Groovejet« von Spiller feat. Sophie Ellis-Bextor aus ihrem Kopf und aus ihrer Seele.

Natürlich gibt es auch Männer, die weder offene noch versteckte Sexist-Susis sind und keine Angst vor Frauen haben, die in irgendetwas besser sind als sie, doch sie halten sich gut im Verborgenen.

#dilf
oder: #silf

Der Mann, der trotz seines fortgeschrittenen Alters eine ganz besondere Anziehungskraft auf Frauen ausübt, ist der Dilf. Dilf steht für »Daddies I want to fuck« und ist eine durchaus handelsübliche Bezeichnung für Männer mit Kind oder Kindern, die man als Frau datet oder gerne daten würde. Der Ausdruck kommt ursprünglich aus der Pornoszene, aber das kann man leicht ignorieren.

Frauen lieben diese Spezies Mann alleine schon aus dem Grund ganz besonders, weil er von seiner Situation überfordert ist und dadurch natürlich hilfsbedürftig wirkt. Und gibt es für Frauen eine bessere Beute als einen schutz- und liebesbedürftigen Mann? Einen Mann, der gebeugt ist von seinem Scheitern? Ach, der Arme, denken Frauen, hier können sie sich unentbehrlich machen, und schon haben sie alles unter Dach und Fach.

Frauen wollen gebraucht werden, idealerweise von dem Mann, in den sie glauben verliebt zu sein. Denn wer einen braucht, läuft nicht weg, so hat das Gebrauchtwerden noch eine angenehme und nützliche Nebenerscheinung. Leicht entsteht eine Abhängigkeit: der einsame Mann mit Kind oder Kindern und die neue Frau ohne.

Noch ist alles in Ordnung. Ein Mann darf durchaus mit Kindern überfordert sein, er darf Hilfe benötigen, und er darf dafür die Anwesenheit einer Frau bevorzugen. Das macht sogar unser Held aus *Mad Men*, Don Draper, so. Für *Mad Men*-Ignoranten: Nach seiner Scheidung ist Don alleinstehender Wochenendvater und muss mit seinen drei Kindern in die Sommerferien fahren. Und weil er weiß, dass er keine Lust haben wird, Windeln zu wechseln, nimmt er seine Sekretärin Megan als Babysitter mit. Megan entpuppt sich nicht nur als ausgezeichnetes Kindermädchen, sondern auch als Top-Geliebte, sie kommen zurück, werden schnell ein Paar, heiraten, und fortan kommen die Kinder jedes Wochenende, und Don hat damit so gut wie nichts mehr zu tun, denn Megan ist Babysitter für immer. Wirklich praktisch denkend, diese Männer. Also bis jetzt ist alles normal.

Es gibt jedoch Kombinationen, die verheerende Auswirkungen auf den Hormonhaushalt von Frauen haben, und der Dilf, also der sexuell attraktive Mann mit Kind/ern minus Frau, drückt direkt auf das limbische System im Gehirn dieser armen Frauen. Das geht meistens so lange, bis sie nähere Bekanntschaft mit einigen Dilfs gemacht haben. Danach sind die Gehirne der Frauen hoffentlich unempfänglich für die Signale: verlassen, schutzbedürftig, hilfsbedürftig, allein, verzweifelt. Ansonsten machen sie fortan einen großen Bogen um Dilfs.

Fast genauso beliebt wie Dilfs sind Milfs (»Mothers I want to fuck«), natürlich nur bei Männern, und Gilfs (»Grannies I want to fuck«), aber diese kommen erst im dritten und hoffentlich letzten Band *Stirb, Susi – Die Hard!* vor.

Aber zurück zum Dilf. Fast jeder erwachsene Mann hat im Laufe seiner #karriere als Mensch mindestens ein Kind gemacht. Manche haben sogar mehrere produziert, immer mit derselben oder auch unfreiwillig mit verschiedenen Frauen.

Früher war es so, dass ein alleinstehender Mann mit einem oder mehreren Kindern, deren Mutter irgendwie abhandengekommen war, nur eins im Sinn hatte: möglichst schnell eine neue Frau zu finden, diese zu heiraten, damit sie eine mehr oder weniger böse Stiefmutter für die mutterlosen Kinder werden konnte.

Heute ist das anders. Der moderne Dilf hat mindestens eine traumatische Trennung hinter sich und ein von Selbstmitleid übertriefendes schlechtes Gewissen: den Kindern, seinen Eltern, der Gesellschaft und vielleicht sogar der Kindsmutter gegenüber. Denn ein Mann trägt die drei großen Ziele der Mannwerdung in seinen Genen: Haus bauen, Baum pflanzen, Sohn zeugen. Scheitern generell und eine gescheiterte Beziehung insbesondere gehören nicht zu seinen Zielen und lassen sich deswegen vom männlichen Ego nur schwer verkraften. Warum das so ist, kann man nicht erklären, Männer empfinden das Zusammenbrechen des familiären Konzepts als ein schweres inneres Scheitern, anders als Frauen, die sich in dem Moment eher Sorgen um ihre Existenz und um den nächsten Mann machen, aber selten gravierende Ego-Probleme davontragen. Zumal es meistens die Frauen sind, die sich von ihren Männern trennen, weil diese sich als Partner und Vater als unbrauchbar erwiesen haben. Spätestens nach einer überaus zähen, nervenaufreibenden und sehr langwierigen Trennung und der daraus resultierenden Krise entsteht aus fast jedem Mann eine Susi.

Damit ist das Drama komplett. Denn nicht nur, dass aus dem Mann jetzt offiziell eine Susi geworden ist, nein, er muss jetzt auch noch mindestens jedes zweite Wochenende, statt sich auf Fußball, Bier und Dates mit jungen Dingern, die ihn bewundern, zu konzentrieren, Frühstück machen, Zöpfe flechten, Schnürsenkel und Schleifen binden, zum Fußballtraining fahren, frierend beim Eishockey warten, in den Zoo, in die Barbie-Oberbekleidungsabteilung, zu McDonald's oder dem angesagtesten Chicken-Wings-Laden der Stadt und abends einen Lego-Satelliten bauen und damit in die Badewanne. Er muss mindestens achtundvierzig Stunden lang seine volle Konzentration der Brut schenken, wo doch vorher seine Aufmerksamkeitsspanne zu gemeinsamen Elternzeiten keine zwei Stunden gereicht hat, ohne sofort laut nach der Kindsmutter zu rufen.

Das geht natürlich jeder Susi an die Susi-Substanz. Und als wäre das alles nicht schon aufreibend genug, muss sich die Susi ununterbrochen die Vorwürfe der Kindsmutter anhören. Die hat nämlich an allem etwas auszusetzen, denn die Susi-Brut wird nach jedem Besuch ausführlich und getrennt voneinander befragt. Nach den Befragungen gibt es Stress. Stress wegen zu später oder zu geringer Zahlungen, Stress wegen #geld, Stress wegen Schule. Stress, weil die Brut neue Turnschuhe oder eine Monatskarte braucht, und Stress, weil die Brut zu spät oder gar nicht abgeholt wurde, zu viel TV gesehen, zu wenig vorgelesen bekommen, zu lange wach gewesen, zu wenig geschlafen, zu viel Fastfood gegessen hat, zu wenig an der frischen Luft, nicht warm genug oder zu warm angezogen gewesen ist und schließlich zu spät wieder abgeliefert wurde. Oder es wurden brandneue Flüche gelernt statt Französischvokabeln. Das Druckmittel der Kindsmutter ist immer dasselbe: »Du wirst deine Kinder nicht mehr sehen.«

Die Susi ist also am Ende, er kann nicht mehr. Die Susi will nur noch eins: endlich wieder friedlich auf dem Sofa liegen und mit der Fernbedienung in der Hand sanft wegdösen, ohne dass schwerer, stinkender Qualm aus der Küche kommt, weil jemand eine Pizza mitsamt der Folie in den Ofen getan hat.

Diese erschöpfte Susi mit Kind hat insgesamt die allerbesten Chancen, eine Frau kennenzulernen. Er muss nur mit einem Kinderwagen an einer Bushaltestelle stehen, einem Schreihals in einem Geschäft die Handschuhe anzuziehen versuchen oder seiner wegrennenden Tochter in einem Café mit dem Anorak hinterherhechten – es wird eine hilfsbereite #susi-frau heranspringen und im frisch und nett lächelnd zur Seite stehen.

Wir haben es also nicht mehr mit einem Dilf zu tun, sondern mit einem Silf: »Susis I want to fuck.«

Natürlich ist der Silf von der Trennung, dem Druck der Ex-Frau und dem Stress mit dem Teilzeit-Vatersein so mitgenommen, dass er keine weiteren Herausforderungen mehr gebrauchen und verkraften kann. So wird der Silf zur Dreifach-Susi. Er wurde erstens als Susi aus dem Familienstatus entlassen und checkt zweitens wieder neu als offizielle Susi ein, dem man die Vaterpflichten abnehmen muss und dem drittens gleichzeitig nichts, aber auch wirklich gar nichts zuzumuten ist. Der Silf verbietet der neuen Verbindung von Anfang an jegliche Allüren oder Ansprüche. Jede neue Frau muss dankbar sein, überhaupt einen Platz im hochanstrengenden Daseinskonstrukt des Silfs einnehmen zu dürfen. Aber sie darf natürlich durch unkomplizierte Streberhaftigkeit darauf hoffen.

Der Lieblingssatz des Silfs ist: »Ich bin ein gebranntes Kind.« Der Grad seiner Brandmarkung lässt sich daran messen, ob er freiwillig oder unfreiwillig aus seiner Ex-Familie entlassen wurde.

Freiwillig entlassen heißt, die Ex-Frau teilt ihm den Wunsch nach Trennung mit, und er ist eigentlich froh und erleichtert. Natürlich kommt es dann trotzdem noch zu einem endlosen Kampf, aber es ist klar, dass hier kein Gras mehr wachsen wird. Vielleicht versucht sie sogar noch einmal in einem Anfall von Zukunftsangst, ihn zurückzuholen, aber der Silf genießt bereits die neu gewonnene Freiheit zwischen jedem zweiten Wochenende und möchte diese um keinen Preis gegen die Fußangeln der Kindsmutter eintauschen.

Unfreiwillig heißt, sie will sich schon lange und immer wieder trennen, aber er reagiert nicht. Oder er zettelt Machtkämpfe an, er würde ihr die Brut nicht überlassen. Natürlich hat sie schon längst einen anderen, der auch sehnsüchtig darauf wartet, dass der Silf den Platz räumt. Irgendwann weiß der Silf sogar von dem anderen, reagiert aber immer noch nicht. Er liegt einfach immer noch auf seinem durchgelegenen Sofa und jammert den Kindern vor, dass Mama ihn rausschmeißen will.

Sie wird ihren Freundinnen monate-, wenn nicht jahrelang klagen: »Was soll ich tun, damit er endlich geht?« Und die Freundinnen werden antworten: »Lass uns doch einfach zwei Möbelpacker bestellen, die das Sofa raustragen, mit ihm drauf. Dann muss er es nicht verlassen, und du bist ihn los. Sie können das Sofa ja irgendwo in einer anderen Stadt vor einer Kirche abstellen.«

Und dann gibt es natürlich noch den Silf, der die Kindsmutter mitsamt Kind aus eigenen Stücken und gegen den Willen der Kindsmutter verlassen hat. Hier gibt es den Silf, der es gerade so lange ausgehalten hat, bis es nicht mehr ganz so skandalös war, die selbst gegründete Familie zu verlassen, das ist meistens, wenn das Kind etwa vier Jahre alt ist. Diese Sorte Silf sagt: »Es war nicht auszuhalten, ich habe aber so lange gewartet, bis ich sicher sein konnte, dass mein Sohn jetzt weiß, wer sein Vater ist.«

Die härteste Version des Silfs ist der, der die Mutter entweder in der Schwangerschaft (»Sie ist plötzlich verrückt geworden, als sie schwanger war«) oder wenn das Baby noch sehr klein ist verlässt (»Es war die Hölle, immer nur Baby, Baby, sie war nicht mehr sie selbst«). Merkwürdigerweise können sich grade diese Silfs nicht retten vor gebärlüsternen Frauen, die sich nichts Schöneres vorstellen können, als gerade mit so einem Mann eine Familie zu gründen.

Es gibt vier bekannte Silf-Formen, die häufig auftreten und als problematisch einzustufen sind:

1. Getrennter Silf mit einem Kind

Hört sich einfach an, ist es aber nicht. Je nachdem, wie stark die Kindsmutter von ihm misshandelt wurde und das Kind als Druckmittel einsetzt, um den geschwächten Silf zum Funktionieren zu bringen, und abhängig davon, wie traumatisch die

Trennung war und ob der Silf das Sorgerecht besitzt. Unverheiratete Silfs mit nur einem Kind haben oft von der Kindsmutter bei der Geburt des Juniors kein Sorgerecht eingeräumt bekommen, weil hier sofort mit der alten physikalischen Formel vorgegangen wurde: Kraft durch Druck.

Silfs ohne Sorgerecht sind die Allerärmsten, denn sie werden bei jeder noch so kleinen Zuwiderhandlung erpresst. Für jede Reise mit dem Junior müssen sie sich eine schriftliche Genehmigung geben lassen, der bloße Kontakt zu anderen Frauen führt zur Eskalation mit schweren Folgen, und sie müssen lauter andere demütigende Maßnahmen über sich ergehen lassen, je nach Laune und Stimmung und Grad der Verbitterung der Kindsmutter. Silfs ohne Sorgerecht können sich oft die ersten Jahre nach der Trennung keine neue Beziehung erlauben, denn das würde die Sicherungen der Kindsmutter zum Durchbrennen bringen. Eine neue Beziehung bedeutet immer das nächste Stresslevel. Aber auch ohne neue Beziehung steht der Silf unter ständigem Stress. Unabhängig davon, ob die Kindsmutter sich freiwillig und auf Eigeninitiative getrennt hat oder sich bereits vorher in einer neuen Beziehung befand, sie wird dem Silf, solange sie kann, also etwa zwanzig Jahre, das Leben so schwer wie möglich machen. Und sie wird natürlich auch jede neue Frau immer hassen. Sie wird überall erzählen, wie dumm, hässlich und erbärmlich die Nachfolgerin ist, und das Kind entsprechend präparieren, damit es jeder neuen Frau ebenfalls das Leben so schwer wie möglich macht. Sie wird das in jedem Fall tun, selbst wenn sie selbst schon lange wieder verheiratet ist mit einem, der schöner, reicher und klüger ist als der Silf.

Hier bietet wieder die lebensnahe Serie *Mad Men* eine gute Orientierung, wo sich Betty während ihrer Schwangerschaft mit einem neuen Mann liiert, sich mit drei Kindern von Don trennt und den neuen heiratet. Sie rastet dann aber komplett aus, als er nach zwei Jahren endlich auch eine Neue hat.

In der Praxis sieht es etwa so aus: Der Silf liegt mit einer neuen Eroberung im geräumigen Bett der neuen Eroberung. Hellgraue Bettwäsche. Kerzen brennen. Aus den Lautsprechern ertönt Prefab Sprout. Eine leere Flasche Rioja, eine zweite daneben, halb voll. Keine Zigaretten, das duldet die neue Eroberung nicht in ihrem Schlafgemach. Neben dem Bett liegt das iPhone des Silfs. Es blinkt tonlos. Blinkt und blinkt.

»Dein Telefon klingelt«, sagt die neue Eroberung.

»Ich hab's auf lautlos« sagt der Silf.

Kurze Pause.

Dann fängt es wieder an zu blinken.

Blink-Tina-mobil-blink-Tina-mobil-blink usw.

»Wer ist denn Tina-mobil?«, fragt die neue Eroberung säuerlich.

»Meine Ex.«

»Dann geh doch ran.«

»Nein, da hab ich jetzt überhaupt keinen Nerv drauf«, sagt der Silf und dreht sich weg vom blinkenden iPhone, als wäre damit Tina-mobil entfernt.

Aber Tina-mobil ist ausdauernd.

»Jetzt geh doch ran, was soll denn das? Ist doch uncool.« Die neue Eroberung hasst Männer, die nicht ans Telefon gehen.

»Nein, echt nicht.«

Die neue Eroberung bohrt noch etwas, Tina-mobil bleibt unermüdlich, und irgendwann bricht es aus dem Silf heraus: »Die will mich doch nur fertigmachen, weil ich den Kleinen abholen soll, das macht die immer am Wochenende, damit hält sie mich klein! Das geht jeden Samstag so! Aber ich hab jetzt keinen Bock auf ihren Terror! Ich mach jetzt das Telefon aus. Sie kann mich mal!«

Die neue Eroberung sagt nichts mehr.

Jeden Samstag Terror, damit er sich nicht locker machen kann, merkt sie sich aber für alle Fälle.

Ein anderer Silf bekommt jeden Sonntagmorgen um zehn das Kind von der Kindsmutter persönlich in die Wohnung geliefert. Wenn er sich weigert oder noch im Koma liegt, gibt es Streit und Geschrei. So schlägt die Kindsmutter drei Fliegen mit einer Klappe: die Gewissheit, dass er die Nacht zuvor nicht allzu viel Ekstase erleben durfte; die Kontrolle, dass er alleine nach Hause gekommen ist und im Bett liegt; und einen kinderfreien Sonntag, den sie mit ihrem Lover verbringen kann.

Ja, ihr Silfs, so sind die Frauen!

2. Geschiedene Susi (Silf) mit mehreren Kindern von einer Frau

Die nächste Demutsstufe für die neue Frau. Sie ist auch nach der Scheidung immer noch die heimliche Geliebte, die Psychiaterin, die Seelsorgerin. Sie ist die, die immer wartet, bis sie im übervollen Time-Schedule des Silfs einen kleinen Platz ergattert, sich aber nie darüber beklagen darf. Die sich nach fünf Jahren immer noch endlose Geschichten über die Ex anhören muss, alte Geschichten und natürlich auch neue. Sie muss damit rechnen, dass jedes Date, jedes Wochenende, jeder Kurztrip jederzeit gecancelt werden, weil Hans-Anton seine Hand auf die heiße Herdplatte gelegt hat, Marie-Sophie vom Hund gebissen wurde oder Timos Fieber in der Nacht gestiegen ist. Sofort wird wieder die alte Familienstruktur einberufen, gemeinsam zum Krankenhaus gefahren und die neue Frau Silf darf nur eines haben: stilles Verständnis. Sind die Silf-Kinder schon etwas älter, muss sie sich auf harte Zeiten gefasst machen. Die Kinder werden alles tun, um den Platz an der Seite ihres Vaters in einen Folterstuhl zu verwandeln. Meistens mit genauen Anweisungen der Mutter.

Anja, eine heimliche Silf-Gefährtin, erzählt: »Wir lernten uns kennen, da war er schon ein halbes Jahr von seiner Frau getrennt, und er meinte, es dürfe niemand wissen, das was läuft mit uns, sonst würde sie durchdrehen, und er hat schon genug Ärger mit ihr, und er liebt doch seine Kinder so. Nach zwei Jahren war ich immer noch seine heimliche Geliebte, ich durfte bei Abendessen im Restaurants nie neben ihm sitzen, damit niemand Verdacht schöpft. Alle unsere Freunde und Kollegen wussten es, nur sie durfte es nicht erfahren. Wenn ich ihn fragte, warum er so komisch sei, sagte er immer dasselbe: ›Wir lieben unsere Kinder so.‹ Das war seine All-Time-Ausrede für alles. Als sie von ihrem Neuen ein Kind erwartete, durfte ich dann endlich an seiner Seite sitzen. Aber er konnte nie zu mir stehen, und wir waren nur noch am Streiten und ich am Heulen. Als es mit uns vorbei war, lernte er eine andere kennen, die wurde sofort als neue Freundin überall herumgezeigt, und er heiratete sie auch kurze Zeit später.«

Ja, so sind die Frauen. Wenn sie von dem merkwürdigen Verhalten des Silfs erzählen, sagen sie gerne entschuldigend zu ihren skeptischen Freundinnen: »Aber er liebt doch seine Kinder so.« Es gibt sogar Frauen, die das immer noch sagen, wenn sie davon berichten, das die lieben Kleinen ihr Essen eklig finden, ihren Dackel gequält, ihr den Schlaf geraubt und ihren Laptop zerstört haben. Und oft genug hoffen sie im Stillen, bald selbst schwanger werden zu dürfen, damit die Show endlich ein Ende hat und sie selbst auf die Bühne treten.

3. Getrennter Silf mit mehreren Kindern von mehreren Frauen

Auch diese Susi ist vollkommen überfordert, zumal sich die Beziehung zu den Müttern meistens auf verschiedenen Stressebenen bewegt und die Kinder nicht viel miteinander zu tun haben, denn außer an den Wochenenden beim Vater sehen sie sich nicht. Die neue Frau muss sich auf diesen Satz gefasst machen: »Bleib bitte hier, wenn die Kids am Wochenende kommen, dann ist es nicht so anstrengend für mich.«

Natürlich ist es nicht mehr anstrengend für den Silf. Sein neues Kindermädchen strengt sich an, kümmert sich nicht nur liebevoll, um ihn zu beeindrucken, sondern arbeitet auch noch ganz umsonst. Bald haben die Kinder sie lieber als ihn, den muffeligen Langweiler.

4. Getrennter Silf mit erwachsenen Kindern

Der leichteste Fall. Vorausgesetzt, es sind keine Problemkinder. Sonst senkt sich die drohende Drogensucht/Arbeitslosigkeit/Kriminalität der Silf-Brut wie ein schwarzes Tuch über die Beziehung. Mann spricht dann von dem Uschi-Glas-Syndrom. Bei noch älteren Silf-Kindern werden oft Intrigen gesponnen, die sich ein ganzes Leben bis zur Testamentsvollstreckung hinziehen können. Tricky.

Bei welchem Silf eine Frau auch landet, sie wird den Moment, in dem sie die Kinder kennenlernen »darf«, als höchste Auszeichnung betrachten und als Durchbruch auf dem Weg, endlich die Nummer eins im Leben des Silfs zu sein. Oder zusammen als gleichwertiges Paar die Angelegenheit mit den armen Kindchen zu meistern. Sie kann das vergessen.

Vielleicht wird sie ihre letzten Nerven und Kräfte dafür opfern, die Angelegenheit zu meistern, und jedes zweite Wochenende im Aquapark, vor Will-Smith-Filmen und einer Playstation-Konsole verbringen, Fischstäbchen und Pommes zaubern und mit kleinen Händen und Füßen im Gesicht aufwachen. Egal, was sie alles macht und tut, egal wie groß ihr Opfer ist – am Ende werden es immer seine Kinder sein. Seine Ex-Frau, sein Ex-Hund und seine Probleme. Außer der Silf ist schon so alt, dass er sich nicht mehr erinnern kann, was früher einmal war.

Ansonsten gilt für smarte Frauen die internationale Regel: kein Mann mit Kind, kein Mann mit Hund.

#wiedervorlage

oder englisch: #back-up

In der Zeit zwischen zwanzig und fünfunddreißig lernten sich Frauen und Männer überall und ständig kennen. Beim Ausgehen, beim Saufen, beim Studieren, beim Arbeiten, bei Isarfesten und am Elbstrand. In Kneipen, Biergärten und in Parks. Auf Partys in Wohnungen und auf Partys in Kellerlöchern. Überhaupt in Kellerlöchern, Katakomben und Abbruchhäusern. Nichts ist romantischer als eine Trümmerlandschaft, und nichts ist wirksamer für die Hormonbildung. Aber jetzt sind die Männer Anwälte, Architekten, Herzchirurgen, Investmentbanker oder stellen Software her. Sie gehen nicht am Wochenende in ein Abbruchhaus, weil ihre Freunde dort Musik machen, und trinken dazu viel Bier aus Flaschen und enden auf dem Dach unter dem Sternenhimmel, eine blasse Brünette mit Fransenlederjacke lässig in den Armen haltend. Wenn jemand eine Dinnerparty gibt, kommen die Gäste paarweise, bringen Barolo mit, loben erst das vegane Carbfree-Menu und dann die Aussicht. Trinken keinen zu viel, weil sie am nächsten Tag Golf spielen müssen (ist ja Samstag!), und liegen spätestens um zwei im Bett. So lernt man niemanden kennen, mit dem man #sex haben könnte. In den Clubs fühlt man sich zu alt, und beim

Saufen in Bars so wie früher Frauen einfach anzusprechen, wirkt beim erwachsenen Mann anbiedernd und kommt selten gut an.

Was bleibt dem Mann also übrig, als die am Arbeitsplatz entstandenen Kontakte hin und wieder in sein Bett zu zerren, aber durch gekonnt eingesetzte Distanz-Intervalle dafür zu sorgen, dass keine Kontinuität entsteht? Eine solche Verbindung, die der Zerstreuung dienen und den Mann vor Einsamkeit und Hormonüberschuss schützen soll, nannte man im letzten Jahrhundert Konkubine. Heute nennt man diese im Volksmund Fickmaus, aber die Susis sagen diskret: #wiedervorlage (im englischsprachigen Raum #back-up).

Die Wiedervorlage lebt von der Angst der Männer, nicht genug Sexmaterial zur Verfügung zu haben (siehe #sexsucht), denn Männer lieben Abwechslung. Behaupten sie. Sie behaupten auch, es sei in ihrer Genetik festgelegt, dass sie ihre Spermien an abwechselnden Orten hinterlassen, also so weit wie möglich streuen möchten. Und sie behaupten weiter, das wäre schon in der Steinzeit so gewesen: Männer gingen das Mammut jagen und ihr Sperma in den Jagdpausen weit verbreiten, während die Frau in der Höhle die Jungen versorgte und auf den Mann wartete, der die Beute mitbrachte und zerteilte, damit sie die zerteilte Beute den Jungen zu essen geben konnte. So in etwa stellen sich Männer das männlich-archaische Leben vor. Und deswegen wollen sie, ihrem Naturell entsprechend, möglichst viele Frauen in vielen Höhlen sitzen haben, die alle auf sie warten, die aber auf keinen Fall herumschreien und Stress machen, wenn sie schon lange nicht mehr aufgetaucht sind, sondern sich freuen und dankbar sind, wenn sie irgendwann zurückkehren.

Leider hat der größte Teil der Männer bei ihrem Wunsch, sich so archaisch wie möglich zu verhalten, den wichtigsten Teil, nämlich die Sache mit der Beute, komplett verdrängt. Diese Männer bringen weder Beute nach Hause, noch versorgen sie ihre Frauen und, sofern vorhanden, die entstandenen Kinder. Diese Männer wollen nur, dass sie für ihre pure Existenz, also nur weil es sie gibt, bewundert und passiv gebraucht werden.

Passiv gebraucht zu werden sieht folgendermaßen aus: Die Frauen sitzen zu Hause und warten leise darauf, dass er sich endlich meldet. Sie beschweren sich nicht, meckern nicht, und sie melden auch nicht irgendwelche Ansprüche an. Sie warten nur, amüsieren sich dabei nicht zu sehr, treffen vielleicht ein paar langweilige Freundinnen, aber auf keinen Fall andere Männer. Andere Männer dürfen nicht im Spiel sein, Konkurrenz wird überhaupt nicht geschätzt!

Sehr geschätzt wird dagegen, wenn die Frau immer Zeit hat. Sie freut sich, mitten in der Nacht mit einem Anruf (siehe #bootycall) und dem Vorschlag überfallen zu werden, doch zu ihm zu kommen, er fühle sich so allein, und kurze Zeit später klingelt sie wohlduftend und gut gelaunt bei ihm. Männer sind da wie eine semipermeable Membran. Sie fordern Exklusivität, denken aber nicht im Entferntesten daran, dieselbe zu bieten.

Diese Männer können als Basic-Susis eingestuft und bezeichnet werden. Sie wollen nichts bringen und dafür alles bekommen. Auch wenn es keinen Grund gibt, als Frau in der Höhle zu sitzen und auf den Mann zu warten, wenn man hungrig ist und der Mann nichts zu essen bringt, gibt es genug Frauen, die genau das dennoch tun. Wofür soll man dankbar sein, wenn man nichts bekommt außer hin und wieder Aufmerksamkeit innerhalb eines Rotationssytems? Aber diese Frage stellen sie sich nicht. Sie sind froh, auf der Wiedervorlagenliste der Männer zu stehen.

Die klassische Wiedervorlage ist eine ältere Bekanntschaft, die aus irgendwelchen Gründen auf Eis gelegt und später wieder neu aktiviert wurde. Es kann Monate oder Jahre kein Kontakt bestehen, bis der Mann wieder aus dem Nichts auftaucht und, wenn sie Glück hat, ein Date vorschlägt. Handelt es sich um eine echte Basic-Susi, wird in letzter Sekunde die schicke

Verabredung abgesagt, weil er es nicht schaffe, sie solle doch lieber, wenn er im Büro fertig sei, zu ihm nach Hause kommen. Um zweiundzwanzig Uhr ist es dann endlich so weit, und die Frau (wir können sie jetzt schon getrost #susi-frau nennen) wartet schon seit zwanzig Minuten unten in ihrem kalten Auto, ist aber dennoch zu allem bereit, hochmotiviert und kein bisschen sauer. Diese Sorte Susis schlagen auch gerne nur einen Kaffee vor, diesen bevorzugt bei sich in der Küche, denn da ist das Schlafzimmer nebenan. Basic-Susis haben keine Lust, vor dem #sex noch ein anstrengendes #date und ein sinnlos teures Abendessen durchzustehen. Ohnehin hassen Basic-Susis Restaurantbesuche. Sie kosten nur #geld, verursachen Stress, und man isst viel zu viel. Womöglich sogar Carbs, aus der Not heraus, das günstigste Gericht auf der Karte zu bestellen. Also wird die Wiedervorlage direkt nach Hause bestellt: praktisch, billig, sauber, problemlos.

In unserer modernen Zeit ist es nämlich so, dass der Mann sich die Wiedervorlagen abwechselnd zu sich in seine Höhle kommen lässt, anstatt eine gemeinsame Höhle einzurichten. Die gemeinsame Höhle hat er als Lebensmodell schon hinter sich. Männer, die eine oder mehrere lange Beziehungen, vielleicht sogar eine Ehe, aus der sie als #dilf oder #silf herausgegangen sind, hinter sich gebracht haben, mussten feststellen, dass Männer für monogame Domestizierung nicht geeignet sind. Sie wollen das nie wieder.

Und es gibt gute Gründe, weshalb die Susi die Frauen in seine Höhle holt, anstatt sie, seiner Urbestimmung folgend, in ihren Höhlen zu besuchen. Die Höhlen der Wiedervorlagen sind meist sehr kleine und bescheidene Behausungen, so wie Mädchen-WGs oder eine Zweizimmerwohnung ohne Lift und in einer Gegend, in der schon das Auto der Susi unangenehm auffällt. Diese beengenden Verhältnisse sind nichts für die Susi (siehe #wohnen). Lieber gibt er der Wiedervorlage mit geschwollener Brust eine Führung durch seine stattliche Junggesellenhöhle. Die Wiedervorlage kann ihr Glück nicht fassen und hört in der Susi-Wohnung die Wände rufen: Zieh hier ein! Hier ist so viel Platz! Werde schwanger! Habe endlich eine goldene Zukunft ohne Geldsorgen, Jobsorgen, ohne blöden Chef und Existenzangst, aber dafür mit Fußbodenheizung im Bad, Dachterrasse mit Weber-Grill und einer Putzfrau, die jeden Tag kommt, nur um die Wäsche perfekt zu bügeln und mithilfe einer Faltschablone in den Schrank zu sortieren!

Da die Susi bei der Akquise schon recht forsch vorgegangen ist und sich auch gerne in der Öffentlichkeit mit der Wiedervorlage zeigt, sie sogar als »Freundin« vorstellt, hat die Wiedervorlage nicht den geringsten Zweifel, dass sie die einzige Herzensdame ist und er wirklich immer arbeitet, wenn er keine Zeit für sie hat. Durch das permanente #digital-dating hat sie das Gefühl, an seinem Leben teilzuhaben. Tatsächlich glaubt sie, ganz nah dran an dem Glück zu sein, jeden Morgen in weißgrauer Leinenbettwäsche aufzuwachen.

Woran erkennt die Frau also, dass sie nur eine Wiedervorlage/ein Back-up ist? Folgendes Grundwissen mag helfen:

- Der Mann taucht aus dem Nichts auf und beginnt, meistens sehr, sehr spät nachts, intensive und sinnlose digitale Unterhaltungen zu führen. Per Skype, SMS oder auf Facebook. (siehe #digital-dating)
- Nach kurzer Zeit meldet er sich beinahe täglich und erzählt aus seinem Leben, ist amüsant, sexy und charming. Fragt immer, was sie macht und wann sie Zeit hat. Schlägt Kinobesuche vor.
- Er preist sich als großer Koch an und bietet ihr an, für sie ein Abendessen zu zaubern.
- Kocheinladungen, Kinobesuche, Restaurantbesuche und andere Pläne fallen meistens ins Wasser, weil die Susi dann doch keine Zeit hat und immer erst so spät aus dem Büro oder von sonst woher kommt und sich dann erst meldet. (siehe #bootycall)

- Er ruft sie nach einundzwanzig Uhr an und verabredet sich gegen dreiundzwanzig Uhr bei sich zu Hause. (siehe #booty-call)
- Sie darf bei ihm übernachten, muss aber am nächsten Morgen mit ihm seine Wohnung verlassen und direkt zur Arbeit, sofern sie eine hat.
- Eine Wiedervorlage hat immer, wenn sie in die Susi-Höhle kommen darf, eine Sex-Tasche dabei. In der Sex-Tasche befinden sich: Schminksachen, Waschsachen, Zahnbürste, Wäsche zum Wechseln, die Pille und Kleidung für den nächsten Arbeitstag. Besonders schwer haben es Wiedervorlagen, die Berufe wie Stewardess, Krankenschwester oder Bankkauffrau ausüben. Die Sex-Tasche muss nach dem Übernachten wieder mit der Wiedervorlage verschwinden. Eine Sex-Tasche darf nur mit der Wiedervorlage zusammen in der Susi-Höhle sein.
- Es dürfen nicht mitgebracht und hinterlegt werden: eigene Lebensmittel (zum Beispiel Lätta, Hühnerbrustaufschnitt, fettreduzierter Kräuterquark), Gesichtscreme, Zahnbürste, Unterwäsche, Strumpfhosen, DVDs oder Bücher
- Sollte sie doch einen Slip oder BH dalassen, wird er ihr beim nächsten Besuch ausgehändigt: »Du hast deinen BH vergessen.«
- Sie bekommt keinen Schlüssel, auch nicht für wenige Stunden. Wenn er sie zu sich bestellt und sagt, er fahre auch gleich los, und sie vor ihm ankommt, was oft geschieht, weil er sein Zeitmanagement nicht im Griff hat (#keine-zeit-loser), muss sie im Regen auf der Straße warten. Sie darf ihn deswegen nicht anschreien, lange herumzicken oder sogar einfach wieder gehen und danach zwei Tage seine Anrufe abweisen. Das machen nur Twentysomething-Bitches und #susi-schrecks. Wenn sie nach einem Schlüssel fragt, damit sie, wenn sie kurz eine Milch holen geht, wieder reinkann, sagt er, er mache ihr auf. Wenn sie noch einmal nach dem Schlüssel fragt, be-

kommt sie zu hören: »Das machen Jungs nicht. Den Hausschlüssel vergeben, nein …«

- Sie hat immer mehr das Bedürfnis, ihn zu sehen, er immer ein bisschen weniger. Nach ein paar Wochen meldet er sich nicht mehr, weil er so viel Stress im Büro hat. Nun muss sie ihn anrufen. Er reagiert auf ihre Anrufe sehr spät oder gar nicht.
- Sie stellt Fragen wie: »Was machst du morgen?«/»Sehen wir uns morgen?« und irgendwann verzweifelt: »Sehen wir uns am Wochenende?« Worauf er behauptet, am Wochenende käme sein Kind. Sie ist »zufällig« in der Gegend und klingelt. Er macht die Tür nicht auf, obwohl sein Auto vor der Tür steht. Er meldet sich ein paar Monate nicht, damit sie abkühlt. Irgendwann geht es wieder von vorne los, daher der Name »Wiedervorlage«.

Natürlich gibt es auch männliche Wiedervorlagen, die der Susi-Schreck bei Bedarf, also in schlechten Dating-Zeiten, wieder aus der Mottenkiste hervorkramt. Aber Frauen können alte, wieder aufgewärmte Geschichten nicht wirklich genießen, und so bleibt es meistens nur bei einer Verzweiflungstat, die sie eher noch weiter nach unten zieht als nach oben bringt. Es ist ungerecht, wie einfach es die Männer haben und wie schwer die Frauen.

#alko-hole

So unglaublich das klingen mag: Frauen wollen, dass Männer trinken. Und das, obwohl sich viele Männer nach und während des Alkoholkonsums in ein Alko-Hole verwandeln. Ein Alko-Hole ist jemand, der durch den Genuss von Alkohol seine Persönlichkeit verändert und zu einem Arschloch, also Asshole mutiert. Mit anderen Worten: Es handelt sich um das Dr-Jekyll-and-Mr-Hyde-Syndrom.

Das Alko-Hole hat natürlich ein starkes und unkontrolliertes Alkoholproblem. Wie jeder Süchtige leidet er unter einem permanent schlechten Gewissen, und es plagt ihn die ewige Schuld. Er hat die Trinkerei nicht im Griff und lässt Alkohol regelmäßig in rauen Mengen in sich hineinfließen, um danach die unglaublichsten, peinlichsten und sadistischsten Dinge zu tun, für die sich das Alko-Hole später, wieder ernüchtert, auf allen vieren demütig entschuldigt.

Das Alko-Hole weiß, dass er im Rausch und auch als Mensch zum Teil eine Zumutung ist, und genau hier kommt ein wichtiger Vorteil für die Frauen ins Spiel: Sie können die Schwäche und Schuldgefühle des Alko-Holes für sich nutzen, indem sie ständig Druck auf ihn ausüben und ihm in den schillerndsten

Farben ausmalen, was er wieder angestellt hat und wie sie ihn gerettet haben: »Wenn ich nicht gewesen wäre, hätte dich die Polizei gleich dabehalten ...« – »Du hast vor meinen Augen der Kellnerin unter den Rock gefasst, weißt du, wie entwürdigend das für mich war ...?« oder: »Du hast hier alles vollgekotzt, die Flecken auf dem teuren Teppich werden nie wieder rausgehen ...« All diese Dinge muss sich das arme Alko-Hole ständig anhören und wird dadurch noch kleiner und abhängiger. Und muss noch mehr trinken, um sich wieder besser zu fühlen.

Ein weiterer Vorteil: Das Alko-Hole ist mit sich und seinem Trink- oder Nicht-Trink-Verhalten beschäftigt. Er bekommt nicht viel mit, und er erwartet auch nicht viel, weil er ja weiß, dass er eine Zumutung ist. Er ist demütig. Ein immer nüchterner, glasklarer Mann dagegen ist selbstbewusst, kann sich immer an alles, was gesagt oder getan wurde, erinnern und macht Bemerkungen wie: »Hier sieht's aus wie auf der Müllkippe, kannst du nicht mal aufräumen?« oder »Wie siehst du denn aus, zieh dir mal was Anständiges an ...« oder »Auf den Frühstückstisch gehört auch ein frischer Obstsalat«. Aber Achtung: ein trockenes Alko-Hole ist schlimmer als das aktive Alko-Hole.

Es lassen sich drei Sorten des Alko-Holes unterscheiden:

1. Das klassische Alko-Hole: geht aus, betrinkt sich, tanzt auf den Tischen, reißt sich sein maßgeschneidertes Hemd vom Leib und verbrennt es bei fremden Leuten in deren Kamin. Begrabscht den Hintern jeder Frau, auch den seiner Schwiegermutter. Fragt fremde Frauen direkt, ob sie mit ihm vögeln wollen. Schläft meistens irgendwann irgendwo ein, vielleicht nackt in einer Sauna. Seine Kleider sind am nächsten Tag natürlich verschwunden. Danach ist er schlecht gelaunt, verkatert und tut so, als wüsste er von nichts, macht aber brav alles, was man von ihm verlangt.
2. Das emotionale Alko-Hole: wird im Rausch sentimental weinerlich und voller Selbstverachtung. Er jammert jeden

Taxifahrer an, dass er zu Hause nicht genug #liebe oder #sex bekommt, erzählt der Garderobiere, dass seine Frau ihn nicht liebt und die Kinder nur sein #geld wollen. Und zettelt auch noch gerne vollkommen sinnlos einen Ehestreit an. Danach trinkt er weiter bis in den nächsten Tag hinein. Wenn es niemanden gibt, den er noch nerven kann, ruft er irgendwelche Leute an. Am nächsten Tag will er sein Bett nicht verlassen.

3. Das Riot-Alko-Hole: bekommt im Rausch gar nichts mehr mit, lässt sich gehen, randaliert, prügelt, fliegt aus einer Bar, sitzt dann heulend vor der Tür, kotzt das Taxi voll. Am nächsten Tag erinnert er sich an nichts.

Alle drei Alko-Holes sind nach ihren Exzessen emotional ausgelaugt und eine Zeit lang kleinlaut, verschüchtert und voller Selbstverachtung, was den Frauen zugute kommt. Sie können das geschwächte Alko-Hole jetzt dominieren, für seine Sünden bestrafen und sich in ihrer überlegenen Machtposition wichtigmachen. Das Alko-Hole hat ohnehin seine Selbstachtung verloren, und seine Frau weiß, sie hat eigentlich etwas Besseres verdient. Er lässt alles mit sich machen: Er hält ihr die Wollknäuel, geht mit ihrem Chihuahua Gassi, macht das Katzenklo sauber und räumt die Spülmaschine aus, bis er es nicht mehr erträgt und sich wieder komplett volllaufen lässt.

Dann geht es wieder von vorne los.

#foodies

Im Gegensatz zu vielen Dingen, die im Leben der erwachsenen Männer und Frauen an Bedeutung verlieren, ist es beim Essen genau andersrum. Die Bedeutung steigt, in allen Varianten und in alle Richtungen. Essen hat den Genussplaneten schon lange verlassen und ist zum Statussymbol geworden. Für viele ein Mittel der Selbstkasteiung und eine Plattform des Sich-Darstellens zugleich. Aber immer eine Möglichkeit, sich zu spüren und zu definieren. Unsere Nahrungsaufnahme ist heute weit entfernt von ihrer eigentlichen Zweckerfüllung. Stattdessen ist sie zu einem Lifestyle-Hauptthema geworden, genau wie Erfolg, #geld, Sport und Freizeitgestaltung.

Essen heißt jetzt Ernährung und nimmt einen wichtigen Part im Leben der #awas ein, vielleicht sogar einen noch wichtigeren als die obligatorische Körperhygiene. Wo früher über Design und Musik gesprochen wurde, wird jetzt über Restaurants geredet. Die Art der eigenen Ernährung ist Personality-Positionierung und Talkthema zugleich. Wer isst was und woher und wo? Wie esse ich, warum esse ich es, und besonders bei Frauen sehr beliebt: Was esse ich nicht mehr? Wo kommen die neuen Lebensmittel her, wo kaufe ich sie ein? Kann ich das, was ich esse, überhaupt buchstabieren? Kann ich Quinoa, Amaranth, Couscous, Semolato, Chlorophyll richtig aussprechen? Und was sind meine Gefühle für den Verzicht, vor dem Verzicht, während des Verzichtes und danach?

Diejenigen, die aber neben der Ernährung als reines Mittel der gesunden Existenz und Lebensverlängerung auch noch Wert auf das altertümliche und unmoderne Gefühl von Genuss und für die schmackhafte Zubereitung von Essen interessieren, nennen sich chic: Foodies.

Marlene Dietrich sagte: »Ein Mann, der arbeitet, muss gut essen.« Und sie kochte für ihren Liebhaber Jean Gabin seine französischen Lieblingsgerichte. Aber das war zu einer anderen Zeit, als sich sogar starke, unabhängige Karrierefrauen wie Marlene Dietrich wie Frauen und Männer wie Männer benahmen. Heute ist es so, dass Frauen für ihre Liebhaber nicht mehr kochen – zum einen können sie es nicht (und wollen es auch gar nicht;), zum anderen denken sie, es wäre gegen die Regeln der #emanzipation und der Gleichberechtigung, wenn eine Frau für ihren Liebhaber kocht. Deshalb sind es heute eher die Männer, die kochen können, sich statussymbolisch eine gut ausgestattete Küche zulegen und dazu hochwertige Küchentools wie Porsche-Messer und blitzende Saeco-Kaffeevollautomaten mit eigenem Mahlwerk. Jedem Gast wird sofort ein Espresso aufgedrängt und später noch einmal, weil die Maschine so überwältigend ist.

Der Unterschied zwischen echten Männern und Susis im Erwachsenenalter lässt sich nirgends schneller und plastischer darstellen als beim Essen:

Mann: »Ich bin ein Genießer.«

Susi: »Ich bin ein Gourmet.«

Mann: besitzt genau zwei Kochbücher (1. Beef; 2. Fleisch).

Susi: besitzt zwanzig Kochbücher (die Leichte Küche; Carbfree; Jamie Oliver; Tim Mälzer; Vegan; Salate und Dressings usw.).

Mann: »Ich kann ein paar Sachen kochen.«

Susi: »Ich zeige gerne meine Kochkunst.«

Mann: kauft beim besten Fleischer der Stadt für jeden Gast ein 400 Gramm schweres Stück Fleisch, Herkunft Argentinien.

Susi: kauft für jeden zwei Jacobsmuscheln als Vorspeise und 120 Gramm Tuna als Hauptspeise – später wird er das Tuna-Steak zu stark durchbraten; Herkunft: egal.

Mann: tischt als Beilagen sehr viel frisches Baguette, selbst gemachte Knoblauchbutter und extrastarke Feuersoßen auf, von denen er selbst Flammen spuckt.

Susi: reicht als Beilage einen Salat, den er umständlich mit gekauftem Kürbisdressing anrichtet und serviert; kein Brot dazu.

Mann: hat einen Weinvorrat im Keller und ansonsten auch alles andere Trinkbare da; auch ordentlichen Champagner in ausreichenden Mengen.

Susi: hat nur eine Flasche Wein besorgt, maximal zwei. Sollte der Wein mehr als zehn Euro gekostet haben, zeigt er auf das Etikett und sagt: »Niveau kann man sich kaufen.« Champagner hat die Susi nur, wenn er einmal eine Flasche geschenkt bekommen hat. Er kann damit nichts anfangen.

Mann: achtet darauf, dass jeder und auch er selbst genug auf dem Teller hat, und setzt sich hin und isst; fragt, ob noch jemand Fleisch möchte, es sei genug da.

Susi: redet so viel, dass alles zu lange brät oder auf dem Grill vertrocknet; achtet nicht darauf, was die anderen essen und ob es ihnen schmeckt; fragt nicht, ob jemand noch mehr möchte, es ist ohnehin zu wenig.

Mann: freut sich über Lob, schert sich aber nicht darum. Er weiß, dass es gut war, und damit ist das Thema beendet.

Susi: will ununterbrochen für alles gelobt werden und lobt sich ununterbrochen selbst: »Ich habe für dich gekocht, ich habe für dich eingekauft, du hast meinen teuren Barolo getrunken.« Und selbst wenn sie kaum etwas gegessen hat, weil seine Tiefkühl-Kabeljau-Filets nur nach Sojasoße schmeckten, betont die Susi immer wieder vor versammelter Mannschaft: »Da hast du dir die Finger bei meinem Essen geschleckt!«

Mann: kauft alles frisch, am liebsten auf dem Markt oder bei dem Feinkosthändler seines Vertrauens und immer viel zu viel.

Susi: kauft gerne Tiefkühlware, da überschaubarer, fertig portioniert, haltbar und sehr viel billiger, denn die Susi will sich auch beim Verzehr nicht festlegen müssen.

Mann: bringt nur Lebensmittel auf den Tisch, die es auch vor Jahren und schon immer gab und die regional wachsen; keine Spielereien.

Susi: kauft Wein aus Südafrika, Fleisch aus Australien und Garnelen aus Vietnam; glaubt, Frauen seien von tiefgekühltem Straußen- oder Kängurufleisch mehr beeindruckt als von einem ehrlichen Rinderfilet von einer deutschen Kuh. Dass die Susi-Frau sich vor dem Känguru etwas ekelt, bemerkt er nicht. Er denkt, was von so weit her kommt, ist exotisch und somit eine Delikatesse.

Der Mann: kauft Fleisch. Noch mehr Fleisch. Oder eine gute Salami, ein Stück goldgelben Käse und einen Laib Brot, von denen er viel zu dicke Cowboyscheiben absäbelt. Die Salami und den Käse spießt er mit der Spitze seines Jagdmessers auf und reicht es der Lady. Salat isst er nur als Beilage mit etwas weißem Essig und bestem Extra Vergine, Salz und Pfeffer.

Susi: präsentiert nur künstlich aufgemotzte Spielereien, zum Beispiel Käse aus dem Lidl, aber dafür mit Trüffel. Die Susi liebt alles mit Trüffel. Trüffelhonig, Balsamico-Essig mit Perigord-Trüffel, Trüffelfrischkäse, Trüffelbutter und Trüffelpastete. Nur einen echten Trüffel kennt die Susi nicht und hat auch Angst davor. Die Susi fällt sogar auf den »Google mal Truffle Butter«-Witz rein. Denn die Susi denkt, außergewöhnliche Aromen zeugen von Exklusivität. Darum liebt er auch Chiliöl, Knoblauchöl oder Öl mit Ingwer-Lemon. Und natürlich Trüffelöl.

Ein gutes kaltgepresstes Olivenöl aus der Toskana findet er genauso langweilig wie ein pures Salatdressing.

Mann: bestellt, was er will und was sie will von wo er will. Meistens bei dem Restaurant um die Ecke, mit dessen Besitzer er befreundet ist.

Susi: bestellt fast überall einen Caesar's Salad oder ein Club Sandwich. Er denkt, das signalisiert internationales Auftreten. In seinem Kühlschrank steht neben einer Sammlung von Knorr-Soßen mindestens eine Flasche Caesar's-Salad-Dressing.

Mann: kann lässig mit Lobsterzange und Krebsschere umgehen. Kauft lebende Lobster und legt sie vor der Tötung durch einen Stich zwischen die Augen zehn Minuten zur Anästhesie in die Tiefkühltruhe, obwohl diese Methode sehr umstritten ist, da sie cruel sein soll. Bestellt sich Lobster zum Lunch oder am späten Nachmittag, wenn er Lobsterhunger hat, und erkennt den Unterschied zwischen einem Maine und einem Kanadischen Lobster und einem Hummer. Trägt Lobsterlätzchen elegant und selbstverständlich wie eine Hermèskrawatte. Sein Leibgericht ist aber Surf and Turf.

Susi: isst Lobster nur zu Silvester und nur ohne Schale. Hat Angst vor lebenden Lobstern, Lobsterzangen und dem Zerlegen des Lobsters. Auch hier: am liebsten tiefgekühlt und nur ein Hummerschwänzchen als Salatbeilage. Surf and Turf findet die Susi pervers.

Und dann gäbe es da noch die anderen Foodies:

#susi-frauen: ernähren sich selbst zwischen und auch gerne statt der Mahlzeiten von Bioreiscrackern. Tofu in allen Variationen. Lieben Gemüse aus dem Ofen, Hummus und Jamie Oliver. Haben Angst vor Fleisch in größeren Mengen (<150 Gramm) und können kein totes Huhn anfassen, geschweige denn zerlegen.

#susi-schrecks: stehen schwer auf asiatische Küche. Je nach Bildung, Anspruchslevel und Lebensstandort reicht es vom simplen Thailand-Ferien-Frittierter-Fisch-mit-Mango-Salat bis zu japanischen Snacks, dann essen sie gerne mal einen Eimer Edamame-Bohnen wie Kartoffelchips. Auch Susi-Schrecks kämpfen ständig mit Alkohol und Carbs.

#ladies: lieben alle Nobu-Restaurants dieser Welt, wobei sie sehr wohl wissen, dass es sich um Peruan fusion handelt und gar nicht japanisch ist. Sie bestellen sich darum Ceviche, Lobster Tacos, Ceviche und Black Cod mit Miso und die anderen Dinge, für die diese Köche weltweite Berühmtheit erlangt haben.

Twentysomething-Bitches: mögen gerne Sushi und Sashimi; Gazpacho. Angst vor Carbs.

Fiftysomethingbitches: essen so gut wie nichts mehr aus Angst vor der Verdauung.

Dilf-Kinder: Sushi, Wagyubeef-Burger.

Silf-Kinder: Burger King. Fischstäbchen. Sushi aus dem Supermarkt.

Wer ab vierzig immer noch nicht mit Besteck umgehen kann und von Stäbchen überfordert ist, kommt in diesem Buch nicht vor.

#guyfriends

Wenn wir uns in diesem komplizierten Schon-erwachsen-aber-noch-zu-jung-zum-Altsein-Alter, also im Awa-Lebensabschnitt, befinden, bemerken wir, dass sich langsam und unmerklich nicht nur wir, sondern auch die Dinge um uns herum verändert haben.

Unsere Bedürfnisse sind dennoch zum Teil dieselben geblieben. Eines dieser Bedürfnisse, die auch bleiben, wenn sich alles schon verändert hat, sind platonische Freundschaften zum anderen Geschlecht. Leider sind es nur Frauen aller Sorten (#susischreck, #susi-frau, Twentysomething-Bitch, #lady), die ein starkes Bedürfnis nach Guyfriends in ihrem Leben empfinden, weil sie die geistige Nähe und Gesellschaft von Männern kurzweilig und inspirierend finden, und da echte Beziehungen zu den erwachsenen Herren noch schwieriger als früher bis kaum noch möglich sind, dürsten sie geradezu nach männlichen Kumpels. Hier erfahren die Ladies nämlich Anerkennung, Freundschaft und Input von Männern, die eben nicht ihre Beziehungspartner sind, sondern einfach nur Freunde.

Ein #guyfriend ist der, der ihr das Apple TV installiert, sich ungefragt ein Bier aus ihrem Kühlschrank holt, sich auf ihr Sofa fläzt, um bei ihr ein Fußballspiel anzuschauen, obwohl sie nicht mitschaut, sondern dabei meckert, dass sie immer noch das Apple-TV nicht rafft, und noch nebenbei ihren Mac updatet. Und dann wieder geht. Oder der einfach mal anruft, wenn er sich langweilt, und fragt, was sie so macht, und ob sie den neuen Film von Tarantino schon gesehen hat. Oder den sie unbekümmert an einem sonnigen Sonntag anrufen kann, und dann heißt es: »Ich sitze hier mit Hans und Georg im Garten, Alex kommt auch gleich, wir wollen jetzt grillen. Hast du Zeit und Lust?« Und dann kommt die Lady, bringt Anzünder und eine Flasche Wodka mit und betrachtet mit ungläubigen Augen den Berg Wagyubeef-Burger, den die Jungs mit ihren großen Händen unförmig aufgetürmt haben, isst mit ihnen und lässt sich lustige Geschichten erzählen, wer wann wo am betrunkensten war. Dann fühlt sie sich gleich wieder wie früher in ihrem Leben als Twentysomething-Bitch.

Damals hat sie sich keine Gedanken gemacht, dass es etwas Besonderes sein könnte, wenn sie mit sechs Männern als einzige Frau im Biergarten saß. Sie wusste, sie war so cool, dass Männer sie nicht langweilig fanden, und sie auch ohne Sex noch zu etwas gebrauchen konnten. Sie wusste, sie war beliebt, reizend, süß, lustig, charming und wohlriechend genug, und jeder dieser platonischen Freunde hatte durchaus auch mal im Vollrausch mit ihr geknutscht. Aber sie hatte einfach am nächsten Tag oder sogar schon in der nächsten Stunde so getan, als wäre nichts gewesen. Und wenn ihr einer seinen Pulli geben musste, weil es beim gemeinsamen Nach-Hause-Radeln abends durch den Park kühl wurde, war zwar eine Spur Romantik, aber ansonsten keine weitere Bedeutung dabei, und der Guyfriend rief ihr nach dem Abschied hinterher: »Hey, meinen Pulli musst du leider wieder hergeben, das ist mein Lieblingspulli, sorryyyy …« Es war alles ganz leicht und normal.

Nach dem vierzigsten Lebensjahr scheint plötzlich alles ganz anders zu sein: Männer sind in ihrer Freizeit nur mit Männern und Frauen nur noch mit Frauen unterwegs. Ansonsten gibt es Paare oder Dates oder #sex. Aber reine Freundschaft zum anderen Geschlecht ist nicht comme il fault. Früher, als die #awas noch jung waren, war alles gemischt. Männer, Frauen, Paare, Ex-Paare, alles kam zusammen, und die Spannungen, die entstanden, wurden auch gemeinsam in der Gruppe verarbeitet. Zusammengewürfelt wurde man durch gemeinsames Ausgehen, gemeinsames Studieren oder auch gemeinsames Arbeiten, Trinken oder anderen Drogenkonsum. Oder durch ein gemeinsames Interesse wie Musik, Tanz, Sport, Tiere. Es war jedenfalls normal, sich zu treffen, um Zeit miteinander zu verbringen. Darum sind Frauen es gewöhnt, auf mehreren Ebenen vom anderen Geschlecht umschwärmt, gemocht oder zumindest beachtet zu werden. Diese Art von Friendship existiert zwischen Männern und Frauen im Erwachsenenalter nur noch unter der Voraussetzung, dass man sich schon mindestens zehn Jahre kennt. Ob es dabei auch schon zu mehr als nur Freundschaft, also zum Austausch von Intimitäten gekommen ist, spielt keine Rolle. Wenn man sich lange kennt, keiner den anderen bis jetzt verletzt, enttäuscht oder diffamiert hat, kann man von einer Freundschaft sprechen. Diese alten Freundschaften sind zwar noch theoretisch vorhanden, bei männlichen und weiblichen #awas aber meistens auf Eis gelegt.

Frauen sagten früher: »Das ist ein guter Kumpel von mir.« Es war vollkommen normal für eine Frau, zehn gute Kumpels zu haben, die mit ihr zum Baumarkt fuhren, ihr Mofa frisierten, einen Beamer in ihrem Wohnzimmer installierten oder manchmal auf ihrem Sofa übernachteten. Oder mit denen sie an einem langen Tisch saß und Schnitzel aß. Da war nichts dabei.

Allerdings mussten auch früher die guten Kumpels bei jeder neuen Beziehung der Frau eine Zeit auf Distanz gehen, weil es der neue Lover nicht ganz so entspannt sah, wenn Männer auf dem Sofa ihrer Freundin vollgedröhnt übernachteten. Früher standen neue Verehrer vor ihrer Tür Schlange, sobald sich herumgesprochen hatte, dass aus dem Boyfriend ein Ex-Boyfriend geworden war. Die Guyfriends meldeten sich dann wieder und belagerten ihr Wohnzimmer – außer einer von ihnen hatte mittlerweile eine neurotische Freundin, die ihm den Kontakt zu jeglichen weiblichen Wesen untersagte, doch auch das ging vorbei –, aber heute ist über die letzte Beziehung schon viel mehr als nur Gras gewachsen, und von Belagerung kann man beim besten Willen nicht sprechen.

In ihren jungen Jahren sagten die Männer über Frauen, die sie wirklich in Ordnung fanden: »Das ist eine gute Freundin von mir.« Und zu der neuen Flirt-Bekanntschaft: »Sandra ist eine gute Freundin von mir, die musst du kennenlernen, du wirst sie mögen.« Die Frauen lernten sich kennen, mochten sich meistens nicht wirklich oder hassten sich sogar, aber am Ende waren alle eine coole Truppe.

So war das früher, als wir noch jung und unbekümmert waren. Und nicht wussten, dass es sich irgendwann, nämlich ziemlich genau mit Ende dreißig, spätestens aber mit Anfang vierzig ändern würde.

Plötzlich ist alles anders. Männer sehen mit Männern Fußball, schauen Formel 1, trinken Bier, machen Ausflüge mit ihren Campagnolo-Rennrädern, gehen in Steakhäuser, und alle lassen entweder, wie vereinbart, ihre Frauen zu Hause, oder sie bringen alle ihre Frauen mit. Oder sie lassen ihre Frauen zu Hause und bringen sich ein paar junge Hühner mit, für jeden Mann mindestens eins, streng abgezählt, an dessen Namen sich meistens kaum noch einer am nächsten Tag erinnern kann, obwohl man die halbe Nacht unbekleidet zusammen verbrachte. Bei den Pärchen-Abenden läuft es gerne darauf hinaus, dass die Frauen alle rechts sitzen und miteinander reden und die Männer links. Unsere Gesellschaft hat sich von alleine dahin entwickelt, was in islamischen Ländern mühselig per Gesetz erreicht wird: Männer und Frauen verbringen ihre Zeit getrennt, außer sie sind, wie oben schon erklärt, durch eine Beziehung aneinandergekettet. Und selbst da

Aber leider lieben weibliche #awas die Gesellschaft von Männern, nicht nur wegen des Biergeruchs, des technischen Supports und des Inputs zu Fußballspielen, sondern auch weil Frauen geradezu süchtig sind nach männlicher Aufmerksamkeit. Wir nennen das #aufmerksamkeitssucht. Frauen wünschen sich einen Mann, einen Zweitmann, noch einen Lover, eine Handvoll Verehrer in Warteschleife und dazu noch einen ganzen Bus voller Männer, die sie als Frau einfach nur schätzen, einen Werkzeugkasten mitbringen, aber auch rein theoretisch einem Austausch von Körpersäften nicht abgeneigt wären.

Doch die Frau über vierzig findet keine neuen Männer weit und breit. Obwohl sie dank Disziplin, #fitnesssucht und kontrollierter #health-food-sucht so gut aussieht wie noch nie, und sie hat sich extra das überdimensionierte Manhattan-Sofa geleistet, und es wären auch immer genug Eiswürfel in dem Eiswürfelspender in ihrem neuen SMEG-Fridge. Aber niemand schreit danach. Im Gegenteil. Überall sind nur Frauen. Frauen gehen mit Frauen essen, Frauen gehen mit Frauen in eine Bar, es gibt »Girls Night Out«und »Ladies Lunch«. Unweigerlich beginnt der Horizont zu schrumpfen. Und alle Versuche, jede männliche Bekanntschaft gierig zu daten in der Hoffnung, es könnte ein Guyfriend dabei sein, scheitern kläglich. Egal wie burschikos und kumpelhaft der weibliche #awa neuen Männerbekanntschaften gegenübertritt, damit von Anfang an kein Zweifel besteht – in dem Moment, in dem der männliche Interessent die Klarheit bekommt, dass nie, wirklich nie etwas laufen wird zwischen ihnen, ist er wieder verschwunden. Und den weiblichen #awa betrübt das sehr, denn sie hatte das Gefühl, sie seien fast Freunde gewesen. Aber als er sie nach dem fünften Date im Wagen versucht hat zu küssen und sie ihr Gesicht abwandte und danach noch seine Hand von ihren Brüsten wegschob, hat er sich nie wieder gemeldet. Und als sie ihn anrief, war er sehr sachlich und hatte keine Zeit.

Bei einer anderen Bekanntschaft, die schon zwei Jahre anhielt und bei der sich der weibliche #awa ganz sicher war, kam das Ende der Freundschaft nach einem gemeinsamen Wochenendtrip. Sie stand unter der Dusche, und ihr »guter Kumpel« stellte sich nackt dazu und begann ihren Rücken einzuseifen. Der #awa schrie, als hätte sie den Leibhaftigen neben sich erblickt, und rannte nackt, nass und kreischend aus der Dusche und aus dem Bad hinaus und schrie in das Badezimmer hinein: »Spinnst du?« Danach redete er mit ihr nur noch das Nötigste, und als sie wieder zu Hause waren, hörte sie nie wieder etwas von ihm. Ja, so ist das Leben mit Erwachsenen.

Männer haben als erwachsene Menschen keine Zeit und auch keinen Sinn für sexlos-freundschaftliche Beziehungen zu weiblichen Wesen. In diesem Fall wären ja die vom Alter passenden weiblichen Pendants entweder #susi-schrecks, #ladies oder #susi-frauen. Bei den #susi-schrecks und den #ladies gibt es das Problem, dass sie auch bei einer sexlosen Freundschaft bei jedem Treffen genauso performen müssten wie bei potenziellen Date-Partnerinnen, um nicht als Loser-Susi geoutet zu werden. Denn würden sie innerhalb einer ganz harmlosen Freundschaft zu einer solchen Frau als Loser-Susi geoutet, beispielsweise, weil sie von einem misslungenen Date mit einem anderen #susi-schreck erzählen, oder davon, dass sie zu Hause Ärger bekommen, wenn sie sich mit anderen Frauen treffen … Der Ruf ist schnell ruiniert. Die Freundschaft von Susi-Männern zu ihren Bekannten aus Jugendtagen ist bei den dazugehörigen #susi-frauen natürlich mehr als ungern gesehen und wird grundsätzlich nicht toleriert. Daher erfindet die Susi lauter Ausreden, warum er keine Zeit hat, und kann dem armen #susischreck, die sich nichts sehnlicher wünscht als ein paar lustige, ungeschönte Geschichten aus dem Leben der Männer, nicht die Wahrheit sagen: »Ich darf dich nicht treffen.« Die Susi wird niemals zugeben, dass die #susi-frau schon bei jedem Like des #susi-schrecks auf Facebook unter eines der Bilder oder Posts der Susi die Keule schwingt, und heuchelt lieber zu viel Arbeit und Termin-Chaos vor, wenn er die Verabredungen absagt. Er darf auf keinen Fall auffliegen, denn der #susi-schreck würde überall herumerzählen, dass der Typ ein »schlimmer Loser« ist und »total unter dem Pantoffel steht« und auch »zu Hause nichts zu melden hat«. Dass er nie zurückrufen kann, weil ihn seine #susi-frau nicht aus den Augen lässt und vielleicht sogar sein Telefon regelmäßig filzt. Solche Geschichten kämen einem Genickschuss gleich. Oder sie erzählt, dass er nicht darf, weil er immer noch scharf auf sie ist, aber sie nichts von ihm will (was vermutlich auch zutrifft). Auf jeden Fall gibt es Stress, wenn eine Susi weibliche Freundschaften unterhält, die mit Mutti zu Hause nichts zu tun haben. Und wenn die Susi etwas fürchtet, dann ist es Stress mit Frauen.

Mit einer #susi-frau hingegen kann sich die Susi schon eher befreunden, sofern er eine echte Vollblut-Susi ist. Der #susi-frau fallen oben beschriebene Schwachheiten nicht auf, zumal die Xanthippe zu Hause auch gleich nicht mehr ganz so empfindlich reagiert, wenn der Name der #susi-frau fällt. Und wenn die #susi-frau herumerzählt, die Susi ist scharf auf sie, wäre es der Susi nicht unrecht oder egal. Die Susi denkt nicht in solchen Sphären, und die #susi-frau auch nicht. Die ungeliebte #susi-frau denkt: *Vielleicht knistert es ja doch zwischen uns?* Und wenn ihr doch etwas grün aufsteigen sollte, hat sie nicht das Selbstbewusstsein, sich darüber aufzuregen.

Susi-Männer und #susi-frauen könnten also bis ins hohe Alter platonische Freundschaften hegen, es sei denn, die Susi fühlt sich nur einsam und sucht menschlichen Kontakt, und die #susi-frau glaubt, etwas anderes darin zu erkennen, und rätselt zusammen mit den anderen #susi-frauen, ob die Susi vielleicht doch ernstere Absichten haben könnte. Bis sie sich irgendwann der armen Susi nähert, ihn versucht zu küssen oder Schlimmeres. Oder ihm die Hölle heißmacht, warum er sich nicht regelmäßig bei ihr meldet. Oder schlimmer noch: Er wurde mit einer anderen Frau gesehen. Dann gibt es ein paar unangenehme Diskussionen, und die Susi entschuldigt sich und beschließt, ein wenig auf Distanz zu gehen, weil die #susi-frau zu sehr stresst.

Fazit: Ein Mann im Erwachsenenalter, egal ob Susi oder nicht, sieht Frauen aller Altersstufen früher oder später nur als sexuell nutzbar oder nicht. Die Nutzbaren datet er, sofern sie ihm nicht zu alt oder zu reich sind und er sich in einer Dating-Phase befindet, und die Nicht-Nutzbaren ignoriert er höflich – im Gegensatz zu Jugendtagen, wo er diese verhöhnt und diskriminiert hat –, oder er hat mit ihnen nur auf rein beruflicher Ebene zu tun. Kontakt zu Frauen findet also nur aus einem einzigen Grund statt: #sex.

#keine-zeit-loser

Nach dem Reifeprozess des Erwachsenwerdens verwandelt sich die junge Susi aus dem Zustand des Zu-viel-Zeit-Losers in den gestandenen Keine-Zeit-Loser.

In jungen Jahren hatte die Susi mehr Zeit, als ihr lieb war, und der Überschuss an Zeit und der Mangel an eigenen Bedürfnissen machte die Susi zur leichten Beute für das andere, stärkere Geschlecht und deren perfide Domestizierungspläne. Frauen hatten einen Plan, nämlich die arme Susi zu bezwingen und ihm ihren Willen aufzuzwingen, und so konnten sie über ihn und über seine reichliche Zeit verfügen. Und an jeder Ecke lauerten Frauen, die die orientierungslose Susi zuerst heranlockten, ihn gefügig machten und anschließend verführten, um ihn dann mit Beschlag zu belegen und für ihre Zwecke einzuspannen. Denn die junge Susi tat, was die Frauen ihr sagten. Frauen hassen es, alleine zu sein, also leistete er den Frauen brav Gesellschaft. Frauen hassen es, nicht zu wissen, wo der Mann sich herumtreibt, also meldete er sich brav von unterwegs, und wenn sie sagte: »Komm jetzt nach Hause«, sagte die Susi zu ihren Kumpels, die gerade einen Kasten Bier hereinschleppten: »Tut mir leid, ich muss nach Hause, Silke geht es nicht so gut.«

Frauen lieben es, fünfzig Kilometer zu Ikea rauszufahren an einem Samstagnachmittag, nur weil sie zwei Duftkerzen (»Die sind dort besonders billig«) kaufen wollen und noch »etwas schauen«, aber sie lieben es nicht, dies alleine oder mit einer Freundin zu tun. Also muss die Susi mit zu Ikea fahren und danach fluchend das Badezimmerregal Rönnskär aufbauen. Dazu kommt noch das Problem, dass Frauen, die sich eine Susi halten, meistens keine oder keine richtigen Freundinnen mehr haben, denn das Bewachen und Dressieren der Susi kostet so viel Zeit und Energie, dass keine Ressourcen mehr für eigene Freundschaften übrig bleiben.

Die unfreie Susi ging in ihren jungen Jahren am Samstagnachmittag zu H & M, stand in Wäscheabteilungen vor Umkleidekabinen Schmiere, musste statt Fußball *Melrose Place*, *Beverly Hills 90210* und *Desperate Housewives* schauen, er musste Taschentücher reichen und Lady Dianas Tod beweinen, die Katze hüten und den Mini-Dog mit einer rosa Strassleine Gassi führen. Und natürlich durfte er sich nie mit seinen eigenen Freunden treffen, und schon gar nicht mit denen verreisen! Alleine verreisen wurde der Susi unter gar keinen Umständen gestattet, das war ein Susi-No-go, und das ist sogar international bekannt. Er wagte darum auch gar nicht mehr, danach zu fragen, und irgendwann wurde er auch nicht mehr gefragt, ob er dabei ist, wenn die anderen Jungs zum »Burning Man Festival« nach Amerika, zur Formel 1 nach Monte-Carlo oder zu einem wichtigen Spiel nach Barcelona fuhren. Die Susi durfte noch nicht mal an einem Herrenabend teilnehmen, ohne dass er ständig angerufen und irgendwann nach Hause muss oder abgeholt wird, siehe oben, und als Dank wurde er noch nachts aus dem Bett getreten, weil er schnarchte oder auch einfach so. Irgendwann fühlte sich die Susi nur noch wie ein Angestellter: schwach, abhängig und unterlegen. Die anderen Männer meldeten sich schon lange nicht mehr, weil er sowieso nie rausdurfte, und wenn, dann kam seine Aufpasserin mit, damit er sich bloß nicht betrank oder aus Versehen amüsierte. Er wurde von ihr so lange getreten, bis er von ihr verlassen wurde, weil er ein Schwächling, abhängig und unterlegen war. Seine Ex suchte sich nach der Trennung ein neues Exemplar mit zu viel Zeit und zu wenig Plan, übernahm das Kommando, zwang den Neuen, nach Hause zu kommen und ihr in ihrer Höhle Gesellschaft zu leisten und ihre Duftkerzensammlung zu loben, anstatt auf Mammutjagd zu gehen, Beute zu erlegen und sich so zu benehmen, wie es die Natur für ihn vorgesehen hatte.

So wurde die Susi zu einem gebrannten Kind. Und so etwas will die Susi nie wieder erleben. Die Lösung: Die Susi ist jetzt älter und beschließt, fortan nicht mehr greifbar zu sein. Nur so kann sich die Susi die eigene Freiheit und Würde zurückerobern. Die Domestizierungsangst (#ängste) hat aus dem naiven Susi-Windhund einen wachsamen Susi-Dobermann gemacht. Gleichzeitig hat die junge Susi zu seiner Verwunderung feststellen müssen, dass die gemeinste und dominanteste Xanthippe sich in ein flehendes und devotes Etwas verwandelte, sobald er nicht mehr zur Verfügung stand. Die junge Susi lernte also: Seine Attraktivität stieg mit dem Verlangen der Frau, welches sie aber nur verspürte, wenn er nicht da war. Verlangen entsteht durch Sehnsucht, und Sehnsucht entsteht aus Mangel an etwas.

So raffte auch die dümmste Susi irgendwann: Das einfachste und gleichzeitig kostbarste Mittel, das ihm seine Attraktivität und seine Unabhängigkeit garantiert, ist seine Zeit! Die Zeit ist die harte Susi-Währung, so wie rote Marlboro in den Achtzigerjahren in Polen. Die erwachsene Susi ist also deutlich klüger aus diesem Schaden geworden und lebt nun nach dem Motto: Willst du bei Frauen etwas gelten, mach dich selten.

Alle Männer haben, sofern sie nicht alles verschlafen haben, schon früh festgestellt, dass Frauen sich netter, anschmiegsamer und verliebter verhalten, wenn sie ihnen weniger zur Verfügung stehen. Und am allerverliebtesten und liebevollsten, wenn sie fast gar nicht zur Verfügung stehen. Keine Zeit zu haben schützt den Mann in vielerlei Hinsicht:

1. Solange der Mann sich rarmacht, ist jede Begegnung mit ihm für die sich verzehrende Frau aufregender als eine Stunde in der Ankleidekammer von Carrie Bradshaw mit der Option, alles, was ihr gefällt, mitnehmen zu dürfen. Ja, wirklich, so aufregend. Denn wenn der Keine-Zeit-Loser plötzlich Zeit hat, öffnet sich der Himmel. Er weiß, dass sie schon aus reinem Zeitmangel nicht die Gelegenheit haben wird zu bemerken, dass er in Wahrheit so prickelnd ist wie ein lauwarmes Glas Ziegenmilch. Und sie wird es nicht bemerken, weil sie ja bereits vor Sehnsucht verrückt wird. Keine Zeit zu haben ist also das perfekte Mittel, um von einer blassen Persönlichkeit und fahlem Charakter abzulenken. Warum die meisten Langweiler-Susis, die sonst nichts wissen, ausgerechnet das wissen und gleich so gut draufhaben und sich auch noch strikt daran halten, bleibt rätselhaft. Frauen machen sich nie rar, damit ein Mann nicht bemerkt, dass sie langweilige Tröten sind und nur dummes Zeug reden. Dabei wäre das gar nicht so verkehrt.
2. In der Regel fühlt sich der Keine-Zeit-Loser der Frau nicht gewachsen. Zum Beispiel weil sie klüger, erfolgreicher, eloquenter ist als er, oder auch nur aus Mangel an Selbstbewusstsein. Oder weil sie ihn nicht ausreichend bewundert. Mit dem Keine-Zeit-Trick wird sie automatisch zum schwächeren Part, und er gewinnt die Oberhand. Er weiß, dass sie darauf wartet, dass er Zeit für sie hat. Er weiß, dass sie wartet, auch wenn sie sich selten meldet und nie nach einem Date oder Treffen fragt. Er weiß es einfach, und das gibt ihm die verlorene Überlegenheit zurück. Das Gefährliche daran ist, dass er bald Gefallen daran finden könnte, sie nicht zu sehen, aber er liebt es, sie wartend zu wissen, und hält darum den virtuellen Kontakt (siehe #digital-dating).

In dem Moment, in dem er merkt, dass er sich stark und selbstbewusst fühlt, wenn er sie nicht sieht, ist die Entscheidung im Prinzip schon gefallen. Er bleibt an ihr dran, hält sich aber in sicherer Entfernung. Die arme Frau wird sich die Fingernägel herunterkauen, ohne darauf zu kommen, was wirklich los ist. Sie wird ihre Freundinnen löchern und eine Wahrsagerin aufsuchen, aber sie wird nicht glauben, was man ihr sagt. Denn sie ist es doch, die sich unsicher und unterlegen fühlt. So kann sie sich der wenigen Aufmerksamkeit, die sie von ihm bekommt, nicht verwehren, und die Sache zieht sich künstlich in die Länge, bis ihr klar wird, dass da eigentlich nichts mehr zu erwarten ist, und selbst dann wird es schwierig sein zu entkommen. Ein Stachel in ihrem Herzen wird bleiben, denn der Kampf verläuft ohne Gegner. Ein Zusammenhang, den sie erst viele Jahre später verstehen wird.

3. Indem der Mann zu viel Zeit hat, läuft er Gefahr, als »der Richtige« eingestuft und dann als Susi domestiziert zu werden. Oder so sehr gestalkt zu werden, dass sein Freiraum und die Chance auf parallele Damenbekanntschaften eingeschränkt werden. Wenn man einen erwachsenen Mann und eine Frau mehr als einmal zusammen in der Öffentlichkeit sieht und beide heterosexuell sind, geht die Umwelt sofort davon aus, dass da etwas läuft. Denn Freundschaften zwischen Mann und Frau (siehe #guyfriends) werden in dem Alter nicht mehr geknüpft, und sobald das Gerücht steht, wird der Zulauf an weiblichem Material deutlich geringer. Und dann der Stress, wenn man Flirt eins erzählt hat, man macht an dem Abend etwas mit seinem Kumpel Henry, und dann steht sie genau in der Sekunde, in der man die blasse Rothaarige in den Arm nimmt, vor einem und fängt an zu schreien: »Kannst du mir mal erklären, was du hier machst?« Auf solche Dramen hat kein Mensch über dreißig noch Lust, darum die Angst vor Verbindlichkeiten. Der Mann will keine

feste Bindung. Während drei Dates in drei Wochen für Frauen ein Grund zu verzweifeln sind (»Warum ruft er nicht an?«), bedeuten sie für den Mann eine viel zu feste und einengende Beziehung.

Der Keine-Zeit-Loser benutzt seine Zeitknappheit also in allen drei Fällen als ein Schutzschild. Er kann es sich gar nicht erlauben, Zeit zu haben, sonst gerät sein Männlichkeitskonzept außer Kontrolle. Die Zeitnot ist sein perfektes Kontrollinstrument, um Frauen zu kontrollieren.

#toyboy

Männer denken, Toyboys sind der weibliche Umkehrschluss ihrer eigenen #alterssexsucht. Mit anderen Worten: Erwachsene Männer denken, Frauen sind genauso sexsüchtig wie sie selbst und brauchen deswegen einen jungen kräftigen potenten Kerl, der es ihnen ordentlich besorgt, sicher mehrmals am Tag. So denken Männer über Frauen, die sehr viel jüngere Partner haben.

Aber sie irren.

Erwachsene Frauen sehen in den Spiegel und finden sich fast hübscher, sexier und selbstbewusster, als sie es mit dreißig waren. Sie haben weniger Probleme als mit dreißig. Sie haben mehr Möglichkeiten, weil die #karriere auf Spur gebracht ist, das #geld stimmt und man etwas erreicht hat im Leben. Sie finden nicht, dass sie jetzt langsam älter werden sollten. Und sie finden vor allem nicht, dass sie kein Amüsement mehr verdient haben. Die gleichaltrigen Männer haben Rückenschmerzen, eine Ex-Frau, ein oder zwei Ex-Kinder, #alkoholsucht, #altersdrogensucht, #midlife-crisis, Nikotinsucht, einen Bauchansatz, sie haben zu viel oder zu wenig geschafft, kommen nicht mehr mit oder waren nie dabei – kurz: Sie sind langweilig.

Die gleichaltrigen Freundinnen haben auch nichts mehr zu bieten. Sie führen eine Ehe oder eine ausgetretene Beziehung. Oder sie träumen davon, eine Ehe zu führen. Sie haben Kinder und hätten lieber keine. Oder sie träumen davon, welche zu haben. Sie haben einen nervigen Job, zu wenig #geld, zu viel nicht gelebte Träume und zu wenig Urlaub. Sie trinken zu viel und vögeln zu wenig. Und wenn sie am Tisch sitzen, sagen sie immer wieder: »Ach, ist das schön, wenn man mal raus kann.« Außer folgenden Gesprächsthemen haben sie nichts zu erzählen:

- der nervige Job, die verhassten Kolleginnen, die blöde Chefin
- der letzte und nächste Urlaub
- die Yogastunden, das morgendliche Joggen, der Personal Trainer
- Ernährungsmethoden
- Veganismus
- die Verdauung
- der Biomarkt
- Detox und dass es jetzt Liquid Salad in der Flasche gibt
- der Ex-Mann und die Neue vom Ex oder andere Männer und was sie angestellt haben
- andere Frauen und was diese kaufen, essen, sagen und wen sie vögeln
- kein #geld für Schuhe
- Angst vor Botox
- Angst vor Schönheits-Ops

Es ist langweilig. Und es ist klar: Auf den eigenen Pfaden ist nichts mehr zu holen. Die Alten sind durch, müde und kein bisschen inspirierend. Man endet bestenfalls frierend auf einem Golfplatz oder im Kino bei einem miesen Hollywood-Sexfilm für Verzweifelte, so wie *Fifty Shades of Grey*.

Und nun kommt der Toyboy: jung, sexy, charmant. Er macht Witze und ist immer zum Spaßen aufgelegt. Er sieht cool aus in seiner Baggyhose, dem Jeanshemd und dreckigen Sneakers, und in seinem nach Marihuana stinkenden, zwanzig Jahre alten Golf fühlt sie sich als Frau auch gleich zwanzig Jahre jünger. Sie geht mit ihm fast jeden Abend aus, lernt andere Twentysomethings kennen, von denen einige ihre Skateboards dabeihaben. Es läuft immer coole Musik. Es ist immer lustig. Der Toyboy ist zärtlich, anhänglich und liebevoll. Er bringt kleine Geschenke mit wie Miniboxen zum Anstöpseln für ihren Laptop, damit sie auch Foo Fighters hören kann, wenn sie zur Messe muss. Wenn etwas kaputtgeht, repariert es der Toyboy schnell und mühelos. Jede Veränderung an ihr fällt ihm sofort auf. Er macht ihr Komplimente und ist stolz, an ihrer Seite gesehen zu werden. Er geht mit ihr überallhin und interessiert sich für ihre Freundinnen. Er trägt sie auf Händen und ist der beste Ego-Booster überhaupt, es ist traumhaft.

Junge Typen, die sich als Toyboy eignen, sind verschmust und zärtlich. Man kann mit ihnen stundenlang herumknutschen, auch in der Öffentlichkeit (bei gleichaltrigen Männern undenkbar), und sie sind immer in Partylaune, kennen tolle Musik, tanzen dazu und sehen im Gegensatz zu gleichaltrigen Typen dabei kein bisschen peinlich aus. Auch wenn sie hackedicht sind, haben sie noch Sex-Appeal. Sie reden viel, aber sie reden nie über ihre Jobs, ihre #karriere oder ihre Geschäftsreisen, denn die existieren ja gar nicht. Sie interessieren sich für alles und unterhalten sich vollkommen relaxt mit Frauen, sogar nach dem Sex. Sie sind absolut shoppingtauglich, sitzen gerne stundenlang bei Prada in Mailand und wissen, dass Jimmy Choo und Louboutin nicht mehr cool sind, sondern Tabitha Simmons, und sehen einem gerne beim Anprobieren zu und geben sinnvolle Tipps. Toyboys sind einfühlsam, tragen die Handtasche und auch die Frau selbst, wenn sie auf ihren High Heels nicht mehr stehen und gehen kann oder zu betrunken ist. Sie registrieren jede Veränderung sofort (»Hast du was an der Lippe machen lassen?«), machen leichtfüßig Komplimente und sind gute Stil-, wenn auch schlechte Lebensberater. Und ja, sie haben einen knackigen Körper und können jederzeit ihr Hemd ausziehen und mit nacktem Körper staubsaugen. Also, wenn sie mal staubsaugen würden. Und Toyboys können im Gegensatz zu Vierzigplus-Typen einfach alles tragen. Sie können in Jeansjacke und Nike Air Sneakers auf einen Black-Tie-Empfang gehen und sind damit einfach sexy. Toyboys sind zudem die perfekten Anziehpuppen, falls jemand darauf steht.

Aber das Schönste für erwachsene Frauen ist: Junge Männer haben noch keine richtigen Probleme. Sie sind höchstens mal schlecht gelaunt, weil ihre Mannschaft das Spiel verloren hat oder weil der Schnee noch nicht zum Snowboarden reicht, aber sie sind nicht mürrisch und verbittert, weil sie sich vom Leben betrogen fühlen.

So weit der märchenhafte Teil.

Zur Realität gehört: Toyboys haben alles außer #geld. Und das wird mit der Zeit zum Problem. Die Frau muss alles immer für ihn mitbezahlen, und wenn sie nicht doppelt zahlen will, muss sie zu Hause bleiben. Toyboys können sich weder Flüge noch teure Hotels leisten. Und wenn er sie einmal in ein schönes Restaurant einlädt, muss sie ihn dafür wochenlang loben, sonst ist er eingeschnappt. Wenn sie arbeiten geht, muss sie ihm sogar etwas Taschengeld und ein Auto dalassen, damit er sich einen schönen Tag machen kann. Leider schafft er es dann selten, sie abends pünktlich aus dem Office abzuholen, und sie muss eine Stunde wie eine Nutte an der Straße stehen, bis er in ihrem Cabrio angefahren kommt.

Toyboys sind faul. Man muss sie um alles fünfmal bitten, sie verlieren ständig den Hausschlüssel oder ihr Handy, sie leeren den Kühlschrank, trinken alle Alkoholvorräte auf einmal (sogar den übersüßen polnischen Schnaps, den keiner mag) und rauchen das ganze Weed, ohne zu fragen oder es zu ersetzen. Sie übernehmen für nichts die Verantwortung, benutzen alle weißen Handtücher im Bad gleichzeitig und trinken jede Milchflasche in einem Zug aus, ohne je frische Milch zu besorgen. Sie rauchen so viel, dass die Frau ihre Gäste-Zigaretten in ihrer Unterwäsche verstecken muss, was allerdings nur sie beschämt.

Wer alles über Toyboys wissen will, sollte den wunderbaren Film *Couchgeflüster* ansehen, in dem Uma Thurman eine erfolgreiche Enddreißigerin spielt, die sich in einen süßen Dreiundzwanzigjährigen verliebt. Der Film ist großartig und bringt die ganze Sache glasklar auf den Punkt: Am Anfang ist alles supersexy und berauschend, am Ende nervt er, saut mit seinen Kumpels ihre Wohnung ein, und sie schmeißt ihn raus. Anstatt sich sexy und jung zu fühlen, kommt sie sich nur noch vor wie eine spießige Mutter mit ihrem rüpelhaften Sohn. Denn wer einen Toyboy und kein Personal hat, kann sich um nichts anderes mehr kümmern, weder um einen Job noch um eigene Kinder, geschweige denn um sich selbst. Wenn sie einmal krank ist und ins Krankenhaus muss, schreit der Toyboy herum, sie solle nicht so hysterisch sein, das würde ihn ganz aus der Balance bringen! Wenn sie Medikamente braucht, muss sie ihn vom Sterbebett aus anflehen und ihm ihre Kreditkarte mitgeben. Sie muss ihm eigentlich für alles und immer ihre Kreditkarte mitgeben. Und irgendwann merkt sie: Der Toyboy ist unglaublich teuer, und sie ist immer schlecht gelaunt, hat nie Zigaretten und keinen Champagner mehr im Haus, dafür sitzen immer irgendwelche Jungs mit Bierdosen vor dem TV im Wohnzimmer, qualmen alles voll und schauen Fußball. Sie fühlt sich ausgenutzt und gleichzeitig spießig und kleinkariert. Eine schlechte Kombi und kein bisschen sexy. Und dann geht meistens alles sehr schnell. Abschiede von Toyboys sind tränenreich – von seiner Seite.

Vorsicht: Wenn sie den Absprung nicht rechtzeitig schafft und so lange mit dem Toyboy zusammenbleibt, bis aus dem Toyboy ein Mann geworden und sie eine ältere #lady ist, kann es passieren, dass der reife Toyboy »Zigaretten holen« geht und mit einem Kind von einer anderen Frau zurückkommt. Abtrünnige Toyboys sagen immer dasselbe: »Ich wollte auch mal der Große sein.«

Aber es gibt auch Toyboys, die ihre Situation sinnvoll nutzen. Vivienne Westwood hat mit ihrem Toyboy Arno Klarsfeld ihr ganzes Business aufgezogen. Und die großartige Inga Humpe hat mit ihrem Toyboy Tommi Eckard das Popduo »2raumwohnung« gegründet, und sie produzieren immer noch gemeinsam wundervolle Musik. Ashton Kutcher war ein pubertärer Blödelbarde auf MTV, als Demi Moore seine verborgenen Talente entdeckte. Kurz danach wurde er Coverboy, und jetzt kassiert er 700000 Dollar für jede Folge »Two and a Half Men« und gehört zur Hollywood-A-Klasse. Sein unsanfter Abgang mit Nutten und Whirlpool-Partys sowie seine Familiengründung mit Mila Kunis waren sicher nicht ganz leicht für Demi Moore. Sie denkt sich, ich habe ihn gemacht und eine andere profitiert davon. Ja, das ist so bei Toyboys. Den perfekten Schliff und die Erziehung, die Toyboys bei älteren Frauen erfahren, wird letztendlich irgendwann eine jüngere genießen. Vor sehr langer Zeit, als die Medien noch Intelligenz verbreiteten, gab es auf dem Cover der *Cosmopolitan* folgenden Titel zu lesen: »Der junge Lover. Wenn er geht, sieht sie alt aus.«

#dater

Beim erwachsenen Mann gibt es verschiedene Sorten der Motivation, ein Date anzustreben und nach einer mehr oder weniger langen Anstrebphase und Säzeit auch zu vollbringen.

Bei Männern, egal ob Susi oder nicht, gibt es folgende Dater-Sorten:

1. #player

Sie sind leidenschaftliche Digital-Dater (siehe hierzu auch ausführlicher: #player). Alleine das iPhone mit dem offenen WhatsApp-/Skype-/Facebook-/Snapchat-Chat in der Hand zu halten, ist schon die Hälfte des Games. Der Player hat immer mindestens einen Chat aktiv, meistens chattet er parallel. Er hat ein gigantisches Archiv an guten Witzen, an mehr oder weniger lustigen Videos oder – je nach geistigem Niveau des #players – guten Sprüchen. Diese versendet er jedes Mal an alle verfügbaren Adressen und vergleicht die unterschiedlichen Reaktionen. Der intellektuelle Typ würde das als »nachhaltiges Flirten«

bezeichnen, der #player jedoch ist nicht besonders intelligent und hat keinen anspruchsvollen Job. Dieser Umstand zwingt ihn sozusagen in die Rolle eines #players. Dates sind für seine Abendgestaltung obligatorisch, nie würde er eine Frau in einer Woche zweimal daten, das käme einer festen Beziehung gleich. Zwischen jedem Date zur selben Person müssen mindestens vier bis acht Wochen liegen.

2. Sex-Dater

Sex-Dater verfügen über ein gigantisches Archiv an #wiedervorlagen und sind große Liebhaber vom #bootycalls. Sex-Dater daten nur, wenn die Aussicht auf #sex hunderprozentig gegeben ist, alles andere ist für sie Zeitverschwendung. Manche sprechen es sogar noch vor dem Date-Angebot direkt aus: »Aber wir fahren dann nach dem Essen zu mir, sonst habe ich keine Lust.« Und sagen dann zu ihrem Kumpel: »Ich höre mir doch nicht den ganzen Abend den Schwachsinn von der an, zahl der ein Abendessen und dann läuft nix.«

3. Serious-Dater

Serious-Dater suchen nach der nächsten Beziehung, einer Frau oder Freundin. Manche wollen sich fortpflanzen und benötigen eine geeignete Kindsmutter (jung, gesund und nicht zu schlau) oder wünschen sich tatsächlich eine echte Familie. Oder sie brauchen einfach konstante #liebe, eine zarte weibliche Hand, ein kluge weibliche Zuhörerin, oder sie wollen nicht alleine sein.

4. Langeweile-Dater

Die Langeweile-Dater sind heutzutage eher selten, denn sie können sich beim #digital-dating schon komplett austoben und müssen sich nicht mehr von ihrem Sofa herunterbewegen und sich den ganzen Stress in echt antun. #digital-dating kostet nichts, man muss nicht performen und kann dabei in Jogginghose liegend eine Pizza essen, pupsen und nebenbei einen Porno laufen lassen.

Bei Frauen gibt es nur die Serious-Daterin, denn Frauen verwandeln sich automatisch nach dem zweiten Date oder nach dem ersten Geschlechtsverkehr in Serious-Daterinnen, da sie nach einer gelungenen Zusammenkunft sofort Bindungshormone produzieren und fortan unter #aufmerksamkeitssucht leiden und vaginalgesteuert (#vaginalsucht) sind.

#player

Die Sucht nach #sex verlangt das ständige Anschleppen von geeignetem Material. Und Player sind nichts weiter als Aufreißer, die stets zielführend und äußerst strategisch vorgehen:

1. Opfer ausspähen: im Gym, in der Arbeit, in einer Bar, auf einer Party
2. Sich annähern, zum Beispiel im Gym: »Hab dich eben beim Yoga gesehen …« oder im Fahrstuhl, wenn man auf derselben Etage arbeitet: »Schön, dass wir endlich mal zusammen fahren.« In einer Bar: »Sorry fürs Anrempeln, darf ich dich als Wiedergutmachung auf einen Drink einladen?«
3. Gespräch anfangen: über die Liebe zu Tieren und Kindern; ideologisch hoch angesiedelte Werte vertreten, Tiefgang simulieren
4. Entwaffnen: »Ich geh gar nicht mehr aus, es gibt mir nichts.«/»Ich brauche Menschen, bei denen ich mich öffnen kann …«
5. Das Opfer isolieren: »Komm, wir setzen uns da hinten

hin.« – »Komm, wir fahren mit dem Taxi in eine Bar, wo wir uns besser unterhalten können.«

6. Eine emotionale Verbindung schaffen: »Es kommt mir schon fast so vor, als würde ich dich länger kennen.«/»Ich mag es, wie du meine Gedanken teilst.«
7. Raus in eine bessere Verführungsörtlichkeit: »Ich habe zu Hause noch einen sehr guten Wein/ein gut sortiertes Weinlager.«
8. Champagner öffnen, Eiswürfel, Drinks, Zigaretten hinstellen.
9. Musik spielen: »Bésame mucho« geht immer.
10. Anfassen/Arm um sie legen: »Du riechst gut.« – »Deine Haare duften nach Aveda.«
11. Den letzten Widerstand aus dem Weg räumen: »Wir sind doch erwachsen«/»Bist du verklemmt?«/»Niemand erinnert sich auf dem Todesbett an die Abende, an denen er früh und allein nach Hause gegangen ist.«
12. Kondom unauffällig hervorholen, damit sie nicht den Kondomvorrat sieht.
13. Post-Koitus-SMS: »Ich bin die ganze nächste Zeit nur noch unterwegs, aber das müssen wir mal wieder machen. Ich darf gar nicht an die nächsten Wochen denken ...«

Es gibt zwei Arten von Zielsetzungen, die einen Player dazu bringen, sich eine Frau als Target zu setzen:

1. Schnelles Flachlegen

Ob ein Mann eine Frau flachlegen will oder ernsthaftes Interesse an ihr hat, merkt sie ganz leicht daran, ob er vehement an ihr herumgräbt beziehungsweise sofort eine Standleitung zu ihr aufbaut und sich penetrant nähert oder ob er ihr und sich Zeit gibt.

Beispiel: Nehmen wir an, er hat sie auf einer Dinnerparty kennengelernt, ihr lang und breit von seiner neuen großen Eigentumswohnung erzählt und wie chic und teuer alles war und dass er sie noch nicht fertig eingerichtet hat, und sie nach ihrer Nummer gefragt. Am nächsten Tag schreibt er ihr:

Er: »Hey. Hier ist der Mark.«

Sie: »Hey, wie geht es dir?«

Er: »Sehr gut. Wann treffen wir uns? (Hier wird klar: Er ist eine uncharmante Susi. Er schafft es nicht, pro forma höflich zu sein.) Und wie geht es dir?« (Es handelt sich um eine rhetorische Frage wegen ihrer Frage, interessiert ihn null.)

Sie: »Mir geht es auch gut, viel Arbeit wie immer.«

Er: »Wann willst du meine Wohnung sehen? Ruf mich gerne an: 0179 49 19 259«

Einen Tag später …

Er: »Huhu. Wieso hast du nicht angerufen?« (typisch unverschämtes Susi-Gebaren)

Sie: »Ich hab sehr viel zu tun. Warum sollte ich denn anrufen?

Er: »Du wolltest doch meine Wohnung sehen?«

Sie: »Nein, das wolltest du.«

Er: »Du bist doch Einrichterin! Wann kommst du? Ich bin ab Samstag im Urlaub!«

Sie: »Ich bin keine Einrichterin, ich arbeite mit Mode.«

Er: »Dann komm doch trotzdem und sieh dir meine Wohnung an. Deine Meinung ist mir wichtig. Morgen?«

Sie: »Morgen kann ich nicht. Wir werden uns schon irgendwann wiedersehen.«

Das war's. Wenn sie sich das nächste Mal zufällig treffen, wird er komisch sein. Er denkt, er hat einen Korb bekommen. Sie wird sich wundern, warum er komisch ist. Es war doch nichts.

Oder dieselbe Grundvoraussetzung: Mann lernt Frau auf einer Party kennen, lässt sich die Nummer geben. Chattet sie an.

Er: »Hallo, wie geht's? Hier ist der Tom.«

Sie: »Hey, gut ... und dir?«

Er: »Auch gut. Sehen wir uns heute?«

Sie: »Heute kann ich nicht. Morgen?«

Er: »Ich kann nur heute. Entweder heute oder gar nicht.«

Sie: »Was, warum nicht nächste Woche?«

Er: »Weil ich doch heute Zeit habe!«

Es ist ganz klar, was diese Susi namens Tom will: eine dankbare Närrin, die ihm die Zeit vertreibt. Weder Tom noch Mark legen Wert auf #kommunikation, sie wollen schnell ans Ziel.

2. Langsames Flachlegen mit Option auf Liebesbeziehung

Eine solche Zielsetzung zeichnet sich dadurch aus, dass der Mann das Bedürfnis hat, sich mit der Frau zu unterhalten. Und, wenn die Unterhaltung gut läuft, vielleicht irgendwann sagt: »Es ist sehr schön, wie wir uns unterhalten.« Oder: »Ich genieße das hier wirklich sehr mit dir.« Und dann wird er sie fragen, ob sie überhaupt Lust hat, ihn zu treffen. Wenn sie Lust hat, geht es weiter (siehe #dating-rules).

Zum Aufreißen braucht der Player Charme, eine gepflegte Erscheinung, gute Schuhe, höfliches Benehmen, frischen Atem, Bargeld, geübten Umgang mit Champagner und die Kenntnis der oben dargelegten zielführenden Strategie.

#lustgreis

Der Lustgreis als Stadium des Mannes ist in dessen Entwicklung gleich nach der #midlife-crisis anzusiedeln. Er ist jetzt nicht mehr erwachsen, sondern bereits alt. Das Lustgreis-Alter beginnt bei etwa achtundfünfzig und geht bis Mitte siebzig. Berühmte Lustgreise sind zum Beispiel Berlusconi und Michel Houellebecq. *Lolita* von Nabokov ist ein typischer Lustgreis-Roman. Der Lustgreis ist zwar alt, aber gepflegt, sportlich und sehr gut in Schuss. Er ist sauber, wohlriechend und achtet auf sich, denn er weiß, wie wichtig Haare, Haut, Geruch und ein strahlendes Gebiss für ein erfülltes Sexualleben sind. Houellebecq bildet in dieser Hinsicht eine optische Ausnahme. Der Lustgreis ist keine Susi, denn er stammt aus einer früheren Generation und wurde wie ein richtiger Junge erzogen. Vielmehr ist er ein Gentleman, und er hat alle hier beschriebenen Krisen schon hinter sich. Er hat mindestens eine Ex-Ehefrau und ein erwachsenes Kind, meistens sogar mehrere Kinder aus mehreren Ehen, denn der Lustgreis hat früh angefangen.

Im echten Leben steht der durchschnittliche Lustgreis nicht mehr auf sehr junge Frauen, denn die sind ihm zu anstrengend und haben andere Interessen als er. In seinen Fantasien befasst er sich natürlich ausschließlich mit der weiblichen Jugend. Um die Aufmerksamkeit von Twentysomething-Bitches auf sich zu ziehen, muss ein Lustgreis schon mehr bieten als einen warmen Herd und ein Dach über dem Kopf, an die ganz Jungen kommt er nur noch ran, wenn er wirklich sehr gut betucht und oder extrem mächtig ist, aber das ist dann auch ein ganz anderes Verhältnis und Niveau.

Wir wollen jetzt von menschlichen Beziehungen sprechen. Für solche bevorzugt der Lustgreis Susi-Schrecks und Ladies zwischen dreißig und vierzig. Der Lustgreis schätzt im Gegensatz zu der Alters-Susi weibliches Verhalten und das Beachten von femininen Verhaltensregeln. Das Problem bei dieser Konstellation: Die Damen in dem Alters-Zeitfenster hegen in der Regel noch Kinder- und Familienwünsche, und genau damit hat der Lustgreis komplett abgeschlossen. Und dennoch, oftmals strandet der Lustgreis mit Zwillingen oder sieht sich plötzlich mit einer Hochschwangeren, die noch vor wenigen Monaten seine heimliche Geliebte aus dem Büro war, vor dem Altar. Der Lustgreis hat es nicht mehr so richtig im Griff, er ist einfach zu alt und zu leicht verführbar. Weibliche Lustgreisinnen gibt es übrigens nicht.

Der Lustgreis liebt

- guten Wein
- die Toskana
- italienisches Essen
- konservative Damenmode, z. B. von Unnützer
- die Oper
- Gold
- Sylt
- Mallorca
- klassische Musik
- Cabriofahren mit Windschutz und warmer Mütze
- tiefe Ausschnitte und Brüste; er nennt es: Cleavage
- Viagra

Der Lustgreis hasst

- elektronische Musik; er nennt es: Techno
- Buffets, an denen sich Menschen drängeln
- schlechten oder schlecht temperierten Wein
- weibliches Gejammer über #geld, Job, Existenz
- Junkfood
- prolliges Benehmen
- Fäkalsprache
- schlechten Service
- durchgelegene Matratzen
- nägelkauende Frauen

Ob der Lustgreis wirklich so von seiner Lust gesteuert wird oder nur auf der Torschlusspanik der Midlife-Crisis hängen geblieben ist und von seinen Versagens- und Verpassensängsten zu einem Aufreißer-Dasein gezwungen wird, ist schwer zu ergründen, da es der Lustgreis selbst nicht weiß. Er weiß nur, um es mit seinen eigenen Worten auszudrücken, dass er jedem Rock hinterhersteigen und in jedem Hafen eine Braut haben muss.

Erkennungszeichen des Lustgreises:

- Er ist nicht auf Facebook.
- Er schreibt am liebsten per SMS, nicht per WhatsApp; er nutzt auch keine anderen Chats; seine Nachrichten beginnen grundsätzlich mit dem internationalen Opener aller Schmierfinken: »Hallo, schöne Frau!«
- Er trägt meistens eine Otterfrisur, das heißt, seine Haare sind stark zurückgegelt.
- Sein Wagen ist innen mit hellem Leder ausgestattet.
- Er trägt Manschettenknöpfe und maßgeschneiderte Hemden.
- Er holt das Date mit dem Auto oder dem Taxi ab; er fährt Taxi, er kennt Uber nicht.
- Er bestellt immer eine ganze Flasche Wein, nie ein offenes Glas, auch wenn er sie am Ende alleine trinkt.

- Er zahlt immer alles – Drinks, Dinner, Taxi – und lässt sich grundsätzlich nicht einladen.
- Er wird nach dem Dinnerdate auf dem Taxi-Rücksitz zudringlich.
- Er schreibt, obwohl er auf dem Rücksitz vehement abgewiesen wurde, noch eine fröhliche SMS und bedankt sich für den Abend und freut sich auf das nächste Date.

#playdates

Ein Playdate ist ein Date, bei dem sich der Vater mit Kind und die Mutter mit Kind daten, damit die Kinder miteinander spielen können.

Nichts ist einfacher als Schultor-Flirten. Es scheint die perfekte Kombination: der #dilf (»Daddy I want to fuck) oder #silf (»Susi I want to fuck«), also die Susi mit Kind, und die Milf (»Mother I want to fuck«), also die alleinerziehende Mutter mit Kind, treffen an einem unverdächtigen Ort zusammen und haben ein gemeinsames Gesprächsthema: die Kinder.

Am Ende der langen Geschichte steht als Ergebnis die Patchworkfamilie. #dilfs, die keine Susis sind, interessieren sich meistens nicht für Milfs, sondern für Twentysomething-Bitches, aber Ausnahmen bestätigen die Regel. Wenn die Milf heiß ist, ausreichend #geld und einen Babysitter hat und nicht die ganze Zeit jammert, dass ihre Ex-Susi keine Alimente zahlt, sie keinen Teilzeitjob (sechzig Prozent) findet, oder sie nicht komplett orientierungslos ist, könnte es sogar klappen. #dilfs haben schon genug Drama mit ihren eigenen Kindsmüttern hinter sich und in diesem Leben keine Nerven mehr für anstrengende

Beziehungen. Wenn doch, dann sind sie keine #dilfs, sondern #silfs. Aber wir wollen uns hier nicht im Kreis drehen.

Sie sind also das ideale Paar, der Mann mit Kind und die Frau mit Kind, beide ohne Partner. Und sie müssen sich nicht suchen, sie finden sich kinderleicht, denn sie treffen sich immer wieder, ob sie wollen oder nicht. Am Schultor, am Kita-Eingang oder dort, wo Eltern eben hingehen, wenn sie Kinder in fremde Hände abzugeben haben. Das Gespräch zwischen Silf und Milf ist schnell eröffnet und gestaltet sich unkompliziert, man spricht über dies und jenes: das verlorene Turnzeug, den Schulausflug, das Bioessen, den herrischen Ton der Englischlehrerin ... Und dann ist da ja noch die nie enden wollende Erzählung darüber, wie großartig ihre Zöglinge sind. Sie haben, ohne sich je gedated zu haben, ihre schönsten Momente bereits gemeinsam erlebt, nämlich jene, in denen sie ihre Kleinen liebevoll in die Arme schließen. Auch die dunklen Momente, in denen sie die brüllende Brut fest am Arm gepackt auf den Rücksitz des Grand Cherokee zerren, resultieren nicht selten in einem Playdate.

Während des Playdates sitzt der #dilf/#silf bei Bier, Kaffee und Kuchen in einem Biergarten, die Kinder spielen auf dem Spielplatz, die Milf grinst zufrieden hinter ihrer großen Sonnenbrille, und beide denken plötzlich an #sex, so wie wenn zwei Nomaden nach einem langen trockenen Marsch durch die Sahara gleichzeitig an einen Bottich voll kühlen frischen Wassers denken. Nun wird das Playdate kompliziert, denn wie kriegt man die Kurve und verwandelt ein Playdate in ein Sexdate?

Nachfolgend die wichtigsten Verhaltensregeln:

1. Zeigen Sie nicht allzu offensichtlich, welche Hintergedanken Sie hegen. Wenn Sie eine Milf sind: frische Haare, gerne geföhnt, natürliches Make-up. High Heels und kurzer Rock sind möglich, aber nicht übermütig werden, Sie sind Mutter.

2. Schicken Sie Ihr Kind unter keinen Umständen auf eine katholische Klosterschule oder eine Vorort-Grundschule, wenn Sie auf der Suche nach einem geeigneten Playdate/Date sind. Auch von Montessori- und Waldorf-Schulen ist abzuraten. Der Sex-Appeal der Mütter und Väter dort liegt bewiesenermaßen bei null. Internationale Schulen in Großstädten sind ein ergiebiger Jagdgrund und voll mit dem Nachwuchs aus gescheiterten Yuppie-Beziehungen.
3. Achten Sie unbedingt darauf, dass Ihr Playdate-Partner wirklich geschieden/single ist, bevor Sie ihn in ein Date verwandeln.
4. Lachen Sie nicht zu laut über die Witze von verheirateten Männern, egal wie lustig die sind. Sie werden von den anderen Müttern, die es wiederum lieben, von attraktiven Single-Vätern bespaßt zu werden, sehr genau beobachtet.
5. Wenn Sie nach mindestens zwei Playdates auf neutralem Boden immer noch an dem #dilf interessiert oder besser gesagt horny sind und sich sicher sein können, dass der andere Part auch mit Ihnen flirtet, können Sie die Sache auf die nächste Ebene bringen: Beachten Sie die Regeln des #digital-datings, wobei Sie die ersten Schritte schon geschafft haben. Wenn Sie ein Mann sind: Verschicken Sie gleich ein paar SMS oder eröffnen Sie einen WhatsApp-Chat, am besten spätabends, das ist eindeutig. Wenn Sie eine Frau sind: Schicken Sie ihm eine SMS mit einer blöden Frage: »Hat Hans-Anton seine Thermosflasche in Deinem Auto liegen lassen? Wir suchen sie überall …«
6. Schlagen Sie dem Elternteil ein gemeinsames early Dinner mit den Kindern und anschließendem Sleep-over bei Ihnen zu Hause vor. Soll heißen: Nur das Kind macht einen Sleep-over, und der andere darf sein Kind am nächsten Tag abholen. Die Idee mit den Kindern ist fünffach gut, denn erstens braucht niemand einen Babysitter, zweitens sind alle #dilfs, #silfs und Milfs froh, wenn sie abends nicht alleine mit dem

Kind zu Hause sitzen müssen, und drittens ist alles noch unauffälliger, viertens: keiner muss gehen, weil das Blag »ins Bett muss«, und fünftens: Wenn Sie im Wohnzimmer des Vaters ein großes James-Dean-Poster hängen oder ein Schlagzeug stehen sehen oder Margarine und Light-Produkte im Kühlschrank, können Sie sich immer noch retten. Wenn Sie nicht kochen können, machen Sie das Dinner trotzdem, es wird nicht auffallen. Kinder wollen ja kein Filet Wellington, sondern Nudeln ohne und wenn dann nur mit roter Soße, Chicken Wings und 1-2-3-Frites. Für sich und den #silf bestellen Sie Sushi oder Sie essen das Kinderessen. Zum Nachtisch gibt es Banana Split. (Frische Bananen halbieren, mit Vanilleeis und Fertig-Schokosoße auf Tellern anrichten und mit Krokantflocken bestreuen). Sie schaffen das locker, und die Kinder werden ausflippen! Das andere Blag bekommt niemals zu Hause Banana Split serviert. Den haben Sie damit auch gleich gekauft.

7. Verwandeln Sie kein Playdate in ein Date, wenn Sie es nicht ernst meinen, Ihnen langweilig ist oder Sie nur testen wollen, ob was geht. Die Schule Ihres Kindes ist der falsche Ort für allzu sportliche Herumspielerei. Ihr Kind muss den Hass der Mütter auf Sie ausbaden. Und Sie werden, sobald Ihr Kind ein einziges Mal die falsche Jacke dabeihat, weil morgens die Sonne einwandfrei schien, bevor der Regen einsetzte, als die Schlampe bezeichnet, »die keine Zeit hat, ihr Kind morgens richtig anzuziehen, weil sie zu beschäftigt ist, die Ehemänner der anderen Mütter zu vögeln«.

8. Sollten die Dinge gut laufen: Fassen Sie das andere Elternteil auf keinen Fall an, solange die Kinder in Sichtweite sind. Oder haben Sie Lust, dass Ihr Kind schockiert zu Ihnen gerannt kommt und schreit: »Cosmo-Astro hat heute gesagt, er hat gesehen, wie du seine Mutter geküsst hast!«

9. Sollten die Dinge schlecht laufen: Schicken Sie Ihr Kind lieber gleich auf eine andere Schule.

#langeweile

Langeweile ist die Wurzel aller Krisen von erwachsenen Männern und Frauen. Langeweile ist das, was in der zweiten Lebenshälfte auf alle massiv zukommt, ganz gleich, welche Bedürfnisse sie haben, und ganz gleich, wie stark sie sich schon vorher gelangweilt haben. Es wird auf jeden Fall schlimmer. Und es kommt auch niemand drum herum, denn alle fangen irgendwann an, sich unangenehm zu langweilen: die #awas; die Susis und die Susi-Schrecks; die kühlen Ladies; die frustrierten Susi-Frauen; die verheirateten und unverheirateten Mütter; die Karriere-Yuppies, die #dilfs und die #silfs. Die #dilfs und #silfs sogar am allermeisten.

Die Regisseurin Sofia Coppola hat einen der schönsten Filme über diese Alterslangweile aus Überdruss und Orientierungslosigkeit gemacht: *Somewhere* zeigt die Leiden eines Schauspielers in der Fortysomething-Krise, der sich so sehr langweilt, dass er sogar während der sexy Performance zweier hübschblonder Escort-Zwillingsmädchen, die er sich als Gespielinnen zum Zweitvertreib in sein Hotelzimmer bestellt hat, einschläft.

Diese Langweile als Erwachsener erleben zu müssen, ist nicht nur der Ausgangspunkt aller Midlife-Krisen, sondern auch die

Wurzel aller #ängste und aller #süchte: Arbeitssucht (siehe #workaholic), #kaufsucht, #aufspritzsucht, #alterssexsucht, #digital-dating und #bootycall würden es ohne Langweile nicht geben. Es sind verzweifelte Versuche, gegen die mit der #midlife-crisis einsetzende und sich stetig verschlimmernde Langweile anzukämpfen. Facebook, Instagram, Twitter nähren sich von der Langeweile – und damit wir wissen, was uns wirklich fehlt, gibt es auch noch Tinder.

Die meisten Digital-Dater denken, es ist die große Sehnsucht, die sie dazu bringt, stundenlang Blödsinn in die Tastatur zu hacken. Deswegen wünscht sich der Digital-Dater im Grunde seines Herzens nichts anderes, als das Unreale der Situation in die Realität zu überführen, um sich selbst zu erlösen:

»Pass mal auf ... es wird nichts Näheres, nichts Engeres geben als das, was wir uns gerade schreiben. Der Grund, warum wir uns hier schreiben, ist, weil wir sehnsüchtig sind, unsere schlappen Körper aber leider nicht mehr ganz mitkommen.«

Er bringt es auf den Punkt: Die Körper sind schlapp, aber der Geist ist nicht willig, sich zur Ruhe zu setzen, und so muss der virtuelle Flirt ohne Fleisch, Blut und Geruch als Substitut herhalten. Andere Digital-Dater wissen, dass ihnen einfach nur langweilig ist und ihnen jede Zerstreuung, sei sie noch so flach, willkommen ist. Sie treiben sich auf Tinder herum, dem Marktplatz des niveaulosen Flirts.

Tinder-Susi: *»Hallo.«*

Susi-Frau: »Guten Morgen.«

»Erzähl etwas über dich.«

»Was willst du wissen?«

»Wie du denkst und fühlst. Was dir wichtig ist.«

»Oh, und das vor dem Frühstück. Ich fühle und denke sehr intensiv und gerne. Frühstück ist mir wichtig. Und du?«

»Nicht immer vorher zu denken, ist gut. Frühstück gerne, aber erst viel später.«

»Du bist früh wach, das mag ich.«

»Bisweilen.«

»Bist du schon lange bei Tinder?«

»Bei Tinder seit vier Monaten, vergesse aber wochenlang reinzuschauen. Hast du mal als Hostess auf Events gejobbt?«

»Vor zehn Jahren, nur paarmal.«

»Bist du später in Schwabing auf einen kurzen Kaffee?«

»Nein, leider nicht.«

»Das Deo trag ich jetzt öfter.«

Eine Nacht später:

»Hey.«

»Klappt heute nicht mit Schlafen.«

»Kenn ich. Wir können ja bisschen chat-flirten. Neues Wort, hab ich extra erfunden.«

»Warum bist du auf Tinder?«

»Warum ich hier bin?«

»Ja genau.«

»Weil ich gerne mit schönen Frauen chatte. Und so.«

»Und so … Aha.«

»Und du? Suchst du Strickmuster? Da bist du bei mir richtig, die Suche hat ein Ende!«

»Hahaha … endlich.«

»Ich kann auch häkeln und klöppeln.«

»Ich kann gar nix.«

»Ich kann fantastische Sachen mit meinen Händen gestalten.«

»Du wirst es mir sicher auch nicht beibringen. Erzähl mir mehr.«

»Ich halte Kurse in der VHS.«

»Was machst du denn alles mit deinen Händen?«

»Ich klöppel Nirvana-Shirts.«

»Da hau ich ab.«

»Ich dachte, dich schockt nix. Besser Glücksbärli mit rosa Einhorn?«

»Bin kein typisches Mädchen, aber trotzdem fein und klein.«

»Ich bin eher groß.«

»Ich mag große Männer.«

»Das geht schon. Hab ne Treppe in meiner Wohnung nur fürs Knutschen.«

»Man knutscht ja nicht nur im Stehen. Ich zumindest nicht.«

»Ja, oder im Sitzen.«

»Auch gut.«

»Abgemacht.«

»Da würde mir einiges einfallen.«

»Ne ne … So geht das nicht, ich bin der Mann, ich mache die Anzüglichkeiten. So a bissl Restmacho muss man sich erhalten. Was machst du Freitag?«

»Hab nix vor.«

Das Date findet am Freitag statt. Die Susi beteuert seinem besten Freund, er würde sich nur aus Langweile treffen, und schwebt in einer Wolke CK One zum Date.

Eine Stunde später ruft er seinen Freund an:

TS-Freund: »Wie war's?«

»Eine optische Zumutung!«

»So richtig übel, oder was?«

»Ja, superschlimm. Ich hab meinen Salat gegessen und mich aus dem Staub gemacht.«

»Auweia … die Arme. Hat man das auf den Fotos nicht gesehen?«

»Die waren doch alle unscharf! Unverschämtheit!«

Es ist jetzt hoffentlich klar, was Langeweile mit den Menschen macht und welche teuflische Rolle soziale Netzwerke dabei spielen. Nicht der ist arm, der sich aufgrund von undeutlichen Bildern mit wildfremden Frauen über Sinnlosigkeiten austauscht, nicht die ist arm, die verfälschte Fotos von sich hochlädt und sich auf anzüglicher Ebene mit Aufreißern unterhält, beiden gemeinsam ist einfach nur eins: schrecklich langweilig.

#midlife-crisis

In der guten alten Zeit, in der unsere Eltern jung waren, war die Midlife-Crisis den Männern vorbehalten. Man sprach davon, wenn der Vierzigplus-Ehemann plötzlich kein Unterhemd mehr unter dem Oberhemd trug, stattdessen das Hemd etwas weiter offen ließ, sich einen Sportwagen kaufte und wegen der vielen Überstunden im Büro kaum noch zu Hause war. In der Regel legte sich die Anwandlung früher oder später, und der Herr kehrte reuig zurück in den Schoß der Familie, verkaufte die schnelle Karre und trug wieder brav seine Hemdchen unter dem Oberhemd. So einfach ist es aber heute nicht mehr.

Heutzutage ist die Midlife-Crisis kein Privileg der Männer. Auch Frauen durchleben sie, manchmal sogar zweimal mit einem Abstand von zehn Jahren. Was ist der Unterschied und was gibt es für Gründe, in der Mitte des Lebens in eine schwere Krise zu verfallen?

Es gibt verschiedene Arten der Midlife-Crisis bei Männern:

a) Männer-Midlife-Crisis: Der Mann, ob Susi oder nicht, kommt ungefähr ab Anfang bis Mitte vierzig nicht daran vorbei, in den Spiegel zu sehen und Resümee zu ziehen. Unweigerlich stellt er sich Fragen wie:

- Hab ich noch Haare auf dem Kopf? Wenn ja, wie lange noch?
- Hab ich genug #sex? Wenn ja, wie lange noch?
- Hab ich genug #geld?
- Erweist man mir genug Respekt?
- Bin ich der Mann, von dem ich mit zwanzig träumte?
- Hab ich genug Spaß?
- Sehe ich einen Sinn im Leben?
- Genieße ich genug Freiheit, um die oben genannten Dinge zu erreichen?
- Wie viele Kilos wiege ich mehr als letztes Jahr?
- Kriege ich ihn noch jederzeit hoch?

Meist ist die Antwort auf nahezu alle Fragen: nein. Dem Mann wird bewusst, dass er sich, obwohl er den Zenit seines Lebens noch nicht erreicht hat, bereits auf dem Sinkflug befindet. Er denkt realistisch: Wenn ich es jung, fit, schlank, mutig und mit dem Kopf voller Haare nicht geschafft habe – wie soll es jetzt noch klappen? Er bekommt Torschlusspanik und Sendeschlussangst. Er denkt, er muss die letzten Tropfen Jugend und Potenz noch wie aus einer halb vertrockneten Zitrone aus sich herauspressen, bevor alles vorbei ist.

Und um es sich und der Welt zu beweisen, macht er plötzlich merkwürdige Dinge, je nach Lebenssituation und Möglichkeiten:

- Wenn er verheiratet ist, hat er keine Skrupel, mit anderen Frauen verbindlich zu flirten; wenn er unverheiratet ist, hat er plötzlich eine extrem junge Freundin und sagt: »Tina ist außergewöhnlich weit für eine Einundzwanzigjährige.«
- Er benimmt sich so daneben, dass ihn seine Frau aus dem Haus wirft und seine Kinder sauer auf ihn sind. Er erzählt aber, er habe seine Frau verlassen und die Kinder hätten kein Verständnis für ihn.

- Er kauft sich einen roten Ferrari/nachtblauen Porsche/silbernen Mercedes SLK.
- Er verbringt seine Freizeit meistens dort, wo Männer ohne große Anstrengung willige und attraktive Damen kennenlernen. Also in den Nachtclubs sämtlicher Awa-Metropolen wie London, Paris, Dubai, Berlin und Istanbul. In den Beachclubs auf Mykonos, St. Tropez und Ibiza, in allen Cipriani- und Nobu-Restaurants der Welt, beim Après-Ski am Arlberg, in Kitzbühel, St. Moritz oder Saalbach-Hinterglemm. Es macht ihm nichts aus, wenn die jungen Damen aus Russland stammen: »Katias Familie in Kiew hat genug #geld, sie braucht mich gar nicht.«
- Er beginnt, plötzlich Drogen zu nehmen. Das ist kein Witz, sondern die tragischste Form von Midlife-Crisis, und unter Umständen geht sie direkt in die #altersdrogensucht über! Ein deutscher Ex-Sportheld wird soeben zufällig immer rotgesichtiger und aufgeschwemmter, blickt aber dennoch fröhlich selbstbewusst in die Kameras, ist als Vierzigplus-Patchworkfamilienvater in die grausamen Pranken der Kokainkrake geraten! Oder man denke an einen anderen Ex-Fußballstar, randvoll bis an die Schädeldecke. Ein ganzes Leben gesund gelebt, dann gelangweilt, und jetzt ein Kokainfass.
- Er geht dreimal die Woche ins Gym und isst keine Carbs mehr.
- Er färbt sich die Haare. Oder er lässt sich Haare transplantieren.
- Er hat immer eine Packung Viagra und Kondome dabei.

Wenn er das alles hinter sich hat und nach einigen Jahren Sturm und Drang feststellt, dass ihm immer noch langweilig ist bei allem, was er tut, er die Nase vollhat von den Twentysomething-Bitches, die ihm von ihren Problemen vollheulen und ihn als Sugardaddy missbrauchen, erklimmt der Mann die nächste Stufe seines Lebens und wird erwachsen. Aber das heißt nichts.

Meistens bleibt er einfach auf seiner Couch liegen, trinkt zu viel Rotwein oder kifft, macht nebenbei sein Business und will seine Ruhe. Der Ofen ist einfach aus.

a) Susi-Midlife-Crisis: Ähnlich wie der echte Mann in der Midlife-Crisis will auch die Susi in den wenigen Jahren, die ihm noch bleiben, all jenes nachholen, was er bisher verpasst hat. Oder er will es wenigstens nicht noch länger verpassen, die Hosen anzuhaben. Die Susi will sich nichts mehr sagen lassen und hat die Nase voll davon, immer das tun zu müssen, was die garstige Susi-Frau jahrzehntelang von ihm verlangt hat. Deswegen stellt sich die alternde Susi ganz andere Fragen:

- Bin ich ein Mann?
- Bin ich nur ein Angestellter meiner Frau?
- Sehe ich alt und angepasst aus?
- Habe ich noch genug Sex-Appeal?
- Lasse ich mich von Normen, Frauen und Regeln der Gesellschaft zu sehr unter Druck setzen?
- Bin ich ein Sklave der Zeit?

Darum macht die Susi merkwürdige Dinge:

- Er trägt nur noch Turnschuhe, obwohl er schon fast fünfzig ist.
- Er trägt einen zerknitterten Parka, obwohl er schon über fünfzig ist.
- Er missachtet Dresscodes und andere gesellschaftliche Normen. Zu einem Empfang in der amerikanischen Botschaft kommt er in Jeans und Converses und steht damit allein zwischen lauter dunklen Anzügen und schwarz polierten Schuhen. Er postet es auf Facebook und findet sich sehr cool.
- Er ist Anti-Establishment, obwohl er vom #geld des Establishments träumt.
- Er ist immer unrasiert und sieht leicht ungewaschen aus. Er hält das für jugendlich.

- Er ist unpünktlich. Pünktlich ist ihm zu spießig.
- Er gibt Motto-Partys mit kindlsch-bunter Deko und Luftballons.
- Er trägt im Sommer in der City kurze Hosen.
- Er zahlt immer nur für sich. Er findet »Runden schmeißen« altherrenhaft.
- Er redet mit Frauen nur über sich selbst. Er ist ja eine alte Susi und muss verarbeiten, dass ihm jahrelang von den Frauen gesagt wurde, was er zu tun hat.
- Er verliebt sich nicht mehr, sondern empfindet nur so lange Sympathie für eine Frau, wie sie für seine Zwecke zu gebrauchen ist.
- Er umwirbt keine Frauen. Er reißt sie auf. (siehe #player)

b) Langeweile-Midlife-Crisis: Bei den Männern kommt sie mit Anfang vierzig, wenn die Elemente der Jugend entweder nicht mehr funktionieren oder nicht mehr den Effekt haben, den sie mal erzielt haben. Sie erfüllen den Mann (oder auch die Frau) nicht mehr. Clubs, Bars, Mädchen, Coolsein, all das fühlt sich plötzlich fahl, lasch und ausgelutscht an. Es ist die Krise, aus der der Mann als #awa hervorgehen wird. Aber erst muss er die Krise durchleben, damit er weiß, was er noch will und was nicht. Dazu muss er sich Fragen stellen wie:

- Bin ich noch sexy/horny genug?
- Stehen die Mädchen auf mich?
- Kann ich auch Frauen mit Klasse gewinnen?
- Verdiene ich genug #geld, um mir Respekt und Ansehen zu verschaffen?
- Habe ich von der Welt genug gesehen?
- Sind meine Geheimratsecken zu stark?/Soll ich mir eine Glatze rasieren?/Soll ich mir Haare transplantieren?
- Soll ich mir einen Ferrari kaufen?

Der krisengeschüttelte Langweiler fällt durch folgende Verhaltensauffälligkeiten auf:

- Er protzt mit allem, was er kann, und zwar schamlos. Er ist ein Protzer: sein Biz, seine Aufträge, seine Umsätze, seine Reisen, seine Ex-Frauen, seine Jetzt-Frauen, sein Kind, seine Autos, seine Kontakte, seine Wohnung, seine Lichtanlage, sein Weinkeller, seine Kunstsammlung und sein Banker.
- Er geht plötzlich regelmäßig in Strip-Clubs und lädt Freunde und Geschäftspartner zu einem private dance im Separee ein, die vollkommen traumatisiert von diesem Businesstrip nach Hause zurückkehren, während er sich alleine am Tisch langweilt. Private dance langweilt ihn ganz besonders.
- Er liebt Escorts, am liebsten drei gleichzeitig, das hat etwas von Charlie Sheen, doch ihm ist dabei immer noch langweilig.
- Er interessiert sich, wenn überhaupt, bei Frauen nur noch für Models, die nicht älter sind als vierundzwanzig, und langweilt sich dann extrastark, »weil man sich mit denen nicht unterhalten kann«.
- Er geht in Clubs, bestellt flaschenweise Wodka und Champagner für die Frauen, lässt sich auf eine Nase Koks einladen, verliert irgendwo auf einem Klo sein iPhone und langweilt sich dabei.
- Er geht sofort in jeden neuen Film und findet ihn lame.
- Er sitzt mit vollbusigen Schönheiten in den angesagtesten Restaurants der Stadt, schlürft Austern von einer fünfstöckigen Seafood-Etagière und spricht mit der armen Busenmaus kein einziges Wort.
- Er schenkt Mädchen Flugtickets und lässt sie zu sich einfliegen, um dann zu klagen, sie würden ihn nerven: »Ich hatte noch nicht mal Bock, die zu vögeln.«
- Er trinkt und raucht zu viel und wird langsam immer dicker und ist genervt davon.
- Er hasst Sport, weil ihm dabei besonders langweilig ist.

Auch bei der Midlife-Crisis der Frauen lassen sich drei Formen der Krise unterscheiden:

Kinder-Midlife-Crisis: Da die Frau früh Kinder bekommen hat, ist der Nachwuchs bereits aus dem Haus. Sie ist noch jung, hat aber bis dato nichts anderes getan, als sich um die Familie zu kümmern. Sie steht in der Mitte des Lebens, hat keine eigene #karriere verfolgt und einen Mann, der selbst in der #midlife-crisis steckt. Und auch sonst hat sie keinen Plan, wie es weitergehen soll. Die Krise ist unausweichlich.

Die Betroffene stellt sich folgende Fragen:
- Was wollte ich eigentlich im Leben erreichen, bevor ich eine Familie wurde?
- Wer bin ich, wenn ich keine Mutter und Ehefrau bin?
- Liebe ich meinen Mann?
- Was sind meine Träume?
- Soll ich ein zweites Leben beginnen, ohne Anhang?

Die Kinder-Krisen-Frau, die im Übrigen nicht unbedingt identisch ist mit der #susi-frau, macht komische Dinge:
- eine Detoxkur nach der anderen
- Yoga-Workshop in Griechenland
- Italienisch-Sprachkurs an der Volkshochschule
- Toskana-Reisen mit dem Sprachkurs
- Batik und Seidenmalerei
- Wiederaufnahme des vor zwanzig Jahren abgebrochenen Medizinstudiums
- Samba-Tanzkurs
- Malen an der Staffelei
- zum ersten Mal Weihnachten keine Gans mehr machen, weil das so ungesund ist
- Wandern mit Freundinnen auf Mallorca; einen zehn Jahre jüngeren Mann beim Wandern auf Mallorca kennenlernen, den Mann daten; den Ehemann wegen des Mannes verlassen;

sich mit den Kindern wegen des Mannes zerstreiten; behaupten, endlich zu erfahren, was Liebe und Leidenschaft ist

d) Falten-Midlife-Crisis: Es ist die banalste Form der Krise – man wird alt. Die Haut wirft Falten, der Hintern hängt, und der ganze Körper arbeitet nicht mehr gegen die Erdanziehungskraft. Die Ausstrahlung ist nicht mehr jugendlich, die Lippe schmollt nur noch mithilfe von regelmäßigen schmerzhaften Sitzungen beim Dermatologen, überhaupt ist der Dermatologe ein großes Thema. Die Männer sehen einem trotz kostspieliger #aufspritzsucht nicht mehr hinterher, und man spürt schon beim Betreten eines Restaurants, dass man nicht mehr die Sexbombe ist, die man einmal war. Je schöner, umschwärmter eine Frau in der Jugend war, desto härter wird der Absturz, wenn diese äußerliche Schönheit schwindet und die innere nicht ausreichend mitgewachsen ist.

Die Frau in der Falten-Midlife-Crisis stellt sich folgende Fragen:
- Bin ich noch sexuell attraktiv?
- Wird sich je wieder einer in mich verlieben?
- Wird mein Mann mich wegen einer Jüngeren verlassen?
- Soll ich mich liften lassen/meinen Busen straffen/meinen Hintern aufpolstern/mir Extensions machen?
- Brauche ich mehr Botox?
- Ist mein Minirock zu kurz?
- Werde ich für die Schwester meiner Tochter gehalten?

Auch die krisengeschüttelte Ex-Schönheit macht eine Menge merkwürdiger Dinge:
- Sie macht eine Detoxkur nach der anderen.
- Sie ernährt sich vegan, trägt aber Pelz und Leder.
- Sie zeigt sich am Beach plötzlich oben ohne, obwohl sie fast fünfzig ist, nur um den neuen teuren Busen mit den zartrosa Brustwarzen zu zeigen.

- Sie hat einen #toyboy, der zwanzig Jahre jünger ist als sie und zwei Jahre älter als ihr jüngster Sohn. (siehe #toyboy)
- Sie kauft sich dieselben kurzen Isabel-Marant-Volantröckchen wie ihre Tochter.
- Sie geht sechsmal die Woche ins Gym.
- Sie hat eine Affäre mit ihrem Personal Trainer, was ihre Kinder empört: »Mama, das geht echt gar nicht!«
- Sie schminkt sich plötzlich wie eine Dragqueen, wobei ihre Oberlippe weiter vorsteht als ihre Nase.
- Sie trägt immer High Heels, am liebsten mit derselben roten Sohle wie ihre Tochter, weil sie Angst hat vor dem »Oma-Fuß«.
- Sie flirtet mit jedem männlichen Wesen, egal ob Tankwart, Kellner oder Dermatologe.
- Ihre Rechnungen beim Dermatologen sind höher als die Miete.
- Sie isst so gut wie nichts mehr außer Steak tartare (ohne Pommes), Carpaccio (ohne Brot) und natürlich Sushi (ohne Reis).
- Sie lässt sich Fett absaugen, an allen möglichen Körperstellen.
- Sie weiß, dass Arsch-Implants einsetzen super schmerzhaft ist, aber nur von einer Freundin.
- Sie fragt jede Frau, ob diese schon in der Menopause ist, und erzählt, dass sie grade so schlimm PMS hat.
- Sie sagt Sätze wie: »Alle Männer sind Schweine«. Oder: »Die gehen doch alle zu Nutten!«

c) Langeweile-Midlife-Crisis: Das ist die schwierigste Form der weiblichen Midlife-Crisis, wobei sie demselben Prinzip folgt wie die männliche Version: Es ist das Awa-Schicksal, alles schon gesehen, erlebt und überall gewesen zu sein, sich zu viel und zu ausgiebig amüsiert zu haben und zu erkennen, dass das Erwachsenwerden sich irgendwie nicht gelohnt hat, weil jetzt alles nur noch immer langweiliger wird.

Folgende Fragen stellt sich die gelangweilte Frau:

- Werde ich je wieder einen Mann treffen, den ich wirklich sexy finde?
- Soll ich mir die Pumps bei Matchesfashion.com auch noch in Gelb und Rot bestellen?
- Muss ich jedes Date bis zum Schluss aussitzen, obwohl ich längst weiß, dass mir ein Idiot gegenübersitzt?
- Werde ich mich jemals wieder richtig amüsieren?
- Werde ich mich jemals wieder richtig verlieben? In einen Mann mit #geld und Haaren, aber ohne Bauch?
- Was, wenn die Stella-McCartney-Wäsche nächste Woche bei Net-A-Porter in meiner Größe vergriffen ist? Soll ich sie lieber sofort mit dem iPhone bestellen und zuschlagen?
- Reichen je einmal Yoga, Pilates, Ballett und Gym die Woche?
- Soll ich das Pilatesstudio wechseln?
- Werde ich jemals wieder das Gefühl haben, etwas zu verpassen?
- Soll ich auf die Party gehen, auch wenn dort nur Langweiler sein werden?
- Warum spielen alle Golf?
- Wie kann ich mehr #geld verdienen, um endlich in Immobilien zu investieren?
- Interessiert mich Kunst?
- Ist Ibiza over?
- Darf ich schon wieder dreitausend Euro für eine Chanel-Tasche ausgeben?
- Soll ich doch noch ein Kind bekommen?
- Wie kann ich spiritueller werden?
- Kann ich in meinem Alter noch Bikini-Selfies auf Facebook posten? (Ich sehe besser aus als die Zwanzigjährigen.)
- Was ist noch mal der Sinn des Lebens?

Die Frau in der Langeweile-Midlife-Crisis hat in der Jugend zu viel Hype erlebt und vermisst das Gefühl, aber nicht die Aktionen. Im Gegensatz zum männlichen Pendant kann sie sich mit extremen sexuellen Erlebnissen keine Linderung verschaffen, auch nicht kurzfristig, und auch das Protzen mit materiellen Errungenschaften fällt aus, da die gelangweilte Frau sich in Gesellschaft von anderen gelangweilten Frauen befindet, die sich genau wie sie die Zeit zwischen Onlineshopping und Gym vertreiben.

#sex

Ab vierzig nimmt der Sextrieb bei Männern und Frauen ab. Vielleicht sollte man sagen: glücklicherweise. Und nur der Sextrieb! Nicht die Potenz und nicht die Lust, sondern das unbremsbare Bedürfnis nach Geschlechtsverkehr. Der Mensch wird ruhiger. Frauen nehmen es gelassen und sind sogar erleichtert, nicht mehr so viel herumvögeln zu müssen. Herumvögeln heißt: panisch nach dem nächsten Sexpartner Ausschau zu halten, sobald einer abgesprungen ist oder sich als unbrauchbar erwiesen hat.

So wie es war, als man zwanzig bis Mitte dreißig und es nichts Ungewöhnliches war, mehrere Sexpartner gleichzeitig zu haben. Es wurde sehr viel gevögelt, so viel wie möglich und mit jedem, der einem gefiel. Warum auch nicht? Genau das lässt mit vierzig einfach nach. Nicht weil man nicht mehr könnte, sondern weil man nicht mehr muss, oder besser gesagt: weil man weiß, dass es ginge, wenn man wollte, und weil man das alte abgedroschene Spiel schon kennt. Es wird langweilig, wie das meiste andere auch. Weibliche #awas suchen, wenn sie in der #midlife-crisis stecken, nach neuen Zielen. Es gibt Besseres, als Männer zu verführen, ihnen den eigenen Körper als Spielfeld zu überlassen und sie als Messgerät für die eigene Attraktivität zu missbrauchen.

Bei den Männern ist es natürlich anders. Plötzlich nicht mehr so viel vögeln zu müssen und zu wollen, macht ihnen große Angst. Sie denken, sie bauen ab, verlieren ihre sexuelle Anziehungskraft und ihre Potenz, und es ist bald alles vorbei. Ihre Torschlusspanik steigert sich, bis sie nicht mehr entscheiden können, ob sie überhaupt noch wollen oder ob sie nicht vielleicht auch lieber etwas mehr Ruhe hätten. Sie müssen sich und der Umwelt und vor allem den Frauen beweisen, dass sie genauso sexy, potent, begehrenswert und aufregend wie in ihren Zwanzigern sind, dass sie viele Frauen haben können, die ihnen zu Füßen liegen und nur darauf warten, endlich dran sein zu dürfen (siehe #wiedervorlage, #alterssexsucht, #bootycall).

Das Ergebnis ist #alterssexsucht, und der arme Mann muss sich in alphabetischer Reihenfolge durch seine iPhone- und Tinder-Kontakte vögeln, was ihn zwar nicht glücklich macht, in ihm aber wenigstens das Gefühl entstehen lässt, dass die Frauen auf ihn stehen.

Nun verhält es sich so: Die Frauen, die ihm das Gefühl vermitteln, eine Sexmaschine zu sein, sind nicht identisch mit Frauen, die ihm im Leben als Partnerinnen vielleicht sogar auf #augenhöhe zur Seite stehen oder ihm vielleicht mal einen einzigen sinnvollen Tipp geben könnten. Um #augenhöhe geht es der von Torschlusspanik gezeichneten alten Susi auch überhaupt nicht. Es geht ihm darum, auf so viele Frauen wie möglich sexuell attraktiv zu wirken und keine Bindungen oder gar Verbindlichkeiten entstehen zu lassen. Die Gefühlswelt und auch die Welt dieser Frauen interessieren ihn nicht.

Aber was er nicht wahrhaben will, ist, dass sich diese Frauen auch weniger für ihn als Mensch und Mann interessieren als für die Vorteile, die das Leben oder die wenigen Stunden an seiner Seite mit sich bringen könnten. Ja, die Susi hat es nicht leicht. Die ganz jungen Dinger sind nicht nur sehr anstrengend, sondern sie kosten auch eine Menge #geld, denn alles, was man mit ihnen unternehmen will, kostet, außer Sex. Und die jungen Dinger sind in der Regel völlig mittellos. Und wenn sie doch über ausreichend eigenes Vermögen für einen gediegenen Lifestyle verfügen, dann sind sie verwöhnt und nicht offen für eine Beziehung zu einer alternden Susi, sondern halten sich natürlich eine blutjunge Susi, die sie besser kontrollieren und schlecht behandeln können. Die etwas älteren, also die ab dreißigplus, wollen irgendwann regelmäßige Treffen, den Hausschlüssel der Susi, ein Kind von der Susi oder werden einfach und vollkommen ungewollt schwanger. (siehe #fortpflanzung)

Aber auch mit den gleichaltrigen #susi-schrecks haben die Susis nur Ärger, sofern sie überhaupt eine von sich überzeugen können. Die Gleichaltrigen erwarten besonnenes Verhalten, kontrollierten Umgang mit Drogen und Alkohol, gemeinsamen Urlaub mit Bildungsanspruch sowie gemeinsam verbrachte Wochenenden mit sportlichen Aktivitäten in der Natur. Vielleicht sogar Besuche zu den Salzburger oder Bregenzer Festspielen. Doch das taugt alles nichts für den Drang der Susi, sich durch freizügiges Feilbieten und weite Verbreitung seiner Spermien zu beweisen, dass er äußerst potent ist. Und sollte sein Körper gegen diesen Plan sein und nicht mit ihm an einem Strang ziehen, gibt es ja die kleinen blauen Pillen: #viagra!

#don't-fuck-liste

Egal, wie stark das Bedürfnis der Susi ist, sich alles zu beweisen, oder wie rasant die #midlife-crisis voranschreitet und mit ihr die #langeweile des #awas – es gibt Spezies, mit denen man auf keinen Fall Sex haben darf und die in folgender Don't-Fuck-Liste aufgeführt sind:

1. Das Stiefkind: Moderne Patchworkfamilien machen alles möglich, aber das Argument, »wir sind doch gar nicht wirklich verwandt, egal, was wir sonst behaupten«, zählt nicht. Wenn es unbedingt sein muss, dann bitte nicht herumerzählen. Und kein Drama, wenn er oder sie jemand anderes mit nach Hause bringt. Carla Bruni hat es getan und sich, während sie mit einem älteren Herrn zusammen war, seinen viel attraktiveren Sohn, den Philosophen Raphaël Enthoven, geschnappt. Das Problem war nur, dass er in festen Händen war. Die Verlassene, Justine Lévy, schrieb einen bösen Enthüllungsroman, in der die Wahrheit über die Bitch Carla Bruni steht. Ein Bestseller in Frankreich.
2. Cousins: Im Nahen Osten, der Dritten Welt und vielen anderen Ecken der Erde ist das aus Mangel an Alternativen

gang und gäbe, aber muss das sein? Die Tante wäre dann die Schwiegermutter, der Onkel der Schwiegervater, und im Falle einer Trennung fällt die ganze Sippe mit einem sehr lauten Getöse auseinander. Und dann gibt es noch: Inzestkinder.

3. Die Frau des Bruders: Sorry, aber das geht zu weit. Unmöglich. Außer, er ist bei einem Schiffsunglück/Flugzeugabsturz ums Leben gekommen, und die Witwe braucht dringend eine starke Schulter und die Halbwaisen einen Beschützer. Aber auch dann ist es ungut, wir sind ja nicht mehr im antiken Griechenland. Lieber die Finger davon lassen.

4. Der Freund des Sohnes: Nun, ist er sehr hot? Sind Sie single? Wirklich single? Und, sehr wichtig, ist er mindestens einundzwanzig? Wenn ja, dann geht es. Aber der Sohn wird sauer und angewidert sein, da müssen Sie durch. Und denken Sie daran, es mutet auch bei Madonna und Demi Moore seltsam an.

5. Die Freundin des Sohnes: Vergessen Sie es einfach. Denken Sie an den Sohn, und, viel schlimmer, an Ihre Eltern. Und an Ihren Ruf. Außerdem wird es schiefgehen, das hat Bryan Ferry eindrücklich bewiesen, der die Freundin (es heißt in den Medien Ex-Freundin, aber der genaue Zeitpunkt der Trennung ist nur Eingeweihten bekannt) seines sehr coolen Sohnes Otis Ferry nicht nur übernahm, sondern gleich heiratete. Die Ehe hielt genau zwei Jahre. Sie war dreißig, er war achtundsechzig.

6. Die Ex vom besten Kumpel/der Ex der besten Freundin: theoretisch okay, wenn die Getrennten wieder glücklich neu liiert sind. Aber eben nur theoretisch, Frauen empfinden das auch Jahre später als verheerenden Vertrauensbruch, und es besiegelt das Ende der Freundschaft. Männer haben keine Lust auf die Ex und die dazugehörenden Erinnerungen in ihrem neuen Leben. Sehr hoher Preis. Muss sich lohnen. Lohnt sich selten.

7. Papis Freund: Man kennt sich ja schon so lang, nicht wahr? Und was ist falsch daran, sich vor ihm im Bikini zu rekeln, wenn man es schon mit vier so machte? Auf seinem Schoß saß man ja auch schon immer. Nun, es gibt Regeln: Sie sollte mindestens fünfundzwanzig sein. Beide müssen single sein. Jawohl, single. Und das Verhältnis zum Vater wird darunter leiden. Und bloß nicht schwanger werden. Das geht zu weit!

8. Der Vater der Freundin: Sie sagt Papi zu ihm, und alles ist so harmlos, und plötzlich sieht man ihren Papi von der Seite an, und er ist gar nicht so schlecht, und man denkt: Warum nicht? Nun, wenn Papi single ist, nicht älter als siebzig und keine Mami mehr an seiner Seite hat, ist es theoretisch in Ordnung. Aber auch hier eben nur theoretisch. Es wird die Freundschaft zu der Freundin kosten.

9. Adoptierte Kinder: nicht zu empfehlen, auch nicht, wenn sie noch nie »Papa« zu Ihnen gesagt haben. Woody Allen, der eiskalt mit seiner adoptierten Tochter eine Beziehung führt, sagt dazu: »Sie ist ein adoptiertes Kind und eine erwachsene Frau. Ich hätte sie auch auf einer Party treffen können.« Nun, diese Beziehung hält schon zwanzig Jahre, und genauso lange ist die ganze Welt davon angewidert. Noch einmal: nicht zu empfehlen!

#modern-dating

Früher, als es nur junge Frauen, junge Männer und junge Susis gab und alle dasselbe wollten, war das ganze Dating-Ding unkompliziert und beinahe einfach. Man lernte sich irgendwo kennen, traf sich wieder oder verabredete sich sofort, verbrachte zwanglos Zeit miteinander, küsste sich zum Abschied oder erst beim nächsten oder übernächsten Treffen, landete irgendwann unbekleidet im Bett und wurde danach zu einem Paar für kürzer oder länger. Oder diese Variante: Man verabredete sich, verbrachte zwanglos Zeit miteinander und küsste sich oder küsste sich nicht, man wurde kein Paar, aber mochte sich dennoch.

Heute, im Erwachsenenalter, ist Dating anstrengend, missverständlich und auch sehr gefährlich. Die ergiebigen Jagdgebiete der Jugendzeit, nämlich Clubs, Tanzbars, Beachclubs, Isar-/Alster-Feste, Konzerte, Festivals, WG-Partys, Partys, Partys und noch mehr Partys, gibt es so gut wie gar nicht mehr. Stattdessen gibt es: den Arbeitsplatz, Afterwork-Partys, Vernissagen und Openings, Dinnerpartys bei Freunden, wo nur Paare sind und der einzige Single sich langweilt, Partys bei Freunden, wo man schon alle seit Jahren kennt, Bars, in denen

Frauen mit Frauen und Männer mit Männern reden, und das Internet.

Die Umstände des Datings im Erwachsenenalter sind so erschwert, dass es beinahe einem Wunder gleichkommt, wenn sich zwei erwachsene Menschen treffen und ein Paar werden. Die Frau muss irgendwo einen geeigneten Kerl treffen, ihn zuerst erspähen und dann unauffällig seine Aufmerksamkeit auf sich lenken, und zwar so, dass er denkt, es wäre seine Idee gewesen. Die Schwierigkeit besteht nicht darin, einen Mann zu finden, der gewillt ist, einen Draht aufzubauen, nein, das Problem liegt darin, dass fast alle Männer ab vierzig einen enormen äußeren Attraktivitätsverlust erleiden. Von den inneren Verlusten ganz zu schweigen.

Im Gegensatz zu Frauen, die dank #highmaintenance immer attraktiver werden, da sie wissen, was ihnen schadet, und sich meistens so weit unter Kontrolle haben, sich vor zu hohem Attraktivitätsverlust zu schützen, sind die Männer sich ihrer selbst weniger bewusst. Sie trinken zu viel und ernähren sich schlecht, obwohl es ihnen nicht bekommt, und sie sind zu faul zum Sport. Spricht die Frau sie darauf an, sagen sie: »Akzeptier mich doch mit Bauch, Schatz.« Diese natürliche Selektion führt dazu, dass es kaum noch Männer gibt, die man rein äußerlich sexy finden kann, um sich dann im Nachgang mit der inneren Schönheit ausgiebig befassen zu wollen.

Von den wenigen verbliebenen, einigermaßen ansehnlichen Männern sind im Erwachsenenalter so gut wie alle verheiratet oder stecken in einer sehr festen Beziehung. Männer können ab vierzig nicht mehr alleine sein. Das heißt, wenn sich eine Beziehung auflöst, ist der Platz schon wenige Zeit (Tage) später belegt.

Sollte sich das Vakuum zwischen zwei Beziehungen günstig ausdehnen und eine Begegnung zwischen einem Mann und einer Frau ermöglichen, gibt es im digitalen Zeitalter vier Möglichkeiten, wie es zu einem Date kommen kann:

1. Man lernt sich im realen Leben irgendwo zufällig kennen und beginnt ab diesem Zeitpunkt, über einen der digitalen Kanäle zu kommunizieren, bis es zu einer Verabredung kommt. Das ist eine etwas altmodische, aber zuverlässige Methode. Man hatte den anderen schon aus Fleisch und Blut vor sich stehen und kann nun direkt mit dem Wesentlichen anfangen.
2. Man lernt sich virtuell kennen, zum Beispiel auf Facebook, Tinder oder auf einer der Onlinedating-Plattformen, und kommuniziert ausschließlich digital. Es kann Tage, Wochen, Monate dauern, bevor es zu einer ersten Begegnung im realen Leben kommt. Hier müssen die Regeln des #digital-datings beachtet werden.
3. Man lernt sich virtuell kennen und kommuniziert Tage, Wochen, Monate, Jahre, und es kommt nie zu einer Begegnung im realen Leben.
4. Man kennt sich schon und nimmt den Kontakt wieder auf. (Siehe #wiedervorlage.)

#digital-dating

Digitales Flirtverhalten ist das Computerspiel der Erwachsenen, dafür ist es nie zu spät, sondern es kommt auch heutzutage niemand drum herum. Besonders für den #awa und den #keine-zeit-loser als Mittel gegen die #langeweile ist digitales Flirten das wichtigste Instrument zur Machterhaltung. Es geht heute schon im Teenageralter los und kennt keine Grenze nach oben. Solange der Mensch einen Laptop aufklappen und ihn benutzen kann, ist er berechtigt, beim Digi-Flirt mitmachen. Selbst der siebzigjährige Lustgreis fingert an seinem Handy herum oder verschickt, wenn er es nicht auf Facebook geschafft hat, E-Mails. Die üblichen Pfade sind: Facebook, Skype, SMS, WhatsApp und Tinder. Klassische Mails werden in der Regel beim Digital-Dating eher wenig geschrieben, außer man will Links, Videos oder größere Textmengen als Beweis der eigenen Intelligenz oder als Entertainment-Pusher verschicken. Zum Flirt-Pfad werden Mails, wenn sich einer der Beteiligten in einem wenig besiedelten Gebiet mit stark eingeschränktem Internetzugang befindet.

Die Regeln des digitalen Flirtens sind seltsamerweise bei uns in Europa allen bekannt, als hätte es staatlich organisierte

Schulungskurse gegeben. Diese Regeln werden streng eingehalten, wobei die Reihenfolge entscheidend ist. Warum alle diese ungeschriebenen Regeln kennen, ist unerforscht. Vielleicht hatte die Menschheit den digitalen Flirt bereits im Blut und musste über zweitausend Jahre darauf warten, ihn endlich erproben zu können. Er ist jetzt allgegenwärtig, denn er ist atmosphärisch verlagert und findet nicht mehr Aug in Aug statt. Das nimmt dem Flirt die unnötige Schwere, und er ist immer und überall möglich, Handyempfang und WLAN vorausgesetzt.

Beim Digital-Dating lassen sich grob drei Varianten unterscheiden:

a) Angriff via Facebook: hat den Vorteil, dass man jederzeit wieder abtauchen und bei Laune wieder auftauchen kann. Facebook-Flirtationships können Jahre, sogar Jahrzehnte halten.

Step 1: Einen ihrer Posts liken. Upgrade: Ein Foto, auf dem sie gut aussieht, liken.

Step 2: Comment.

Step 3: Comment zurück. Weiteren Comment bei einem anderen Post. Der Inhalt des Comments spielt keine Rolle.

Step 4: Persönliche Nachricht.

Step 5: Bei Erhalt einer Antwort sofortige Antwort zurück, danach Chat entstehen lassen. Jetzt tritt schon Digital-Dating in Kraft.

Step 6: Chat-Phase über längeren Zeitraum, drei Stunden bis zu zwei Wochen. Chat-Intervalle werden kürzer. Er verwendet bereits Pet-Names für sie, so wie: Darling, Schatz, Sugar, Sweetheart, Süße. Was nicht geht in diesem Stadium: Mäuschen, Schätzchen, Kleine.

Step 7: Er sagt: Let's change to WhatsApp. Oder, mehr old school, er fragt sie nach ihrem Skype-Namen. »Das Chatten hier nervt.«

Step 8: Kurze Weiterführung des schriftlichen Gedankenaustauschs auf WhatsApp/Skype. Danach bevorzugt nachts, wenn die emotionale Hemmschwelle am niedrigsten ist. Er verabschiedet sich immer mit »Gute Nacht« und »Schlaf gut, Süße«.

Step 9: Er ruft plötzlich an auf Skype. Die Verbindung ist schlecht. Er fragt nach der Mobilnummer.

Step 10: Er ruft auf der Mobilnummer an, langes Telefonat. Er sagt, sie müssen sich jetzt endlich treffen.

Step 11: Er chattet sie wie gewohnt wieder an und fragt, ob sie schon das neue Lokal kennt, oder ob sie Lust hat, ihn auf eine Preisverleihung zu begleiten.

Step 12: DATE!!!!!

Wichtig: Sie sollte sich erst ab dem achten bis zehnten Mal bei ihm melden. Noch besser ist: gar nicht. Immer ihn kommen lassen. Das bringt mehr Spaß für alle.

b) Angriff via SMS: Falls die Beteiligten zu alt, zu berühmt oder zu stumpf für Facebook oder WhatsApp sind und sie Skype nur auf dem Rechner, aber nicht auf dem Smartphone haben, bleibt die Methode der Datenübermittlung per SMS, wobei dies ein frühes Austauschen von Telefonnummern voraussetzt. In diesem Fall ist ein persönliches Aufeinandertreffen unumgänglich.

Step 1: SMS, die der Freude über das Kennenlernen Ausdruck verleiht.

Step 2: Frage nach dem Befinden. Kurzes Hin-Und-Her-Gesimse mit einem Verabredungsvorschlag.

Step 3: Anruf zur genauen Disposition der Verabredung.

Step 4: DATE!!

Es wird deutlich: Variante b) führt zwar schneller zum Ziel, macht aber auch sehr viel weniger Spaß. Und worum geht es der alten Susi, dem #awa, der #susi-frau und dem #susi-schreck in erster Linie? Genau, um das Abtöten der Langweile. Die digitalen Flirtmethoden sind ideale Zeitvertreibe für faule Ü-Vierziger, die ihre Couch nicht verlassen und sich im Liegen trotzdem flirty fühlen wollen. Profi-Digital-Dater haben sogar mehrere Flirt-Chats gleichzeitig offen und kommunizieren noch nebenbei über ihr iPhone. Profis auf der Ebene kennen die Gefahren dieser Taktik, denn schnell hat man den Text für die blonde Julia in den Chat der rothaarigen Anna getippt: Du bist ganz schön schlau für eine Blondine. Und in den Chat der Halb-Koreanerin Kim: Wann zeigst du mir endlich, ob du eine echte Rothaarige bist. Der Profi-Digi-Dater kennt diese Gefahren und schreibt darum allen immer dasselbe. Auch, weil man sich dann nicht so viel merken muss. Der Spruch von Marylin Monroe: »I'm selfish, impatient and a little insecure. But if you can't handle me at my worst, then you sure as hell don't deserve me at my best« zieht international bei jeder Frau. Sie wird sich sensibel erfasst fühlen, bis sie zufällig erfährt, dass sieben andere Damen dieselbe SMS bekamen und sich genauso sensibel erfasst fühlten.

c) Angriff via WhatsApp: Auf WhatsApp findet Digital-Dating als Dauerberieselung statt, der Austausch von Telefonnummern muss allerdings im Vorfeld stattfinden. Das ist eine Art Flirt-Ping-Pong mit Memory-Funktion. Hier kann man mehrere Flirt-Chats gleichzeitig über Tage, Wochen, Monate bedienen und den jeweiligen Teilnehmern dieselben Bälle zuspielen, um dann die Reaktionen zu vergleichen und wie bei einem Computerspiel die Levels abzuarbeiten. Sogenanntes Flirt-Zocken. Für diese Sorte Zeitvertreib muss die Frau wirklich SEHR ausgehungert sein nach männlicher Aufmerksamkeit und der Mann ein großer Loser und keine große geistige Leuchte, sonst wäre ihm das zu blöd.

Coole Männer nutzen WhatsApp schon allein deshalb nicht, weil sie wissen, dass Frauen darben und sich nach seiner Zuwendung so sehr sehnen müssen, dass es wehtut. Und das können sie beim Flirt-Zocken nicht.

Welche Variante auch immer gewählt wird, folgende Grundregeln gilt es immer zu beachten (siehe auch #dating-rules):

- Man begrüßt sich. Einfach schreiben »Ich war heute im Kino!« ist unsexy. Besser: »Hello Sweetheart, wie geht's?«
- Er muss sich melden, etwa die ersten zehn- bis fünfzigmal. Wenn es hieb- und stichfest ist, dass er sie anbaggert, und er schon mehrmals die Hosen runtergelassen hat, kann sie sich auch einmal melden. Aber vorher nicht! Nur einmal, sonst bekommt er sofort Oberwasser.
- Falls er sie anruft, gilt dasselbe. Sie ruft nicht an. Auch nicht zurück.
- Selbst wenn er sagt: »Du kannst dich auch mal melden«, meldet sie sich nicht.
- Wenn er die schriftliche Konversation kurz unterbrechen muss, weil er zum Beispiel telefonieren oder sein Kind füttern muss, schreibt er: brb (»be right back«), damit sie weiß, dass es gleich weitergeht.
- Unmöglich: Digital-Dater, die während des Digital-Dates einfach verschwinden, ohne etwas zu sagen, und dann zwei Tage später wieder auftauchen, als wäre nichts.
- Unmöglich: Lange Pausen innerhalb der Unterhaltung, denn die zeigen ganz klar, dass der Digital-Dater entweder mit etwas beschäftigt ist, das seine Aufmerksamkeit mehr in Anspruch nimmt als die digitale Plauderei, oder er chattet nebenbei noch mit anderen, die ihn auch mehr beanspruchen.
- Man verabschiedet sich! Wenn die Konversation beendet werden soll, schreibt er (nicht sie): »Ich umarme Dich/Ich küsse Dich.« Oder etwas anderes Liebevolles.
- Er meldet sich auf keinen Fall innerhalb der nächsten Tage

wieder, sonst ist es nur schnelles Flachlegen, oder ihm ist langweilig und er braucht wahllose Dauerberieselung.

Oft kommt es vor, dass aus #digital-dating Digital-Fucking wird. Das ist meistens nur einseitig und natürlich seitens des Mannes der Fall. Eine #lady ignoriert das einfach.

Er: »Es gäbe in diesem Moment nichts, was ich mir mehr wünschen würde, als mit Dir hier oder sonstwo rumzuschieben.«

Sie: »Träumen darfst Du.«

Er: »Warum? Je intensiver ich darüber nachdenke, desto besser wird die Idee.«

Sie: »Welche Idee?«

Er: »Na, ich würde unglaublich gerne mit Dir rumwummeln.«

Sie: »Ich muss los.«

Er: »Lass mich doch nicht so hängen!«

Sie: »Bye!«

Es ist leider nicht so, dass durch das Digital-Fucking-Angebot des Mannes die #vaginalsucht der Frau ausgelöst wird. Dies erfolgt ausschließlich durch den Mangel an Aufmerksamkeit und die daraus resultierende #aufmerksamkeitssucht, nicht durch sexuelle Angebote oder, wie viele Männer denken, indem sie ihr Geschlechtsorgan zeigen. Frauen funktionieren über Sehnsucht, Unerreichbarkeit und die Verführung des Verbotenen. Verführerisch verboten ist #digital-dating zum Beispiel dann, wenn man es nachts im Bett betreibt und der eigene Mann schlafend danebenliegt.

Ein erfahrener Digital-Dater schrieb seiner Angebeteten im Chat folgende weise Worte, die das Digital-Dating auf den Punkt bringen:

»Alles, was wir uns jetzt gerade schreiben, wird immer größer sein als das, was uns unsere Körper jemals vermitteln könnten.«

Durch das Digital-Dating wird eine sehr hohe emotionale Ebene erreicht, und es ist immer einfacher, schriftlich ehrlich zu sein als in der harten und ungeschönten Realität, wenn man sich aus Fleisch und Blut gegenübersitzt.

Achtung! Wenn im Vorfeld des Digital-Datings Onlinestalking stattfindet, also der Angreifer seine Beute im Visier hat oder ein Digital-Dating schiefgegangen ist und jetzt der andere gestalkt wird, muss darauf achtgegeben werden, dass das Stalking nicht auffliegt. Folgendes ist zu beachten:

- nie etwas vom Stalk-Opfer liken!
- alle Comments beim Stalk-Opfer verkneifen! (und wenn's noch so lustig wäre)
- offline gehen während der Stalkerei
- auf Instagram das Stalking-Opfer nicht followen

#dating-rules

Die richtige Dosis an werbender Aufmerksamkeit, Zurückhaltung und #digital-dating führt mit hundertprozentiger Sicherheit zum jeweiligen Ziel. Da beim #modern-dating heutzutage die Dater das #digital-dating zwangsläufig im Vorfeld in Anspruch nehmen, findet auch kein Date mehr ohne #digital-dating statt. (siehe #digital-dating)

Ab einer gewissen Reife der Beteiligten verfolgt die Date-Night ein eindeutiges Ziel: #sex. Wenn ein Mann ab vierzig einen Abend mit einer Frau als Date (nicht Businessdate) plant und durchzieht, erwartet er meistens als Belohnung am selben Abend einen Besuch in seinem oder ihrem Bett. Geht sein Plan nicht in Erfüllung, ist er entweder enttäuscht oder verliebt. Kommt es während der Date-Night zum #sex, kann es sich wiederholen und irgendwann zu einer Beziehung werden. Muss aber nicht.

Bei einem Date muss er im Vorfeld der Frau suggerieren, dass er sich nichts sehnlicher wünscht, als sie endlich zu treffen. Dazu muss er sie fragen, ob sie Lust hat, ihn zu treffen. Wenn sie Lust hat, wartet sie während des #digital-datings oder während ihres ganzen Lebens, bis er etwas vorschlägt. Er kann sie fragen: »Isst du gerne japanisch?« – Oder er sagt während des Digital-Dates unerwartet: »Komm nach Montevideo. Ich will dich abends im Casino treffen am Black-Jack-Tisch um zweiundzwanzig Uhr. Das Casino in Montevideo ist dreihundert Jahre alt und wunderschön, bitte lass uns dort treffen.«

So ein Vorschlag haut den stärksten #susi-schreck um, und auch jede noch so übersättigte #lady wird nur noch ein leise schnappendes Geräusch von sich geben.

Aber vorher unterhält er sich noch ein wenig mit ihr. Und fragt sie natürlich immer wieder: »Haben wir wirklich ein Date im Casino? Nicht, dass du mir absagst.«

Ein perfektes Date muss im Grunde nur eins tun: alle Erwartungen übertreffen. Weitere Regeln sind:

- Das Date muss von dem Mann vorgeschlagen werden, sonst zählt es nicht.
- Der Mann muss dabei nüchtern sein, Date-Angebote von Betrunkenen, so romantisch sie sich auch anhören mögen, sind wertlos.
- Dates, die von einer Frau vorgeschlagen werden, zählen nicht.
- Die Ausrede »Ich bin doch erwachsen und emanzipiert, dann kann ich auch einen Kerl fragen, ob er Lust hat, mit mir was trinken zu gehen …« ist Blödsinn. Sobald die Frau den Mann fragt, ob er sich mit ihr treffen will, ist das Spiel schon verloren.
- Ein Mann, der als Date vorschlägt, zu ihr nach Hause zu kommen, ist ein Vollidiot.
- Ein Mann, der sich nicht davon abbringen lässt, zu ihr nach Hause zu kommen, ist ein hoffnungsloser Vollidiot. Eine Frau will sich bei einem Date sexy fühlen und nicht auch noch einen Typen bewirten und bespaßen, der ihr Sofa platt sitzt.
- Ein Mann, der nicht weiß, dass man sich abends datet, maximal nachmittags, ist ein Vollidiot.
- Ein Mann, der ein Date für neun Uhr morgens zum Frühstücken vorschlägt, ist ein hoffnungsloser Vollidiot. Am besten

noch zeitlich begrenzt, weil er um halb elf seinen Sohn abholen muss.

- Eine Frau, die um neun Uhr morgens mit Brötchen und Eiern bei ihm klingelt, weil er um halb elf seinen Sohn schon abholen muss, ist eine Vollidiotin.
- Ein Mann, der auf ein Date am selben Abend drängt (»Ich kann nur heute, morgen muss ich nach Köln.«), obwohl sie sagt, dass sie keine Zeit hat, ist ein Vollidiot.
- Ein Mann, der denkt, eine Frau fühlt sich besonders sexy beflirtet, wenn er beim ersten Date sagt: »Ich koche für dich!«, ist kein Vollidiot, aber er weiß nicht viel.
- Bei einem Dinnerdate im Restaurant muss er das Restaurant vorschlagen.
- Bei einem Dinnerdate an einem weit entlegenen Ort muss er die Anreise (Flug, Driver) organisieren und auch bezahlen.
- Er fragt sie nicht am Abend des Dates: »Wo willst du denn hingehen?« ... auch nicht, wenn sie sich an einem Samstagabend in London befinden und er wirklich keinen Plan hat.
- Er schlägt weder trashige Plastikstuhllokale mit Neonlicht vor, »wo es das beste Curry der Stadt gibt« und sie sich in ihrem sexy Cocktailkleid fühlt wie ein Callgirl nach der Arbeit, noch ein überlaufenes, überhippes Lokal, in dem er lauter Leute kennt, die ständig an den Tisch kommen und die Stimmung zerstören, um zu zeigen, was für ein toller Hecht er ist. Ein netter Italiener mit gutem Essen will do.
- Er fragt sie nicht: »Wollen wir uns einen Burger teilen?«
- Er darf sich Caesar's Salad bestellen, aber bitte nicht, weil er »vier Kilo mehr wiegt als letztes Jahr um diese Zeit«.
- Er sagt nicht: »Ich habe gar keinen Hunger, weil ich vorhin schon einen Döner gegessen habe.«
- Wenn er keine Ahnung von Wein hat, gibt er ihr die Karte und sagt: »Such dir aus, was du willst.« – Er fragt nicht: »Was kostet die Flasche?« (Augen zu und durch.) Er schenkt ihr nach.

- Er fragt sie, ob sie noch etwas möchte: Espresso, Torte oder einen Schnaps.
- Er fordert die Rechnung an und begleicht sie unauffällig. Unauffällig heißt: Er studiert sie nicht minutenlang, und er zieht nicht die Augenbrauen dabei hoch und schnaubt nicht und schüttelt nicht empört den Kopf.
- Sie bedankt sich laut und deutlich bei ihm für das tolle Abendessen. Tut sie das nicht, hat sie kein Benehmen.
- Er gibt ein angemessenes Trinkgeld von zehn Prozent. Nur einen Euro zu geben, ist fast so stillos wie vierzig Euro bei einer Rechnung von sechzig Euro.
- Obwohl er die Rechnung gezahlt hat, zahlt er auch das Taxi und danach die Drinks in der Bar. Sie könne sich ja das nächste Mal revanchieren, sagt er zu ihr, damit sie Ruhe gibt.
- Er legt seine Hand an der Bar auf ihren Hintern.
- Er fährt sie mit dem Taxi nach Hause, auch wenn es ein großer Umweg ist. Ein Abschied am Taxistand ist sehr unromantisch. Eine gemeinsame Taxifahrt durch eine nächtliche Stadt dagegen ist sehr romantisch.
- Sie bedankt sich zum Abschied noch einmal bei ihm für den schönen Abend, das super Essen, die Drinks und die wunderbaren Gespräche.
- Er kann sie im Taxi küssen. Jetzt wird sich entscheiden, ob es in dieser Nacht noch zum Äußersten kommt oder nicht.
- Wenn nicht: Er schickt, anders als er es vor zehn Jahren getan hätte, nach dem Date eine liebevolle SMS: »Das war ein schöner Abend, hoffentlich bald wieder. Kiss, R.«
- Er meldet sich erst nach frühestens einer Woche wieder, besser erst nach zwei. Er weiß ja, dass achtundsiebzig Prozent der sexuellen Begierde bei Frauen durch Verlangen und Sehnsucht entstehen.

Wenn noch gemeinsam übernachtet wird:

- Er schickt am nächsten Tag eine SMS und bedankt sich für den supertollen Abend.
- Er meldet sich danach mindestens eine Woche lang nicht.
- Sie meldet sich nicht!! Egal wie vertraut und intim es war, sie meldet sich auf gar keinen Fall! Wenn sie sich meldet, dann nimmt das ganze Spiel eine vollkommen falsche Wendung, und er bekommt sofort Oberwasser. Sie legt sich ein flauschiges Handtuch zurecht, auf das sie beißen kann, damit sie vor Sehnsucht nicht verrückt wird, und nimmt dazu pflanzliche Beruhigungsmittel.
- Wenn er sich meldet, wird sie beinahe in Tränen ausbrechen vor Glück und Erleichterung. Das Gefühl ist unbeschreiblich. Er kann sagen, was er will, sie wird die ersten zwanzig Minuten nichts mitbekommen vor Schwindel.

Wenn das Date wider besseres Wissen zu Hause stattfindet:

Das erste Date zu Hause abzuhalten ist wirklich absoluter Susi-Style, dies gleich vorneweg. Frauen stehen da in Wahrheit überhaupt nicht drauf, aber welche wagt das schon zuzugeben, und Susi-Männer lieben es. Sie denken, wenn sie für die Frau kochen, dann fühlt sie sich besonders verwöhnt und umworben, es bedeutet weniger Stress für sie, und es kommt mehr bei rum. Meistens sind die Kochskills dann noch viel bescheidener als angekündigt, denn wer wirklich gut kochen kann, hat es nicht nötig, damit aufzutrumpfen. Nur die Susi fühlt sich in den eigenen vier Wänden im Element und denkt, er könne als Koch mehr punkten als in einem Restaurant und die Frau werde von seinem Essen und seinen Taten unglaublich beeindruckt sein. Aber meistens ist das Gegenteil der Fall. Frauen wollen in keiner Männerküche im Kochdunst an einem Holztisch sitzen und stundenlang warten, bis er endlich umständlich etwas Salat angemacht und auf zwei Teller verteilt hat, um dann noch mal eine Stunde später zwei winzige Tuna-Filets – entweder zu roh oder zu durch – gebraten auf ihrem Teller liegen zu sehen. Und sich dann noch endlos bedanken und seine Kochkunst loben. Frauen wollen ein richtiges Date. Sie wollen endlich ein schickes Kleid anziehen, in einem super Restaurant ein Glas Champagner in der frisch manikürten Hand halten und wissen, alle schauen sie neidisch an. Natürlich hat der Mann in ihren Fantasien gleich eine Flasche Ruinart Rosé bestellt. All das wird es bei ihm zu Hause wahrscheinlich nicht geben, dafür etwas Beklemmung, ausgelöst durch die allgemeine beiderseitige Überforderung.

Die meisten Frauen springen allerdings trotzdem sofort darauf an, wenn er sagt: »Ich koche für dich.« Weil die Susi ja ohnehin auf vernachlässigte und aufmerksamkeitshungrige #susi-frauen trifft, für die alles mehr als genug ist. Auch #susischrecks lassen sich zu einem Dinner nach Hause einladen, doch sie outen sich natürlich im Laufe des Abends als #susischreck, indem sie sich nicht besonders beeindruckt zeigen und ihn vielleicht fragen, ob er das Fleisch noch mal braten kann, denn es sei ihnen zu roh. Am Ende des Abends ist klar: Es kommt zu keiner zweiten Begegnung.

Verwöhnte #ladies nehmen als erstes Date eine Einladung nach Hause erst gar nicht an – außer es handelt sich um eine Dinnerparty mit vielen anderen – und kontern mit: »Ich besuche keine fremden Männer in ihren Wohnungen.« Die Susi lacht dann blöde, weil er ja kein Gentleman ist und nicht versteht, was an seinem Küchentisch anrüchig sein soll. Doch die #lady weiß, wie peinlich und unangenehm es ihr sein wird, dem Mann in seiner Küche beim Herumhanteln zuzusehen, zumal er wahrscheinlich nicht wirklich kochen kann, seine Wohnung schlecht geheizt und sein Mineralwasser zu viel Kohlensäure haben wird.

Eine erstes Date zu Hause ist zu intim, zu persönlich und gibt viel zu viele Einblicke in die Persönlichkeit des Mannes. Frauen wollen das nicht, es ist ihnen zu unsexy, wenn sie vor dem ersten Kuss seine Zahnbürste schon gesehen und sein Duschgel schon gerochen haben. Und was, wenn seine Handtücher verwaschen sind und eine Flasche CK One in seinem Bad steht? Oder er Lätta in seinem Kühlschrank stehen hat? Dann ist der Ofen aus, und sie wird ihn nie küssen, aber Susis finden das alles nicht schlimm. Sie laufen auch in der ersten gemeinsamen Nacht schon nur mit Unterhose und Socken bekleidet durch die Wohnung. Was die Frau gerne hätte, interessiert sie nicht, sonst wären sie keine Susis.

Aber selbst für Susis gelten Regeln:

- Er fragt vorher: »Gibt es etwas, was du gar nicht isst?« Heutzutage sind doch alle Frauen Vegetarierinnen, vegan, haben dies und das, siehe #health-food-sucht. Oder sind einfach nur komisch und spinnen etwas.
- Er kauft nicht nur zwei Scheiben Schinken oder zwei Jacobsmuscheln für die Vorspeise, denn es darf ruhig etwas übrig bleiben; dasselbe bei der Hauptspeise: 120 Gramm Fisch pro Person sind zu wenig.
- Wenn die #lady für zwanzig Uhr bestellt ist, sollte das Essen um einundzwanzig Uhr auf dem Tisch stehen, und nicht erst gegen Mitternacht.
- Er bittet sie auf gar keinen Fall, die Schuhe auszuziehen. Eine #lady kommt selten in schlammbespritzten Springerstiefeln zu einem Date, und wenn doch, sagt er: »Schöne Springerstiefel …«, und grinst sie an.
- Ein Mann hat diverse Getränke und von allen reichlich. Auch Mineralwasser aus Flaschen trotz einer vorhandenen Wasserleitung. Er besitzt guten, aber nicht lächerlich teuren Rotwein, guten, gekühlten Weißwein und sehr guten Champagner.
- Er besitzt keine kleinen Oma-Flaschen Pinot Grigio und Blanc de Blanc, den sie noch nicht einmal zum Kochen verwenden würde.
- Er hat den Rotwein nicht in den Kühlschrank gestellt. Merke:

Weißwein und Champagner müssen gekühlt sein, Rotwein sollte Zimmertemperatur haben.

- Er besitzt Rotweingläser.
- Seine Eiswürfelsituation ist eine gut sortierte.
- Seine Wohnung ist im Winter ordentlich beheizt.
- Wenn sie kommt, lässt er mittellaut Musik laufen.
- Ein Mann, der keine Musik hört, sollte sich eine Compilation zusammenstellen lassen mit klassischen smooth Jazztunes, damit kann er nicht falschliegen, und er outet sich nicht als seelenloser Banause.
- Wer gar keine Ahnung hat, ist mit so etwas wie »Georgy Porgy« von Toto genau richtig bedient, dazu kann man einen kurzen Tanz alleine oder zu zweit aufführen, es ist romantisch genug, um sich zu küssen, oder man kann dazu gut Drinks zubereiten und sich unterhalten.
- Nach dem Essen geht man ins Wohnzimmer, nicht ins Schlafzimmer.
- Wenn sie rauchen möchte, bringt der Dater einen Aschenbecher und schickt sie nicht auf den Balkon.
- Er fragt sie ruhig etwas aus und redet nicht nur von sich.
- Er redet nicht über seinen Job oder die Firma. Frauen hassen das und interessieren sich null dafür.
- Wenn sie schon gegessen und mehrere Glas Wein getrunken hat, bietet er ihr keinen Joint an. Ihr wird schlecht werden, und das Date ist schnell beendet.
- Er sagt nach dem Essen in der Küche nicht zu ihr: »Wollen wir uns bei mir im Bett einen Film ansehen?« (Eine Frau, die sich nach dem Essen zu ihm ins Bett setzt, um »einen Film zu sehen«, muss sich nicht wundern, dass sich niemand wirklich für sie interessiert.)
- Wenn sie fahren will, ruft er ihr eine Uber-Limousine, die Kosten werden von seiner Kreditkarte abgebucht.
- Er darf sie zum Abschied küssen, sofern nicht schon geschehen, er muss es aber nicht.

- Wenn sie dableibt, dann bekommt sie am nächsten Morgen wenigstens einen Kaffee.
- Er schickt eine SMS, um sich bei ihr zu bedanken.
- Er meldet sich frühestens nach einer Woche wieder.

Regel für den Tag nach dem Date:

Kommt es zum #sex, muss er sich am nächsten Tag für den schönen Abend und was sonst noch war bei ihr bedanken. Kommt es nicht zum #sex, muss sie sich bei ihm melden und sich bedanken. Tut sie das nicht, weiß sie nicht, was sich gehört.

#bootycall
oder: Willst du Fi(lmgu)cken?

Bootycall ist die saloppe Bezeichnung für #sex auf Bestellung. Aber nicht gegen Bezahlung und von einer professionellen Hilfskraft ausgeführt, sondern einfach so, aus Freundschaft und ganz spontan. Der Mann hat am – meistens späten – Abend plötzlich Lust auf #sex und ruft oder textet eine nette alte Bekannte an, die weiß, wie es läuft, und dann läuft es auch. Sie kommt, es wird gevögelt, und dann geht sie wieder – entweder danach oder am nächsten Morgen, es gibt keinen weiteren Stress.

In den Kapiteln #alterssexsucht, #dater und #wiedervorlage wurde das spätabendliche Herbeirufen von Damengesellschaft schon beschrieben. Die Wiedervorlage wird gerne mithilfe von Bootycalls gedatet, und auch für das Zelebrieren der #alterssexsucht ist der Bootycall eine willkommene Erfindung. Aber Achtung: Bootycall ist lediglich eine Methode des Datings, nur der Weg zur Erfüllung der Sehnsucht nach Geschlechtsverkehr, aber kein Sexspiel!

Viele Frauen haben ein sexerfülltes, aber ansonsten vollkommen unerfülltes Verhältnis zu einer alternden Susi und kennen jeden Winkel seiner Wohnung, ohne je gemeinsam ein Restaurant betreten zu haben oder in einer Bar gesessen oder gar das gemeinsame Besuchen einer Party erlebt zu haben. Sie werden immer nur zu ihm nach Hause in die Susi-Bude bestellt. Manchmal früher, manchmal später am Abend, aber immer ohne das ganze Drumherum: Dinner, Kino, Bar, Café, Eis, Golfplatz oder was man sonst so macht. Bootycalls erübrigen diese Sorte von Zeitvertreib. Bootycalls sind schnell, günstig und zielorientiert.

Der Bootycall kann schon am frühen Nachmittag eintreffen, für eine Bestellung um zweiundzwanzig Uhr. Es wird lediglich ein Mobiltelefon benötigt und eine (oder mehrere) Nummern von verlässlichen Bekanntschaften. Verlässlich bedeutet, dass die Frau bootycallerfahren ist und weiß, wie man sich zu verhalten hat. Sie weiß, worum es geht, wenn man nach einundzwanzig Uhr eine SMS erhält mit der Frage, ob man nicht noch vorbeikommen wolle. Und sie weiß auch, dass sie sich danach nicht melden darf und keinen Anspruch auf Liebe oder Freundschaft hat. Es gibt auch den Digital-Bootycall, ohne ein echtes Treffen. Der Digital-Bootycall befriedigt das Bedürfnis der Susi nach einer (durch Alkohol und Drogen ausgelösten) spätnächtlichen digitalen, emotional aufgeladenen Konversation. Anders formuliert: Der Typ sitzt so einsam und notgeil zu Hause herum, dass in ihm das dringende Bedürfnis nach Sexting mit einem beliebigen Opfer entsteht. Sexting kann über Facebook, WhatsApp oder SMS laufen. Und es findet grundsätzlich sehr spät in der Nacht statt. Ladies und Susi-Schrecks kennen das und lassen ihn mit »Ich muss schlafen, gute Nacht« abblitzen. Nur die aufmerksamkeitshungrigen Susi-Frauen sind erfreut und lassen sich immer wieder nachts auf ausuferndes, sinnloses Sexting ein.

Bootycalls sind keine rein männliche Angelegenheit, denn natürlich gibt es auch Frauen, die sich mithilfe von Bootycalls Männer zu sich nach Hause rufen, aber Männer sind definitiv die größeren Fans dieser Methode. Männer, die sich für Bootycalls hergeben, sind natürlich Monster-Susis, ein cooler Mann lässt das höchstens einmal mit sich machen, wenn er zufällig sehr betrunken, gelangweilt und notgeil ist.

Hinweise auf einen Bootycall sind:

- Der Besuch/das Gespräch wird immer erst ab zweiundzwanzig Uhr eingefordert, meistens sogar sehr viel später.
- Die Einladung lautet: »Komm doch vorbei.«/»Schau dir meine Wohnung an.«/»Lass uns einen Film schauen.« (Film schauen ist das Synonym für: #sex. Auch wenn sie fragt: »Wollen wir einen Film schauen?«, heißt das übersetzt: »Ich will #sex.«
- Er ruft sie mitten in der Nacht an und fragt: »Wo bist du?« Und: »Was machst du noch?«
- Er bietet mitten in der Nacht ein Treffen an: »Kann ich vorbeikommen oder willst du zu mir?«

Bei ganz harten Fällen von #alterssexsucht und Susis mit besonders schweren Entzugserscheinungen von Aufmerksamkeit kann sich der Bootycall folgendermaßen äußern: Er textet sie an, er sitze beim Business-Dinner, sie solle zu ihm ins Restaurant kommen, um dann gemeinsam zu ihm zu fahren. Sie kommt, sie fahren zu ihm, er spielt kurz an seinem Laptop in der Küche herum, dann landen sie direkt im Bett. Er schläft nach dem #sex sofort ein, denn er hatte einen langen Tag.

Bootycall-Rules für Männer:

- bei der Kontaktaufnahme Interesse heucheln für ihre Person (»Was machst du gerade?«)
- vertrauenseinfühlende und Nähe erzeugende Fragen wie »Wie war dein Tag?« stellen (zuhören nicht notwendig)
- klare Ansage machen: »Komm noch etwas zu mir, ich freu mich.«; bei fortgeschrittenen Bekanntschaften: »Hast du Lust auf #sex?« (nicht: »Ich will heute noch ficken.«)
- »Schön, dass du da bist …« (heißt übersetzt: »Mir war langweilig, aber jetzt kann ich ficken und fernsehen gleichzeitig.«)

- »Es ist so schön, wie wir uns verstehen.« (heißt übersetzt: »Gut, dass du auch ficken willst.«)
- nach dem #sex frühestens in der übernächsten Woche wieder melden, sonst gerät die Sache aus den Fugen und der Jagdinstinkt kann nicht erhalten bleiben.
- nicht ofter als zwei Wochen hintereinander treffen, sonst gerät die Sache aus den Fugen und die Frau erwartet mehr

Zu einem erfolgreichen Bootycall gehört, dass man den Kontakt pflegt und sich zwischendurch immer mal wieder nach dem Befinden erkundigt oder ein Lebenszeichen verschickt, denn es trägt zur Erheiterung bei. Zum Beispiel ein lustiges Foto.

Beispiel für einen erfolgreichen Bootycall:

Bootycaller: »Hallo, wie geht's? Ich lieg hier nur rum und chille. Machst du noch was?«

Sie: »Wie schön, da hätte ich auch Lust zu.«

Bootycaller: »Willst du vorbeikommen?«

Sie: »Ja, wollen wir mit einem Tee auf deinen Geburtstag anstoßen?« (Der Geburtstag liegt eine Woche zurück.)

Bootycaller: »Ja, coole Idee. Wann kommst du?«

Sie: »Bin gleich da.«

Bootycaller: »Top.«

Sie: »Hast du eine gute DVD?«

BINGO!

Bootycall-Rules für Frauen:

- nur interessant, wenn Abenteuerbedarf besteht
- keine verletzten Gefühle am nächsten Tag haben
- nichts in der Wohnung zurücklassen mit der Absicht, zurückkommen zu dürfen
- die nächsten Tage nicht mit einer Reaktion/Mitteilung rechnen
- selber auch nicht melden; wenn er sich interessiert, wird er

wiederkommen. (Wenn's gar nicht mehr geht, also wirklich nicht mehr geht, frühestens nach zwei Wochen kommentarlos ein beiläufiges Bild schicken, aber unbedingt geheimnisvoll bleiben.)

- wenn er sich meldet: auf keinen Fall anmerken lassen, dass man gewartet hat! Auf keinen Fall!
- warten, bis er ein Treffen vorschlägt, sonst ist sein Jagdinstinkt vernichtet und die Sache ist totgelaufen

Für smarte #ladies sind Bootycalls natürlich ein absolutes No-go. Smarte #ladies fahren nicht spätabends in eine Wohnung, denn sie bekommen im echten Leben schon mehr als genug Aufmerksamkeit und haben das nicht nötig.

Beispiel 1:

Bootycaller: »Du musst mich mal besuchen und dir meine Wohnung ansehen.«

#lady (flirty): »Wann soll ich denn kommen?«

Bootycaller: »Heute bin ich ab zweinundzwanzig Uhr zu Hause.«

#lady: »Das geht dann ja nicht.«

Bootycaller: »Wieso nicht? Dann eben morgen.«

#lady: »Morgen … mal sehen. Hast du denn abends Zeit?«

Bootycaller: »Hab Termin bis einundzwanzig Uhr.«

#lady (leicht pissed): »Dann bist du wieder erst frühestens um zweiundzwanzig Uhr zu Hause, also hast du keine Zeit!«

Bootycaller: »Wieso nicht? Ab einundzwanzig Uhr dreißig hab ich Zeit.«

#lady (genervt): »Das ist mir zu spät.«

Das geht ewig so weiter, am Ende treffen sie sich an einem Samstagnachmittag. Sie haben Hunger, gehen essen, und er muss sie einladen. Alles anders als geplant. Aus dem Bootycall wird ein normales Date, weil sie eine #lady ist und gar nicht anders kann. Außer, sie ist unglücklich verheiratet und braucht Abwechslung oder muss sich mit etwas Obszönem bestrafen oder will bewusst low sein, dann ist eine Ausnahme möglich.

Beispiel 2:

Die #lady ist mit ihren Freunden auf einer Party in der schönsten Bar der Stadt. Kurz nach zwölf klingelt ihr iPhone, und der sexy Typ ist dran, den sie letzte Woche kennengelernt und vorgestern zufällig wiedergetroffen hat. Er hat Frau und Kind, kommt also als Target nicht infrage.

Er: »Wo bist du?«

Sie: »Auf der Party in der Bar«, sagt sie. (Worauf er direkt Bescheid weiß.)

Sie: »Komm doch auch. Es ist lustig hier.«

Zwanzig Minuten später kommt er und stellt sich zu ihr, als würde er erwarten, dass sie ihr Gespräch sofort unterbricht. Sie will ihn ihren Leuten vorstellen, aber er wird komisch und setzt sich woandershin. Dann behauptet er, er müsse kurz telefonieren, und verschwindet.

Erst Wochen später wird ihr klar, dass das ein Bootycall war. Er war gekommen, um sie abzuholen und dann zu ihr zu fahren für eine schnelle Nummer. Aber das geht eben mit einer #lady nicht.

Beispiel 3:

Auch konkrete und zeitlich früher anvisierte Bootycalls führen bei einer #lady nur sehr selten zum Erfolg:

Bootycaller: »Was geht bei dir heute?«

Sie: »Gleich irgendwann Dinner ... Und bei dir?«

Bootycaller: »Ich hab auch grad gegessen. Bin mega im Arsch ... Hab aber Bock auf #sex.«

Sie: »Da gibt's sicher ne Hotline für.«

Bootycaller: »Klar gibt's die, aber auf bezahlten Sex steh ich nicht.«

Sie: »Gott sei Dank gibt es genug verzweifelte Frauen da draußen.«

Bootycaller: »Verzweifelt? Doch nicht beim #sex mit mir …«

Sie sagt nichts mehr.

#ängste

Neben der Grundangst vor Frauen, die in ihrer Persönlichkeit so weit entwickelt sind, dass sie in diesem Buch als #susi-schreck bezeichnet werden, hat die erwachsene Susi auch noch eine Menge anderer ausgewachsener Ängste.

1. Angst vor Kontrollverlust oder davor, nur ein Angestellter zu sein. Das Bedürfnis, die ganze Welt zu regieren, aber nicht zu können, basiert auf der Kontrollverlust-Angst und ist ein Zeichen seines spärlich entwickelten Egos. Die Angst lässt die Susi zu einem Remote-Control-Maniac (siehe #kontrollsucht) werden. Die Susi hat deswegen Fernbedienungen oder Apps für alles, was er kontrollieren kann: sein Licht, seine Musik, seine Klimaanlage. Er kann einen Button pressen oder eine Schaltfläche drücken und etwas TUN, verändern. Das beruhigt ihn ungemein.
2. Angst vor Motten. Mottenangst bringt die Susi dazu, überall, wirklich überall in jeder erdenklichen Ecke übel riechenden Celaflor-Nexa-Lotte-Mottenschutz mit natürlichen ätherischen Ölen gegen Kleidermotten anzubringen. Eine speziell entwickelte Membrane gibt kontinuierlich ge-

ringe Mengen des natürlichen ätherischen Öls an die Umgebung ab. Das Produkt entfaltet so seine bekämpfende und abwehrende Wirkung gegen Kleidermotten und deren Larven. Der üble Lavendelöl-Gestank reicht der Susi aber nicht aus, er durchforstet außerdem das ganze Internet und kauft die neuesten wissenschaftlichen Errungenschaften: zum Beispiel Lebendlarven von Schlupfwespen, die – wenn geschlüpft – den Motten den Garaus machen sollen. Folgendes liest die Susi dann dem augenverdrehenden #susi-schreck oder der teilnahmsvollen #susi-frau vor: »Schlupfwespen sind lebende Tiere, die ebenso wie Florfliegen oder Raubmilben zur biologischen Schädlingsbekämpfung eingesetzt werden. Sie werden u. a. gegen Blattläuse, Schildläuse, Woll- und Schmierläuse, aber auch gegen Motten eingesetzt, und zwar sowohl im Haushalt als auch in Industrie und Landwirtschaft und bei der Altbausanierung. Im Haushalt werden Schlupfwespen in der Regel gegen Lebensmittelmotten und Kleidermotten eingesetzt. Der eigentliche Schädling bei beiden Mottenarten sind jedoch nicht die Motten, sondern deren Larven, da sie den größten Schaden anrichten. Die Kleidermotte nistet sich vor allem im Kleiderschrank, in Polstermöbeln und Teppichen ein, wo sie schließlich ihre Eier ablegt.«

3. Angst vor Kalorien und Carbs. Die Susi hat mit steigendem Alter proportional wachsende Angst vor Gewichtszunahme. Das bedeutet den radikalen Verzicht auf Reis, Nudeln, Brot und vor allem böse Kartoffeln, die nicht nur für immer aus der Küche, sondern sogar aus dem ganzen Haus verbannt werden. Die Susi konsumiert nur noch heimlich Carbs, am liebsten schleicht er sich nachts aus dem Bett und genießt sie völlig unbeobachtet in Form von Schokolade. Milch kommt nur noch mit 0,7 Prozent Fettgehalt (und natürlich in Bioqualität) in den Tee der Susi. Die Susi greift beim Einkaufen immer nach allem in der Light-Ver-

sion und bemerkt nicht, dass es komisch schmeckt. Butter ist ganz verboten, und wenn, dann nur Joghurt-Butter.

4. Existenzangst. Das Geheimnis des Erfolgs der Susi ist die Existenzangst seit früher Jugend, die auch der Motor seines Tuns und Schaffens ist. Egal wie viel materiellen Reichtum die Susi durch Fleiß, Geiz und Sich-und-den-anderen-nichts-Gönnen angehäuft hat, es ändert nichts an seiner Angst. Manche Susis sind sogar so infiziert, dass sie sich ein Spezialprogramm auf ihren Rechner geladen haben, das ihnen ihre finanziellen Mittel in der Übersicht zeigt. Nur manchmal, wirklich ganz selten, spinnt das Programm und zeigt versehentlich der Susi am Freitagabend an, er hätte genau 200000 Euro zu zahlende Außenstände. Die Susi sitzt dann übellaunig und von Angst zerfressen mit seinem #susi-schreck im Whirlpool und kaut Fingernägel vor Angst zu verhungern.

5. Angst vor den Nazis. Die Nazis verstecken alles, was die Susi sucht und nicht findet. Schlüssel, Telefone, Fernbedienungen, Klamotten. »Die Nazis haben meine Hose versteckt.« Die Angst vor den Nazis bringt ihn auch dazu, seine Bürgerpflicht zu erfüllen und regelmäßig wählen zu gehen, was er dann auch penetrant von allen anderen verlangt.

6. Angst vor Impotenz. Die alternde Susi hat immer häufiger mit Erektionsproblemen zu kämpfen. #viagra ist darum ein ständiger Begleiter der Susi, gerne auch in flüssiger Form, denn neuerdings gibt es auch Liquid Viagra. Der Hauptgrund für #alterssexsucht.

7. Angst vor dem Ende der Welt. Auch wenn es gut ist, nachhaltig zu denken und sich auf Bioprodukte zu beschränken, ist die Angst der Susi vor dem Ende der Welt durch unsere Umweltverschmutzung so groß, dass sie, wenn der #susi-schreck die Hände mit einem Zewatuch abtrocknet, laut jammert: »Oje, jetzt sterben wieder zehn Bäume, zum

Hände-Abtrocknen ist doch das Handtuch da!« Die Susi trennt natürlich jeden Müll, benutzt übel riechende umweltfreundliche Putzmittel und hat überall Energiesparlampen installiert. Aber täglich die Waschmaschine wegen fünf Unterhosen anzuwerfen, bereitet ihm kein Kopfzerbrechen.

8. Angst vor dem Altsein. Diese Angst wird von den meisten Susis mithilfe jüngerer und extrem jüngerer Gespielinnen bekämpft. Ein weiteres Mittel ist das Abtauchen bei »den jungen Leuten« in den einschlägigen Clubs. Dann sagt die alte Susi: »Ich war schon seit Monaten nicht mehr bei den jungen Leuten, muss mal wieder in die Disco!«
9. Angst vor Krankheiten (Hypochondrie). Die Angst vor Krankheiten treibt die Susi mindestens einmal pro Woche zu einem Spezialisten. Der Susi tut die Lunge vom Rauchen weh, und wenn er zum Pneumologen rennt, der ihm rät, mit dem Rauchen aufzuhören, sagt er: »Aber ist es denn sicher, das dies kein Lungenkarzinom ist?«
10. Angst vor der sexuellen Zukunft und die Angst, nie wieder unglaublich großartigen Sex zu haben mit einer Twentysomethingbitch. Was wiederum die #sexsucht auslöst und die Susi irgendwann zum #lustgreis werden lässt.

Zudem hat die Susi unfassbare Angst vor Prostatakrebs, da sein Großvater daran gestorben ist. Sein Urologe ist darum reich, genau wie sein Zahnarzt, sein Dermatologe und sein Orthopäde. Genauso reich wie die Apotheke, bei der die Susi bei jedem Mückenstich ausgiebig shoppt. Die Hausapotheke der Susi ist umfangreicher als die in jeder Notambulanz, inklusive Blutdruckmessgerät und Wärmepflaster in allen Varianten (Angst vor Rückenschmerzen). Seine Vitamin- und Aufbaupräparate bestellt er im Internet aus Amerika. Auf die Frage des erstaunten Susi-Schrecks beim Anblick der vielen Arztrechnungen auf dem Küchentisch (die Susi ist natürlich Privatpatient), warum er jede Woche zum Arzt gehe und ob er denn Hypochonder sei, sagt die Susi gelassen: »Nein, überhaupt nicht, ich gehe manchmal drei Wochen lang gar nicht!«

Die Susi darf natürlich auch nichts Schweres heben, weil er einen Bandscheibenvorfall hatte. Er sagt zu seiner Susi-Frau: »Das ist einer der Gründe, warum ich kein Kind mehr will. Ich darf eben nichts Schweres heben.«

11. Angst vor dem Tod. Es handelt sich um eine Mischung aus der Angst vor Leid und Schmerz, die der Tod mit sich bringen könnte, und der Angst vor Dunkelheit und etwas Unbekanntem. Nicht ungewöhnlich für Normalsterbliche, aber die Susi hat schon sämtliche Patientenverfügungen ausgefüllt, war auch schon beim Notar und hat sein Testament aufgesetzt und beglaubigen lassen.

#süchte

Die erwachsenen Susis, #susi-frauen, #susi-schrecks, #ladies, #awas und Männer werden von diversen Süchten geplagt, die sie mehr oder weniger gekonnt in ihren Alltag einbauen. Keine der in den nächsten Kapiteln genannten Süchte wird von den Betroffenen als Suchtproblem empfunden. Die neuen Süchte sind heimtückisch und kommen gern als gesunde Lebensverbesserer, Lifestyle-Pusher oder sogar als Statussymbole daher.

Aber diese mit Anfang vierzig entstehende Leere, Verzweiflung und #langeweile brauchen einen Zeitfüller und Druckablass. Leider gibt es nicht mehr viel, was die von der #midlife-crisis geplagten Ex-Jugendlichen von ihren wachsenden #ängsten ablenkt oder gar befreit. Wurden Kinder gezeugt, sind diese entweder schon selbstständig oder bieten nicht im Geringsten die gewünschte Erquickung. Eine Sucht kann ablenken (#alterssexsucht, #kaufsucht, #workaholic) oder das Gefühl geben, ein besserer Mensch zu werden, als man glaubt zu sein (#detoxsucht, #fitnesssucht, #health-food-sucht), oder betäuben, damit man sich mit dem Ausmaß des Elends erst gar nicht befassen muss (#altersdrogensucht, #alkoholsucht.)

#alterssexsucht

#Sex spielt bei so gut wie allen Männern ab vierzig eine immer größere Rolle, man kann von einer Obsession sprechen. Die Welt des erwachsenen Mannes teilt sich in zwei Bereiche: den beruflichen und den privaten. Sex beherrscht den privaten Teil. Der gute Freund Alkohol ist zwar meistens auch ein zuverlässiger Begleiter seit der Teenagerzeit, aber da saufen alleine nicht glücklich macht (sondern ganz im Gegenteil eine der größten #ängste, die Angst vor Impotenz, zusätzlich schürt), vögeln hingegen für kurze Zeit schon, entsteht diese neue Art von Sexsucht, die sogenannte Alterssexsucht. Befallen von dieser Sucht sind meistens Männer. Frauen sehnen sich nach Liebe, Geborgenheit und Verständnis, die aber die gleichaltrigen sexsüchtigen Männer ganz und gar nicht gewillt sind zu geben. Sie wollen nur vögeln, und zwar so viel und unkompliziert wie möglich.

Diese Alterssexsucht ist bei Vierzigplus-Männern weit verbreitet und hat nicht wirklich etwas mit der pathologischen Form von Sexsucht zu tun, bei der die Menschen den ganzen Tag nur an #sex denken, Pornos ansehen müssen und besessen von #sex in seiner reinen Form sind. Alterssexsucht entsteht aus Angst vor dem nahenden Ende, aus Frustration und Enttäuschung über die in früheren Beziehungen erfahrene Unterdrückung und Zurückweisung, aus dem Trauma des bereits Versagthabens als Mann, Ehemann, Partner und Vater. Diese tödliche Mischung aus Bindungsunfähigkeit, Nicht-alleinesein-Können-und-Wollen, Torschlusspanik, Altersangst und Rebellion stößt die reife Susi unweigerlich in den Abgrund der Alterssexsucht.

Susis haben Angst vor dem Niedergang, denn der bedeutet den Verlust der sexuellen Anziehungskraft und damit ihrer Potenz, also sehnen sie sich nach ständiger Bestätigung: Für die Susis selbst ist die Sexsucht aber keinesfalls etwas Anrüchiges. Anders als die Spielsucht oder die Tablettensucht kann und muss sie nicht mithilfe einer Therapie behandelt werden. Steht der Schniedel nach wie vor stramm, läuft alles, wie es sich gehört. Insofern ist Alterssexsucht eine bewusste Lifestyle-Entscheidung.

Der Mann will und kann sich nicht auf eine Frau festlegen oder gar eine Beziehung führen. Es liegt in der Natur der Sache, dass er sexuellen Kontakt zu vielen verschiedenen Frauen gleichzeitig hält. Sieht er zwei bis drei Wochen exklusiv eine Frau, befällt ihn sofort die Panik, er könne in eine Potenzfalle geraten sein. Auch leidet die Susi unter dem sogenannten Sexual-Short-Attention-Syndrom, sodass er während des Datens in die Angst verfällt, es könnte jetzt doch nichts anderes mehr gehen, er könnte keine anderen Frauen mehr aufreißen und nur noch dieses eine einzige letzte Opfer und sonst nichts und niemanden haben. Dadurch wird die arme Frau, die natürlich nicht verstehen wird, warum sie auf der Prioritätenliste abgerutscht ist, sofort uninteressant und lästig. Die Susi geht auf Distanz zu ihr und wieder auf die Pirsch. Jetzt datet er auf Vorrat, datet mittags zum Lunch, zum Apéro und bestellt noch Late-Ladies zu sich nach Hause, denn es gibt einen hohen Verschleiß. Denn nicht jedes Date taugt für den Beweis der eigenen Leistungs-fähigkeit. Also datet er so lange, bis er sich wieder ein funktionierendes Netz von Sexmaterial, sprich willigen Frauen, zusammengestellt hat. Und während sich diese in seine Wohnung bestellen lassen, ohne zu wissen, wer die Nacht davor und die Nacht danach in der grauen Bettwäsche gelegen hat, bereitet er schon das nachfolgende Date vor. Er steht unter Aufreißzwang. Und da das mit #sex verbunden ist, kann man ihn folgerichtig als sexsüchtig bezeichnen.

Altersbedingte Sexsüchtige sind hoffnungslos und verloren. Sie können nicht aufhören, denn sie können mit dem Thema Alter nicht umgehen und wissen auch nicht, wie man alt werden soll. Dabei sind fast alle Männer ab vierzig sexsüchtig. Für den älter werdenden (wir vermeiden ab sofort bewusst das Wort: alternden) Mann ist #sex ein gutes Mittel zur Überprüfung der eigenen Jugendlichkeit und der Machterhaltung im männlichen Rudel.

Es gibt zwei bekannte Formen von Alterssexsucht:

1. Die aktive Sexsucht. Die Susi ist davon getrieben, #sex zu bekommen, und übt die Sexsucht mit der jeweiligen Beute gerne mehrmals oder so lange aus, bis die #wiedervorlage, die Fickmaus oder die »Freundin« anfängt, unangenehme Ansprüche zu stellen oder anhänglich zu werden.
2. Die passive Sexsucht. Die Susi redet grundsätzlich fast nur von Frauen als Sexualobjekt, pfeift jedem kurzen Rock hinterher, ratet und gradet alle Frauen in seiner Sichtweite nach ihrer Ficktauglichkeit und gibt – gefragt oder ungefragt – Kunde, wer hot ist und wer not. Der passive Sexsüchtige hat nur selten Dates und noch seltener #sex. Beides ist ihm zu anstrengend. Die Daterei kostet #geld und Kraft, und er ist meistens zu faul, um zu performen. Und #sex ist noch anstrengender. Er hat ungern fremde Mädchen in seinen Gemächern und ist noch ungerner in irgendwelchen Mädchen-

buden. Sollte es dennoch mal passieren, beklagt er sich, wie schrecklich es war.

Alterssexsucht lässt sich an folgenden Anzeichen erkennen:

1. Er hat immer mehrere Frauen gleichzeitig, mit denen er intim ist.
2. Die Frauen, die er datet, wissen nichts voneinander, er ist keine offene Sexmaschine, sondern heuchelt Romantik. Alle Frauen denken, es ist der Anfang einer großen Liebe.
3. Er ist erst verzweifelt, dann unausstehlich, wenn er nicht gerade mehrere Frauen gleichzeitig dated.
4. Er ist unausstehlich und aggressiv, wenn er länger als eine Woche keinen #sex hatte.
5. Es macht ihm nichts aus, dass jeden Abend eine andere mehr oder weniger fremde Frau in seinem Bett liegt.
6. Auch wenn er spät nach einem sehr anstrengenden Tag im Büro voller Meetings nach Hause kommt, will er keine Ruhe, sondern bestellt sich eine seiner Gespielinnen. (siehe #bootycall)
7. Er lässt auch mal seinen zehnjährigen Sohn zwei Stunden allein mit WLAN, nur um schnell jemanden zu treffen.
8. Er hat oft zwei bis drei Dates an einem Tag. Lunch, Kaffee, später Dinner, während eine andere zu Hause schon in seinem Bett sitzt und fernsehend auf ihn wartet. Er hat sie bestellt, in die Wohnung gelassen, ihr von einem wichtigen Businessdinner erzählt und ist eiskalt gegangen.
9. Er erzählt gerne, dass ihm #sex nicht so wichtig ist und er einfach nur kuscheln will.
10. Selbst wenn er im Krankenhaus auf dem OP-Tisch liegt und auf die Vollnarkose wartet, scannt er die Krankenschwestern nach ihrer Ficktauglichkeit ab. Kaum ist er aus der Narkose wieder erwacht, ist sein erster Gedanke nicht:

Lebe ich? Wie ist meine Operation verlaufen? Sondern: Ich lebe! Wo ist die süße blonde Krankenschwester?

Frauen leiden selten an Alterssexsucht. Sie versuchen, die Suche nach einem Mann im reifen Alter durch #detoxsucht zu beschleunigen, weil sie glauben, innere Reinheit ließe ihren Sex-Appeal steigen. Auch tritt bei ihnen schon im frühen Alter die #kaufsucht auf. Jetzt kommen die #health-food-sucht, die #fitnesssucht und die #aufspritzsucht hinzu.

#kaufsucht

Fast alle Frauen leiden unter #kaufsucht. Ausnahmsweise ist dies keine späte Erscheinung, die sich erst ab vierzig zeigt, so wie die #alterssexsucht der Männer, sondern sie tritt schon sehr früh auf, der Grad der Abhängigkeit steht bestenfalls in Relation zur Funktionsfähigkeit der Kreditkarte. Beinahe alle Frauen ab zwanzig sind davon betroffen, da so gut wie alle ständig im Netz beschäftigt sind, entweder weil sie einer echten Arbeit nachgehen oder nach etwas suchen oder sich informieren wollen oder sich langweilen. Das Onlineshopping passiert also fast unbemerkt nebenbei. Das Internet ist der Ort, an dem die Menschen nach etwas suchen, von dem sie selbst nicht die geringste Vorstellung hatten, was es sein wird. Etwas, was ihnen ein Instant-Gefühl von Wärme und Geborgenheit verleihen wird. Und natürlich von Glück.

Es ist nicht so, dass, bevor es Onlineshops gab, nicht viel gekauft wurde, aber das Konsumverhalten wurde zumindest von den Jahreszeiten bestimmt (man kaufte nur zu Beginn der Saison und später im Sale) und den Ladenöffnungszeiten (Panikkäufe kurz vor Ladenschluss) oder dem jeweiligen Ort (shoppingfähig oder nicht). Früher, in der guten alten Zeit vor der digitalen Revolution, mussten Kaufsüchtige zum Einkaufsbummel (wie man früher sagte) ausströmen oder zumindest gezielt Geschäfte aufsuchen, um dann mit gut sichtbaren und dadurch entlarvenden Tüten beladen nach Hause zurückzukehren.

Die Kaufsucht war dadurch mit erheblichen Problemen behaftet:

1. Man brauchte Geschäfte. Kaufsüchtige in der tiefsten Provinz oder in konsumfeindlichen Ländern wie Albanien, Irak, Iran, Äthiopien etc. waren ständig auf Entzug und wurden depressiv.
2. Man brauchte Zeit. Die Zeit des Einkaufens schloss andere Aktivitäten wie zum Beispiel das Stillen eines Babys, das bezahlte Herumsitzen in einem Büro oder das Zubereiten einer Mahlzeit aus.
3. Man war abhängig von Ladenöffnungszeiten. Das Wochenende verstrich von Samstagmittag bis Montagvormittag vollkommen ungenutzt, so wie auch die Abende und schlaflosen Nächte.
4. Man brauchte ein Versteck für die Beute, außer man lebte allein. Das mit Tüten beladene Heimkommen war immer unangenehm bis unmöglich. Viele Kaufsüchtige mussten deshalb ihre Waren im Auto lassen, bis eine Gelegenheit es ermöglichte, die Beute an den argwöhnischen Blicken der Mitbewohner (Mann, Freundin, Eltern) vorbei ins Haus zu schmuggeln.

Dank Onlineshopping können Frauen nun ihrer Kaufsucht 24/7 frönen: Während der Arbeit, während der Pediküre und während sie mit einer Hand ein sahniges Püree zubereiten, lässt sich noch schnell checken, ob die Glitzerboots bei Net-A-Porter im Warenkorb bereits reduziert sind. Morgens, mittags, sonntags und nachts. Ohne Parkplatz, Stau und Strafzettel. Ohne dabei gesehen zu werden. Und die Einkäufe kann man sich überallhin schicken lassen, ins Büro oder zu einer Freundin. Niemand merkt etwas, wirklich niemand.

Und als zusätzliches Highlight gibt es noch den Extrabonus: Mit etwas Übung kann man mit jeder beliebigen herumliegenden Kreditkarte rasch einen Kauf tätigen. Man muss die Karte nicht entwenden, nicht stehlen, keine Unterschrift fälschen. Man tippt nur ein paar Zahlen in den Rechner, vollkommen easy und normal.

Es kann zwischen drei Typen der akuten Kaufsucht unterschieden werden:

Typ 1: Zur inneren Befriedigung dient nur der Akt des Erwerbens, die gekauften Sachen werden in der Regel zurückgeschickt. Die Betroffenen haben finanziell meist limitierte Mittel, weshalb sie bei Billiganbietern wie Zalando, Asos, Otto oder Zara einkaufen, deren schlechte Ware sowieso selten gefällt. Das Empfangen, Auspacken, Anprobieren, Wieder-Zusammenpacken und Zurückschicken der Pakete ist ein wichtiger Teil der Sucht.

Typ 2: Bei dieser Form handelt es sich um eine Kaufsucht, die nicht nur durch den reinen Erwerb befriedigt wird, sondern sie wird begleitet von stark ausgeprägter Raffgier und der Angst, etwas zu verpassen, also etwas Kaufbares einer anderen Kaufsüchtigen zu überlassen. Diese Süchtige kauft sich sehr oft Dinge mehrmals, weil sie nicht mehr weiß, was sie alles besitzt. So gibt es in ihren Schränken drei fast identische dunkelblaue und fünf schwarze Jacketts, ein Dutzend schwarzer Pencilskirts und meterweise cremefarbene Seidenblusen. Sie kann oft nachts nicht schlafen, weil ein Teil von Isabel Marant in ihrer Größe bei den einschlägigen Onlinestores nicht mehr verfügbar ist, bis sie mitten in der Nacht das Licht anknipst, das MacBook unter dem Bett hervorholt und beginnt, erst französische und dann US-Anbieter zu durchforsten.

Typ 3: Die härteste Form der Kaufsucht. Betroffene kaufen

nur, um zu kaufen, und schicken die Sachen, wenn überhaupt, erst ab einer gewissen Preisklasse zurück. Alles, was bei Billiganbietern bestellt wurde und nicht gefällt, wird einfach irgendwohin gestopft und vergessen. Was gefällt, wird einmal angezogen und dann vergessen. Kaufen, stopfen, vergessen, kaufen, stopfen, vergessen.

Symptome für Kaufsucht:

1. Kaufsüchtige betreiben ihren Einkauf so selbstverständlich und nebenbei, dass es niemand bemerkt, am wenigsten der Kaufsüchtige selbst. Kaufsüchtige kaufen, während sie mit Typen chatten, mit ihren Müttern telefonieren, während sie die neuen Folgen von »Girls« im selben MacBook sehen und während sie ihre Blusen bügeln.
2. Kaufsüchtige gehen, statt sich morgens über die neuesten Nachrichten des Tages zu informieren, als Erstes auf die Seite ihres Lieblingsonlinestores (meistens Net-A-Porter) und checken ab: Was ist new in? Onlineshopping ersetzt mit einem Schlag die Börsenkurse, NTV, CNN, Netflix, Bild.de, Spiegel.de, Fernsehen, Playstation, Gaming, Gambling und YouPorn.
3. Kaufsüchtige kennen von allen Onlinestores die jeweiligen Tage, an denen neue Ware eintrifft, und werfen gleich morgens, manche noch zu Hause am Frühstückstisch, manche erst im Büro, die Neuheiten in ihren Warenkorb und fürchten dann den ganzen Tag, sie könnten bis abends bereits vergriffen sein. Zwischendurch werden die anderen Shops durchforstet und noch mehr Warenkörbe gefüllt. Die gesamte Auswahl bleibt liegen, bis alle Warenkörbe verglichen sind (es kann ja sein, dass es nebenan eine bessere weiße Bluse mit Rüschen gibt), und zum Schluss wird noch einmal alles angesehen, hinzugefügt, removed und … gekauft! Danach lehnen sie sich erleichtert zurück und schließen die Augen, wie bei einer richtigen Lottozahl. Und wenn sie auf

»Bezahlen« geklickt haben und auf dem Bildschirm »Danke für Ihren Einkauf!« erscheint, macht sich ein glückliches, lang anhaltendes Lächeln auf ihren Gesichtern breit.

4. Kaufsüchtige haben ein sehr vertrautes Verhältnis zu ihrem DHL-Boten. Jedes Mal, wenn er fünf Minuten an der Tür warten muss, damit die Betroffene den Zettel ausfüllt und den Karton zuklebt, weil sie es vor lauter Einkaufen nicht geschafft hat, die Retoure vorzubereiten, schiebt sie ihm einen Fünf-Euro-Schein zu. Entsprechend haben Kaufsüchtige immer eine Clutch Bag parat, ausschließlich für diesen Zweck nur mit neuen Fünf-Euro-Scheinen gefüllt.

5. Kaufsüchtige träumen nachts davon, was sie am nächsten Morgen kaufen wollen, dann wachen sie auf und kaufen es.

6. Kaufsüchtige sind immer online.

7. Kaufsüchtige sprechen nicht über ihre Kaufsucht. Mit niemandem.

#alkoholsucht

Alkoholsucht im Erwachsenenalter ist bei Männern wie Frauen so weit verbreitet und selbstverständlich vorhanden, dass es schon Härte und Überwindung kostet, es als »Sucht« zu bezeichnen. Jeder geht mit jedem »auf einen Drink«. Es gibt keine Geselligkeit ohne einen Drink. Es ist, was es ist, nennen wir das Kind beim Namen.

Der männliche Adult-Trinker: Männer trinken grundsätzlich schon in jungen Jahren sehr viel mehr und häufiger als Mädchen, denn nicht zu leugnen ist die Tatsache, dass Männer natürlich bei Weitem viel trinktüchtiger und auch trinkfester sind als gleichaltrige Frauen. Und deswegen sind sie auch die viel größeren Säufer.

Zum einen vertragen Männer natürlich allein aufgrund ihres Körpervolumens viel mehr. Zum anderen ist es so, dass Männer alkoholische Getränke auf eine viel leidenschaftlichere und innigere Art lieben, als Frauen es tun, denn Alkohol ist perfide genau auf männliche Geschmacksnerven abgestimmt. Es läuft einfach viel besser und irgendwie flüssiger in sie hinein, und es schmeckt ihnen absolut fantastisch. Jeder Mann liebt schon als Kind den Geschmack von Bier, woran sich Mädchen, die eher auf klebrig-süße Getränke wie Baileys oder Eierlikör stehen, erst mühsam gewöhnen müssen. Und jeder Mann hat als Erwachsener eine oder mehrere bevorzugte Drink-Sorten, die ihm trotz regelmäßigen, täglichen Konsums nie langweilig werden und jeden Tag aufs Neue sein Herz erfreuen, sodass nie ein Gefühl von Monotonie entsteht. Zum Glück gibt es bei uns in Europa mehr Alkoholsorten, als ein Männerherz begehren kann.

Ein weiterer wichtiger Grund der ungebremsten männlichen Alkoholsucht liegt klar auf der Hand: Männer lassen sich gerne gehen. Frauen sind sehr viel eitler als ihre Geschlechtsgenossen, und Alkohol hinterlässt ab Mitte dreißig nun mal unübersehbare Spuren. Die Trinkerei schwemmt auf, macht dick, und auch das Gesicht wird durch Tränensäcke und Verquollenheit nicht unbedingt ansehnlicher. Schöne Frauen müssen wirklich sehr süchtig nach Alkohol sein, um das in Kauf zu nehmen, wohingegen Männer sich über ihr Aussehen ohnehin nicht so viele Gedanken machen. Und da sie selten mit einer gleichaltrigen Frau zusammen sind, wenn sie trinken, müssen sie sich das bremsende Gejammer über Alkohol-Unverträglichkeit und Schädelweh-Angst auch nicht anhören. Seine junge Twentysomething-Barbie verträgt nicht nur Alkohol ganz wunderbar und betrinkt sich gerne mit ihm, sie lässt ihn auch trinken, was er will, und verzieht nicht nach der zweiten Flasche Wein das Gesicht, als hätte er Gift bestellt.

Aus jungen, männlichen Alkoholkonsumenten, die bei der Wahl ihres Getränks noch relativ unbedarft sind, entwickeln sich im Erwachsenenalter Alkohol-Lover mit einem ganz speziellen Lieblingsdrink. Jungtrinker lieben noch Mischgetränke. Wodka mit abenteuerlichen Strecksubstanzen wie Red Bull macht cool und wach, auch Whisky-Cola ist süß und effektiv. Die Bierflasche schenkt jenen, die sich irgendwo festhalten müssen, Orientierung. Später kann man unter folgenden Trinktypen unterscheiden:

1. Der Weintrinker: Wein zu trinken hat etwas Gepflegtes, Kultiviertes und wird selten als bloße Sauferei erkannt. Der Weintrinker ist meist ein Rotweintrinker, nur wenn es im Sommer zu heiß wird, schwenkt er auf Weißwein und natürlich Rosé um. Weintrinker haben es am leichtesten, denn im Gegensatz zu den anderen Getränken begleitet Wein fast jede Mahlzeit und gehört auf jede gut gedeckte Tafel. Weintrinken assoziiert sogar Bildung. Weintrinker haben natürlich mehr als nur eine simple Alkoholsucht, es ist eine #weinsucht. Über Rebsorten, Weinhänge, Trauben und Jahrgänge schwafeln zu können, verleiht ihrem Tun eine Art Sinnhaftigkeit, egal wie rot die Rotweinnase schon ist.
2. Der Biertrinker: Der erwachsene Biertrinker ist nicht gerade für seinen exquisiten Lifestyle bekannt. Bier trinkt man aus der Flasche, also steht der Biertrinker an Orten, wo er mit seiner Bierflasche in der Hand gut herumstehen kann: an Kneipentheken, in Schmuddelbars und auf Volks- und Straßenfesten. Bier schwemmt irgendwann enorm auf, es resultiert in einem Bierbauch, einem Bieratem und schließlich dem Bierschiss. Man kann sagen, Bier ist unsexy.
3. Der Whiskytrinker: Er ist der härteste unter den Alkoholikern. Er hat seine Persönlichkeit abgetötet, denn Whisky betäubt. Erst die Zunge, dann das Hirn und am Ende auch das Herz. Wer jeden Abend eine halbe Flasche Jack Daniel's oder Chivas Regal mit Cola oder Wasser verdünnt trinken muss, »um sich zu entspannen« oder in Stimmung zu kommen, befindet sich in einer akuten Abhängigkeit.
4. Der Wodkatrinker: Betroffene sind meist Wodka-Tonic-Susis und fühlen sich in den VIP-Bereichen auf rein konsumorientierten Events mit schlechter Musik und Mädchen in zu engen Bodycon-Kleidern und zu hohen High Heels, auf denen sie kaum laufen können, zu Hause. In den letzten

Jahren geben neue, teure Wodkasorten diesen Susis ein besonders elitäres Gefühl, wenn sie sich an einem Beach auf Mykonos oder Ibiza XL-Flaschen Grey Goose in großen, eisgefüllten Plastikwannen leisten können, oder an einem Dreitausend-Euro-Table in einem der unerträglichen Pasha-Clubs dieser Welt flaschenweise Belvedere saufen. Beliebter Begleiter der Wodka-Susis ist Kokain.

5. Der Mischsäufer: Der Mischsäufer trinkt an einem Abend nur zwei Bier, an einem anderen eine ganze Flasche Wein. Wenn er ausgeht, beginnt er erst mit einem Bier (gut für den Magen), darauf folgt ein Weißwein (um zu trennen), und dann erst kommen die Drinks: vier Wodka Tonic, fünf Gin Tonic oder sieben Moscow Mule.

Anzeichen von Alters-Alkoholismus bei Männern:

- Seine Stimmung ist in nüchternem Zustand meistens schlecht. Er ist ohne Drinks sehr ernst, vollkommen humorlos und langweilig. Oder er ist sehr wortkarg.
- Er braucht abends zwei bis drei Gläser seines Spezialgetränks, um in Fahrt zu kommen. Nach dem zweiten Glas werden seine Wangen rosig, nach dem dritten Glas wird er freundlich und beginnt sich wohlzufühlen. Nach dem vierten Glas ist er lustig, nett, macht Witze und legt den Arm um jemanden.
- In Bars und Kneipen trinkt er in der Zeit, in der die anderen ein neues Getränk nachbestellen, zwei bis drei Gläser auf ex.
- Er trinkt eine Flasche Wein oder Champagner alleine, und man merkt ihm nichts an.
- Er trinkt gerne alleine auswärts und auch gerne alleine zu Hause.
- Er will nach einem erfüllten Dienstagabend immer noch auf einen »Absacker« und versteht nicht, dass niemand mehr um zwei Uhr morgens Lust auf noch mehr köstliche Drinks hat. Dann fängt er an zu betteln: »Bitte nur auf einen Absacker! Bitte!«

Nun ist es nicht so, dass die Susis nicht auch merken würden, dass die Trinkerei nicht positiv zu bewerten ist, im Gegenteil, sie leiden unter ihrem Alkoholkonsum. Darum haben sie sich selbst einige Maßnahmen überlegt.

Freiwillige Susi-Alkoholismus-Selbstkontrollen:

1. Alkoholfreie Woche: Legt die Susi immer ein, wenn sie das Maß aller Dinge überschritten hat, beziehungsweise im Suff einen Unfall hatte. Ein Unfall kann ein gebrochenes Bein, ein gebrochenes Herz, eine zerbrochene Windschutzscheibe oder auch unerwünschter Beischlaf sein. Ja, das gibt es, es gibt Leute, die wachen nackt in den Armen einer Transe oder eines Orang-Utans auf und wissen nicht, wie sie dahingekommen sind. Oder sie wachen in einer Ausnüchterungszelle auf und wissen nicht ... Oder sie wachen, wie Tom Parker-Bowles, der Sohn von Camilla, auf einer Parkbank mitten in Berlin auf, haben keine Brieftasche und keinen Hausschlüssel mehr und rufen verzweifelt ihre Freundin an, sie solle bitte schnell kommen. Oder sie haben wie durch ein Wunder selbst bemerkt, dass es ihnen körperlich schlecht geht und wohl das Trinken daran schuld ist. Dann wird eine ganze Woche nichts getrunken. Eine ganze Woche! Die alkoholsüchtige Susi ist während der alkoholfreien Woche antriebslos und nicht zu Scherzen aufgelegt. Wenn man die Susi fragt, ob er Lust hat, essen zu gehen, kommt die Antwort: »Ich habe ja alkoholfreie Woche, aber Kino würde gehen.«
2. Feste Beziehung: Die alternde Susi, die sich vor sich selbst und ihrer Alkoholsucht fürchtet, braucht eine feste Beziehung mit familiärer Anbindung, auch wenn die Freundin ihn nervt und nicht glücklich macht. Die Susi jammert dann gerne bei Freunden, wie dämlich seine Freundin ist.

Freund: »Warum bist du denn immer mit einer Frau zusammen, die dir auf die Nerven geht?«
Susi: »Weil das immer noch besser ist, als jeden Abend auszugehen und sich volllaufen zu lassen.«
Freund: »Dann geh eben nicht aus und bleibe zu Hause und genieße die Ruhe.«
Susi: »Das kann ich eben nicht.«

So steckt die Alkoholiker-Susi oft in zwar festen, aber sehr unglücklichen Beziehungen, weil er die Struktur braucht und eine sichere Anlaufstelle, um nicht ganz verloren zu gehen. Diese Sorte Sauf-Susi ist extrem liebesbedürftig.

3. Alkoholkontrolle durch Arbeit: Geht nicht bei Berufen wie DJ, Clubbesitzer, Gastronom, Winzer. Ansonsten arbeitet die Susi bis zur totalen Erschöpfung, kommt erst nachts spät aus dem Büro, um zu Hause weiterzumachen, und sitzt morgens um sechs schon wieder am Schreibtisch, dasselbe am Wochenende und an den Feiertagen. Sie schützt sich mit krankhafter Arbeit vor der Trinkerei und tauscht auf diese Weise eine Sucht mit einer anderen aus (#workaholic).

Unfreiwillige Susi-Alkohol-Bremsen:
- Führerscheinverlust (meistens nur temporär)
- Entzündung der Bauchspeicheldrüse (chronische Pankreatitis)
- erhöhte Leberwerte durch schlechte Ernährung: fettreiches Essen und Alkohol
- Hepatitis A, B oder C
- Knast

Alkoholismus bei Frauen:
Bei erwachsenen Frauen ändert sich das Trinkverhalten ab

vierzig enorm. Sich am Wochenende regelmäßig beim Ausgehen so zu betrinken, dass man nicht mehr weiß, was man sagt und tut, entfällt. Stattdessen gibt es Restaurantbesuche, Dinnerpartys, Barbesuche unter der Woche, manchmal auch am Wochenende. Und immer seltener Partys. Dazu kommen Urlaube, in denen immer sehr viel mehr getrunken wird, wie der Rosé am Pool, Sangria am Beach, Cocktails vor dem Essen, Vino zum Essen und Drinks nach dem Essen.

Die flüssigen Drogen der erwachsenen Frau sind:

1. Champagner: Da sagt keine Nein. Nach dem fünften Glas geht das Gejammer los. »Bei mir ist ja alles nach dem Modeln blöd gelaufen ...«
2. Prosecco: Wird nicht umsonst Nuttenbrause genannt. Hat aphrodisierende Wirkung, das Glas liegt gut in der Hand und ist cooler als Sekt.
3. Wein: bevorzugt Weißwein, gerne Chablis oder Chardonnay. Im Sommer ist jetzt Rosé auch bei uns sehr modern. Rotwein wird aus Angst vor Verfärbungen der Zähne nur in Maßen und wenn, dann zu Hause getrunken.
4. Weißweinschorle: Wird von sogenannten Schorle-Weibern geliebt. Dürfen schon mal sechs bis acht an einem Abend sein, ist ja nur Wasser.

Zeichen von Alkoholismus bei Frauen:

- öffnet jeden Abend die obligatorische Flasche Wein, die sie allein oder mit einer Freundin trinkt.
- trinkt gerne tagsüber. Samstagnachmittags in der Stadt gibt es, statt wie früher Kaffeechen, zwei bis drei Flaschen Vino bei Guido, dem schicken Italiener.
- hat im Büro immer Wein und Prosecco im Schrank. Wenn es später wird, wird erst mal eine Flasche geöffnet.
- wird in ihrer Lieblingsbar von den Kellnern begrüßt wie ein respektiertes Callgirl.

- braucht überall, egal ob am Beach oder auf der Berghütte, »erst mal einen Drink«.
- trinkt auf der Wies'n die Männer unter den Tisch.

Erwachsene Frauen betrinken sich kaum noch mit durchweg harten Getränken. Sie bevorzugen Cocktails wie Gin Tonic (weibliche Geschmacksnerven schlagen auf Gin an), Whiskey Sour oder Moscow Mules (wegen des gesunden Ingwers).

#aufmerksamkeitssucht

Die Sucht nach Aufmerksamkeit ist ein von jeher bekanntes Phänomen und betrifft Frauen wie Männer im Erwachsenenalter. Frauen tragen die Sucht aufgrund ihrer naturgegebenen Eitelkeit genetisch in sich und sind daher auch grundsätzlich stärker betroffen.

In unserer heutigen Zeit unterscheiden wir vier verschiedene Formen der Aufmerksamkeitssucht.

1. Digitale Aufmerksamkeitssucht

Das digitale Zeitalter mit seinen Hunderten und Tausenden von Internetplattformen, auf denen man seine Befindlichkeiten, seine Gedanken, sein Essen, seine Schuhe, seinen Smoothie, seine Duftkerze, seine Katze und was man alles sieht und was man gerne sehen würde abbilden kann, um darauf zu warten, was die anderen dazu sagen, ist ideal für Selbstdarsteller und Profilneurotiker. Internetplattformen wie Instagram eignen sich hervorragend zur Selbstvermarktung, sie sind einem Katalog für russische Ehefrauen nicht unähnlich. Jeder darf und soll selen, wie man aussieht, wie es bei einem aussieht, wo man sich befindet, das berühmte Selfie eben, vor dem man sich vor einigen Jahren noch gefürchtet hätte: »Wie ... ich soll ein Foto machen von mir selbst in meinem Schlafzimmer vor dem Spiegel vor einem nichtgemachten Bett und einem Haufen Klamotten? Ich soll meinen Nagellack im Badezimmer fotografieren, mit der Klopapierrolle im Hintergrund?« Allein die Vorstellung wäre undenkbar gewesen. Aber heute treibt eine unsichtbare Macht weibliche Wesen ab zwölf Jahren dazu, vor jedem Spiegel, auf öffentlichen oder privaten Toiletten, in Umkleidekabinen und vor sich spiegelnden Schaufensterscheiben stets in der gleichen Stellung in Positur zu gehen, die Lippen zu schürzen und möglichst kokett oder das, was sie unter kokett verstehen, dreinzusehen und sich zu fotografieren. Von den zwanzig bis fünfzig entstandenen Fotos wird das beste hochgeladen. Dann nervöses Warten auf Likes. Irgendwann erbarmen sich die ersten Freundinnen und posten darunter: »Beauty!« Und: »Wahnsinn, wie du aussiehst!« oder: »Love your shoes ...« Vorreiter dieser Kultur ist Paris Hilton, die es schafft, seit zehn Jahren auf jedem Foto gleich auszusehen. Sie hat das Selfie-Gesicht mit Duckface und Augenaufschlag erfunden. Weitere Internet-Aufmerksamkeitssucht-Vorbilder sind: Kim Kardashian und ihre Schwestern Khloé Kardashian und Kendall Jenner, aber auch weniger große wie Liliana Matthäus, die es ohne Internet zu viel weniger Ruhm gebracht hätten.

Manche Frauen sind so schwer suchterkrankt, dass sie – kein Scherz – im Minutentakt Bilder posten müssen, egal ob sie sich in einem Businessmeeting in Stockholm (Fotos vom Konferenztisch und der eigenen Hand, die einen Smoothie hält) oder in einem Hotelzimmer (Foto vom Bett und der eigenen Hand, die einen Smoothie hält) oder in einem Restaurant beim Lunch (Yum Yum) oder am Flughafen (Beauty-Artikel, Abflugschild am Gate, die Bordkarte, der Ausblick aus dem Flugzeugfenster, der Stapel Magazin-Lektüre für die Flugzeit von fünfzig Minuten, die Taxischlange bei der Ankunft, das Paket, das vor der Wohnungstür liegt, die halb ausgepackten Rimowa-Koffer ...). Die Minutenposts kommen von überall, egal ob vom Zahnarztstuhl oder aus dem Dschungel von Nicaragua (Selfie auf staubiger Straße mit einem Smoothie in der Hand).

Es wird keine Rücksicht darauf genommen, was die Menschheit mit dieser Sorte Intim-Reportage anfangen soll. Und wenn es gar nichts zu posten gibt, fotografieren sie ihre Maniküre/Pediküre, ihre Kosmetiktasche, eine Schüssel mit Müsli und zwei Erdbeeren daneben, einige ihrer High Heels in Komplementärfarben, sich selbst in Fahrstühlen, einen Strafzettel oder einfach nur dicke, geschwollene Schweinsfüße mit dem typischen Abdruck ihrer Jimmy-Choo-Sandalen, die sie zusammen mit der halben Stadt bei einem Sale günstig erstanden haben. Die Comments unter dem Schweinsfußbild lauten: »Die Sandalen hab ich auch, hab sie an dem Abdruck erkannt.« – »Ich habe dieselben Schuhe!!!!!!!« – »Die Jimmy-Choos habe ich auch!«

2. Digitale Alters-Aufmerksamkeitssucht

Besonders peinlich sind alternde #susi-frauen, die erst spät die Wonnen des Internets, speziell die Möglichkeiten von Instagram, entdecken und sich komplett darin verlieren. Und zwar so sehr, dass sie Dinge tun, die es vermögen, ihre Umgebung in einen stillschweigenden Scham-Schock zu versetzen.

Aufmerksamkeitssüchtige ab vierzig sollten *nicht*:

- sich selbst vor einem Spiegel fotografieren
- sich selbst mit einem Duckface (geschürzten Kusslippen) fotografieren
- sich selbst in Badekleidung fotografieren oder fotografieren lassen

- Fotos von gleichaltrigen Freundinnen in Badekleidung posten (auch nicht von hinten)
- sich selbst in Unterwäsche fotografieren oder fotografieren lassen
- jeden Tag ein Hundebild posten
- oder ein Landschaftsbild
- oder einen Sonnenuntergang ...
- sich selbst in Sportkleidung im Gym fotografieren
- die eigenen Füße (am Pool/Beach/auf dem Bett/auf der Yogamatte) posten, jedenfalls nicht häufiger als einmal im Monat
- die eigenen Füße im stark geschwollenen Zustand posten
- einen grünen Smoothie im Becher posten
- einen grünen Smoothie in einer kleinen Plastikflasche posten
- sich selbst vor einer Starbucks-Kulisse fotografieren
- das eigene Gesicht aus fünf Zentimeter Nähe im Großbild posten
- sich im Kreise sturzbetrunkener Freundinnen mit aufgerissenen Mündern und Augen vor einer abgewrackten Eventwand posten

3. Hormonelle Aufmerksamkeitssucht

Die dritte Form der Aufmerksamkeitssucht ist die dramatische, naturbedingte Sucht nach rein männlicher Aufmerksamkeit. Es ist die Vorstufe der #vaginalsucht und wird von den Betroffenen mit Liebessucht verwechselt. Die Aufmerksamkeit eines Mannes ist für Frauen durch nichts ersetzbar und absolut notwendig, damit die Frau sich weiblich, sexy, begehrenswert, geliebt und im eigentlichen Sinn existent fühlt. Erst wenn die männliche Kamera sich auf sie richtet, spürt sie sich selbst. Die Gewissheit, eine Frau zu sein, können Frauen nur von Männern bekommen, und sie verwechseln diese Sehnsucht nach Bestätigung oft mit #liebe oder denken, es ist die Sucht nach

Liebe oder die Sucht nach Verliebtheit. Frauen brauchen deswegen einen Mann, auch wenn sie eigentlich keinen brauchen. Das Problem: Wird die Frau älter, richtet sich auch die männliche Kamera weniger bis gar nicht mehr auf sie. Dadurch wird die Frau unglücklich und versucht, diesen Mangel mit den anderen hier im Buch beschriebenen Süchten zu kompensieren.

Ein Mann dagegen kann sich dieses Gefühl des Existierens auch selbst geben, im Berufsleben, beim Fällen eines Baumes oder beim Bauen eines Hauses. Oder auch bei der Jagd auf wilde Tiere. Das ist zwar durchaus ungerecht, aber von der Natur so eingerichtet worden, damit die Frauen auf Männer fixiert bleiben und die #fortpflanzung gesichert ist.

4. Männliche Aufmerksamkeitssucht

Natürlich leiden aber auch Männer unter Aufmerksamkeitssucht. Sie posten dann gerne den Anblick ihres Schreibtisches, die Aussicht aus ihrem Büro, ihr Mittagessen. Oder auffallend häufig: ein Glas Bier vor beliebigem Hintergrund. Besonders schwere Fälle sind die, die ein Leben führen, in dem es gar nichts zu zeigen gibt. Betroffene posten einfach Zeitungsseiten oder Szenen aus ihren Lieblingswestern. Film-Stills aus Westernstreifen zu posten ist das letzte Ventil des Schwachen, Unverstandenen und lässt keinen Spielraum für Interpretationen: Er sehnt sich nach vergangenen Zeiten, in denen das Mannsein so einfach war, weil es keine andere Möglichkeit gab. Es gab nur Cowboys, Sheriffs und Indianer. Easy. Das weibliche Äquivalent würde Hochzeitsszenen aus *Vom Winde verweht* posten.

Dann gibt es die Workaholic-Posting-Susi: Diese Susi postet nicht nur Bilder, sondern teilt sich auch noch schriftlich über jeden Schritt mit. Die solcherart suchterkrankte Susi bedient sich gerne Facebook und dem halb toten Medium Twitter. Instagram ist den älteren Susis zu wenig aussagekräftig, da zu jung und modern, und bringt ihnen zu wenig Publikum. Die Susi rechtfertigt natürlich ihre Aufmerksamkeitssucht mit dem Argument, ihren Job promoten zu müssen.

Nicht wenige Susi-Männer denken, Instagram spiele keine Rolle im digitalen Leben, sondern alles laufe auf Twitter, weil sie nur Twitter im Griff haben und auf den anderen Social-Media-Bühnen mehr liefern müssen, als nur ein paar Worte tippen. Um sich selbst zu beruhigen, postet die Susi sogar das: »Twitter ist wichtig, Instagram und Facebook spielen keine Rolle.«

Typische Aufmerksamkeitssucht-Workaholic-Susi-Posts sind:
- Meeting-Mode!
- Off to Köln! – Flughafen München
- Action-Mode!
- Over and out for today!
- frühes Frühstück! – Hyatt Regency Düsseldorf
- endlich wieder! – Berlin Airport
- Lunch! (und abgebildet ein Schnitzel im Borchardt)
- bitte ein Meeting! – Bitburger Brauerei
- nightshift!
- heading to Munich! – Berlin Airport
- Office-Mode!

Diese Sorte Mann kann durchaus als Super-Susi bezeichnet werden. Ein echter Mann findet eine solche Selbstdarstellung nicht nur mehr als peinlich, er hat auch weder Zeit noch Nerven dafür. Nur die Susi hat es immens nötig und denkt, sie erntet Respekt und Neid, wenn sie zu ihren Ich-bin-so-dick-im-Business-Posts auch noch Selfies von sich vor Sponsorenwänden (idealerweise mit peinlichen Prominenten, am liebsten aus der Politszene) einstellt.

Typische Susi-Berufe, die der Aufmerksamkeitssucht in die Hände spielen:

1. Blogger
2. Eventmanager
3. Marketing-Agentur-Besitzer
4. Politiker: insbesondere Kultursenator/Bürgermeister von Berlin
5. Chefredakteur/stellvertretender Chefredakteur ohne besondere Aufgabe
6. Society-Reporter

#vaginalsucht

Die Vaginalsucht betrifft Frauen im geschlechtsaktiven Alter und bezeichnet die gezielte Fixierung auf einen unbestimmten oder bestimmten Aufmerksamkeitsspender, im Volksmund Mann genannt. Die Fixierung auf einen bestimmten Spender entsteht meistens durch mindestens einmal vollzogenen Geschlechtsverkehr, was den unweigerlichen Ausschuss von Bindungshormonen bei der Frau und Distanzhormonen beim Mann zur Folge hat. Verweigert ein Mann die von ihm gewünschte Aufmerksamkeit temporär oder macht sich nach einiger Zeit der Aufmerksamkeitsschenkung rar oder verschwindet ganz als Aufmerksamkeitsgeber, beginnt bei der Frau, die ja ohnehin unter ständiger #aufmerksamkeitssucht leidet, die Vaginalsucht. Die Fixierung auf einen unbestimmten Aufmerksamkeitsspender wird oft von den Betroffenen mit Liebessehnsucht verwechselt. Das Gefühl, was durch das Nicht-Befriedigen der Vaginalsucht entsteht, wird Einsamkeit genannt.

Die Vaginalsucht ist nicht kontrollierbar und nicht behandelbar. Die durch Geschlechtsverkehr entstandenen Bindungshormone spielen derart verrückt, dass sie das Gehirn außer Gefecht setzen und die Persönlichkeit verändern. In Extremfällen kann Vaginalsucht auch ohne Geschlechtsverkehr ausgelöst werden. Wenn die Frau zu lange unter ihrer unerfüllten Aufmerksamkeitssucht gelitten hat und sich nach Aufmerksamkeit nicht nur gesehnt, sondern regelrecht verzehrt hat, ist sie ein leichtes Opfer für jeden Mann dieser Welt, der dann in der Regel in keiner Weise ihren Vorstellungen entspricht, jedoch durch das starke übermächtige Sehnen zu einer perfekten Projektionsfläche ihrer Bedürfnisse wird. Die vaginalgesteuerte Frau ist ein leichtes Opfer für #digital-dating, Digital-Fucking, zeitraubende Cyber-Egospiele und irgendwann auch für den #bootycall.

Eine von der Vaginalsucht gesteuerte Frau macht Dinge, von denen sie weiß, dass sie kein gutes Ende nehmen werden, wie zum Beispiel ein Verhältnis mit einem verheirateten Mann, der Vater zweier kleiner Kinder ist, anfangen. Es ist verrückt, aber sie kann es nicht lassen. Sie denkt, es ist Liebe, aber es handelt sich natürlich nur um die klassische Vaginalsucht.

Eine nicht vaginalgesteuerte Frau sagt zu einer offensichtlichen Susi, der sich trotz Gebundensein anbiedert: »Melde dich, wenn du frei bist. Ich habe keine Lust auf Heimlichkeiten und Lügengeschichten. Außerdem muss ich auf mein Karma achten.« – Als Dame ihrer selbst ist sie sich für solche Dummheiten zu schade und will sich vor Kummer bewahren.

Oder ein Mann sagt während einer gemeinsamen Reise: »Mir wird alles zu viel, und ich bin mir gerade nicht sicher, ob unsere Beziehung eine Zukunft hat. Aber wir können ja mal sehen, wie es jetzt hier so läuft.« – Die nicht vaginalgesteuerte Frau sagt: »Wie soll es denn jetzt noch laufen?«, und bucht sich gleich darauf einen Flug nach New York, um eine Freundin zu besuchen, bei der sie erst einmal zwei Wochen lang bleibt. Dann meldet sie sich nicht mehr. – Aber dafür er: »Wo bist du hin? Warum haust du einfach ab? Ich hab doch nur etwas nachgedacht!« – Und noch einmal zwei Wochen später: »Bitte triff dich mit mir, mir tut alles wahninnig leid, ich weiß nicht, was in mich gefahren ist, ich liebe dich, ich will dich auf keinen Fall verlieren. Bitte.«

BINGO!

Die vaginalgesteuerte Frau dagegen verliert sich vollkommen und ist Meisterin im Excuses-Spiel. Vaginalgesteuerte haben keine Grenze und werden deshalb respektlos behandelt. Der Mann weiß, er kann so weit gehen, wie er will, er kann zum siebten Mal an ihrem Geburtstag kein Geschenk haben, oder er kann sich nie merken, was sie ihm erzählt, und er kann ihre Schwester wie Luft behandeln – die Vaginalgesteuerte wird ihm nie Schuld zuweisen oder gar Vorwürfe machen. Die Vaginalgesteuerte ist von #ängsten erfüllt und wird bei ihm bleiben. Sie wird bei ihm bleiben, wenn er fremdgeht, und sie wird bei ihm bleiben, wenn er sie misshandelt, und sie wird bei ihm bleiben, wenn er sie emotional aushungern lässt.

Die vaginalgesteuerte Frau, die beim Überprüfen seines iPhones einen endlosen WhatsApp-Chat mit einer Krankenschwester-Doro findet, der nicht nur darauf hinweist, dass ihr Mister eine Standleitung zu dieser Dame pflegt und sie über all seine Handlungen auf dem Laufenden hält – »Ich gehe gleich zum Haareschneiden, soll ich mir die Koteletten abrasieren?« –, sondern auch auf diverse Treffen am Nachmittag – »Stehe schon vor deiner Tür, wo bleibst du?« – und abfällige Bemerkungen über ihre eigene Person – »Ach, die geht spätestens um zehn ins Bett, ich ruf dich dann aus der Küche an« –, diese Frau weint und macht Theater, aber sie verlässt ihn nicht, wirft ihn nicht raus und rauscht nicht wütend zu einem alten Verehrer. Selbst wenn sie ihn immer wieder beim Fremdgehen erwischt, sie bleibt bei ihm. Sie bleibt auch bei ihm, wenn eine andere Frau ein Kind von ihm bekommt. Die Vaginalgesteuerte glaubt weiter an ihn, macht einen Termin bei der Paarberatung und bucht einen Liebesurlaub auf den Seychellen.

#vaginalsucht bringt eine Frau dazu, unglaubliche Dinge wie diese zu tun:

- mit Typen auf Facebook chatten, die schon auf dem Profilbild eklig aussehen
- mit Typen auf Tinder chatten, die nur von »schmutzig ficken« sprechen, nur weil sonst gerade nichts los ist, und dann bildet sie sich auch noch ein, verliebt zu sein
- sich mit einem Tinder-Typen treffen, den sie beim ersten Date schon überhaupt nicht mag, und dann unglücklich darauf warten, dass er sich wieder meldet
- jemanden vermissen, den sie superscheiße findet
- einem Typen, der sie einmal nach einem One-Night-Stand im Vollsuff abserviert hat, zehn Jahre später immer noch hinterherlaufen
- sich von einem stadtbekannten Playboy schwängern lassen und dann weinen: »Ich hatte schon zwei Abtreibungen …«
- sich nachts zu ihm nach Hause bestellen lassen und in seinem kalten Schlafzimmer auf ihn warten, während er eine andere Frau dated und sich seine Mitbewohnerin mit ihren Freundinnen nebenan totlacht
- sich zum Vögeln bestellen lassen und es okay finden, noch nicht einmal einen Drink angeboten zu bekommen
- ihn tagsüber im Office anrufen, obwohl sie weiß, dass man Männer nie tagsüber im Office anrufen darf, weil sie dann kurz angebunden und schroff sind; und dann wird sie depressiv, weil er kurz angebunden und schroff war
- ihm jahrelang glauben, er wird sich von seiner Frau trennen
- ihm glauben, er ist mit seiner Frau nur wegen des Kindes zusammen
- ihm glauben, er hat mit seiner Freundin schon lange keinen #sex mehr
- ihm glauben, er hat unglaublich viel zu tun und darum vier Wochen lang keine Zeit, sich zu melden
- sofort alle Termine absagen und alles stehen und liegen lassen, sobald er auftaucht
- seine Mails und Kurznachrichten sofort beantworten, ob-

wohl er sich teilweise zwei Tage Zeit lässt, denn er hat ja so viel zu tun
- ihre eigene Karriere auf Eis legen und sich nur noch für seine interessieren.
- ihre eigene Identität ablegen und seine armselige überstülpen, obwohl ihre eigene viel interessanter und bunter wäre
- ihm in ein anderes Land folgen, wo sie weder eine Zukunft, eine Perspektive, Freunde oder einen Job hat
- auf alles verzichten, was ihr wichtig ist, und sich nur noch auf die Beziehung fixieren
- ihm verzeihen, dass er nie Geschenke für sie hat und ihr auch nie etwas von seinen Reisen mitbringt, während sie zu Hause seinen Hund Gassi führt und ihn bei der Rückkehr mit einem Festessen empfängt
- ihm zuliebe Armut und Abhängigkeit akzeptieren, weil jedes Vorwärtskommen im eigenen Leben das Vernachlässigen der Beziehung bedeuten würde

Generell gilt: Erlösung findet nur durch ihn statt. Die Vaginalgesteuerte kann sich selbst nicht aus diesem Modus befreien, denn die Sucht setzt natürlich auch die Gehirnfunktion lahm und blockiert also auch die Funktion der Hirnanhangdrüse, die für Glückshormone zuständig ist. Der vaginalgesteuerten Frau geht es darum auch die meiste Zeit nicht gut, sie leidet unter ihrem Zustand und weiß im Nachhinein nicht, was »in sie gefahren war«.

Wenn sie dieses Buch gelesen hat, weiß sie es.

#health-food-sucht

Was auch immer Susi-Männer, #susi-frauen, #ladies und #susi-schrecks in ihrem bisherigen Leben gegessen haben – ab vierzig wird alles anders.

Sich weiterhin ganz normal zu ernähren, kommt für die meisten schon aus reinen Lifestyle-Überlegungen und daraus resultierenden Imagegründen nicht mehr infrage. Das Internet, Frauenzeitschriften und auch Männermagazine sind voll von schlechten Ratschlägen zum Thema gesunde Ernährung und Diäten. Die Pflicht einer Nahrungsmittelneurose, wie sie die großen Hollywoodstars, allen voran Gwyneth Paltrow, seit Jahren haben, ist aus Amerika zu uns herübergeschwappt. Gwyneth hält sich für einen Ernährungsguru, schreibt Kochbücher, in denen in erster Linie steht, was man alles nicht essen soll, und gibt wertvolle Tipps – zum Beispiel, dass man keine Nachtschattengewächse mehr essen solle, also Tomaten, Auberginen und Kartoffeln. Im Winter gibt es Leute, die trinken kalten Grünkohlsaft und nennen das »Juicing«. Junge Mädchen finden vegane Crash-Diäten schick. Andere haben aufgehört, ihr Essen zu kochen, weil bei zweiundvierzig Grad die Enzyme zerstört werden. Essen heißt jetzt Food, Beilagen nennen sich Carbs, und erschwerend kommt hinzu, dass sowohl Frauen als auch Männer ab dem vierten Lebensjahrzehnt tatsächlich Probleme mit ihrem Gewicht bekommen. Das Sitzen im Büro, zu wenig Bewegung, spätes Essen in Restaurants, zu viel Alkohol, das Bekämpfen der Nikotinsucht und dazu noch ein verlangsamter Stoffwechsel lassen Sex-Appeal-feindliche Fettpolster entstehen, und das Entsetzen darüber wiederum zwingt zu drastischen Maßnahmen wie zum radikalen Verzicht auf Kohlenhydrate, Hungern, das Ausprobieren neuer gesunder Lebensmittel aus dem Biomarkt und die Umstellung auf gewöhnungsbedürftige Sattmacher wie Quinoa, Kamut, Buchweizen, Dinkel, Hafermilch, Soja, Tofu und Tarpa.

Fleisch, Kohlenhydrate und Milchprodukte zu essen, wie es die Menschheit seit Tausenden von Jahren getan hat, weil der Körper diese Nährstoffe dringend benötigt, ist plötzlich nicht nur überholt und unmodern, sondern hat auch etwas Primitives, um nicht zu sagen, Zurückgebliebenes, und es entspricht nicht dem Bild, das ein gut gebildeter Großstädter heutzutage abgeben sollte. Eine spezielle Diät ist für jeden modernen Menschen unumgänglich und unverzichtbar. Und dazu sollte man selbstverständlich mindestens eine, besser mehrere Food-Unverträglichkeiten haben (siehe #food-intolerance-sucht). Denn »healthy« ist zu einem neuen Statussymbol geworden, und es hat sich ein Billion-Dollar-Business, erst in Amerika und jetzt auch bei uns in Europa, daraus entwickelt. Und natürlich sind es die Frauen, bei denen das Marketing am besten funktioniert und die dankbar in ganze »Health-Kits«, vorgeführt von perfiden PR-Profis, investieren.

Zu einem gesunden Lifestyle gehören Lebensmittelshopping im Biomarkt (angesagt: die LPG in Berlin) und regelmäßiges Detox wie die Wurst zum Brot. Auch hier finden sich täglich neue clevere Geschäftsideen: Detox Delight, Cpress, Juicerie, Pressbar – allesamt Fruchtsäfte in Fläschchen inklusive dem Versprechen, durch den Verzehr Schönheit, Reinheit, Gesundheit und damit verbundenes Lebensglück zu erlangen. So ein niedliches buntes Fläschchen ist klein, teuer und schnell ausgetrunken, gleichzeitig soll es die gesamte Nahrung ersetzen, tagelang. Die Fläschchen verfolgen uns. Es gibt sie im Supermarkt, im Sandwichladen, in der Hühnerbraterei, in der Apotheke, am Hauptbahnhof und an der Tankstelle. Und natürlich ist das Internet voll davon, ein Saftfläschchen in der Hand ist ein wichtigeres Must-Have für Frauen geworden als die altmodische It-Bag. Dazu gehören eine Reihe von immer gleichen Hashtags: #detoxweek, #day5, #hardcoredetoxing, #detoxdelight, #detoxlemonade, #pinktoday, #whoneedscoffee, #hardcoredetoxing, #justjuices, #nofood, #nodrinks, #newpower, #newenergy, #newglow, #greenhope, #greenlove, #healthlove, #organiclove und so weiter.

Vielleicht ist die neue Health-Food-Sucht auch nur ein Hilfeschrei nach Liebe, fest steht, dass es meistens die Frauen sind, die darunter leiden. Männer verzichten schweigend auf Carbs und Zucker, wenn sie Wampenangst haben, aber sie sind selten begeistert davon. Weibliche Health-Food-Süchtige zelebrieren es, sie liegen auf Ibiza am Strand und unterhalten sich stundenlang über die Vor- und Nachteile von Hafer, Soja, Dinkel, Mandel oder Reismilch. Bei den meisten Betroffenen ist die Health-Food-Sucht nichts anderes als die vermeintlich gesunde Variante einer bestehenden Essstörung: die sogenannte #altersanorexie.

Am Ende ernähren sich die Health-Food-Süchtigen natürlich nicht gesünder als die, die das essen, was ihnen schmeckt, und meistens sind sie sogar dicker und kränker – aber sie haben etwas zu tun. Sie sind beschäftigt und können mit dem Zusammenstellen von seltenen Spezialmenüs die innere Leere bekämpfen. Die Health-Food-Sucht nimmt viel Zeit und Arbeit in Anspruch, sie ist also gut gegen die #langeweile.

Und sie sorgt für Gesprächsstoff:

»Hallo, wie geht's?«

»Ich bin jetzt vegan.«

»Ist mir egal.«

»Ich probier's jetzt einfach mal aus.«

»Ich will es nicht wissen.«

»Mir ist egal, was alle sagen, ich will das jetzt einfach ausprobieren und sehen, wie es mir dabei geht, und wer sich darüber lustig machen will, der kann … Ich will …«

»Es ist mir egal, was du isst! Ich will es nicht wissen!«

»Warum wirst du so aggressiv?«

»Weil du Pelzjacken und Leder trägst!«

Oder so:

»Hallo, wie geht's?«

»Super! Ich habe ein neues Produkt entdeckt, Kokosreismilch.«

»Uäh!«

»Probier mal, ich geb dir eine, das ist sooooooo lecker.«

»Nee danke, ich trinke Kuhmilch, vertrage ich super.«

»Du MUSST das probieren, das ist sooooo guuut.«

»Lass mich.«

»Bitte, nur einen Schluck!«

»Nein, bitte.

»Ich tu's in deinen Kaffee.«

»Auf keinen Fall!«

»Bitte probier einen winzigen Schluck!«

»Okay, können wir dann über etwas anderes sprechen, bitte?«

»Ja, toll!« (gießt etwas von einer milchigen Flüssigkeit aus einem Tetrapak in ein Glas)

(nimmt vorsichtig einen winzigen Schluck) »IGITT!«

»Das ist doch lecker!«

Health-Food-Süchtige wären sicher viel weniger süchtig, wenn sie nicht darüber sprechen, schreiben oder posten könnten.

Nachfolgend einige Begrifflichkeiten, die für den Health-Food-Süchtigen unerlässlich sind:

1. Organic: statt bio, hört sich auf Englisch viel schicker an. Denn bio ist mittlerweile schließlich jeder Pennymarkt, organic hingegen klingt teurer. Unerlässlich ist die ökologisch einwandfreie Herkunft aller Lebensmittel, auch Tee, Kaffee, Zucker, Waschmittel, Kosmetik.
2. Kale: ist stinknormaler Grünkohl, er heißt jetzt nur anders. Einer der Lieblingstrends der Health-Foodies aus den USA. Man isst ihn kurz gedünstet als Gemüse oder getrocknet als Chips. Ihn in der altdeutschen Form als stundenlang gekochten Eintopf mit Pinkelwurst zu essen, fällt nicht unter healthy und detox.
3. Reiscracker: sind genauso wie die Frauen, die sie für ihre Kinder und sich selbst kaufen: trocken, ausdruckslos, langweilig, kostengünstig.
4. Soja: lässt sich nichts gegen sagen, außer dass man nicht zu viel von den meist genmanipulierten Bohnen erwarten sollte. Edamame-Bohnen mit Meersalz beim Japaner zu knabbern gehört zur Lieblingsbeschäftigung aller Essgestörten und Health-Food-#süchtigen.
5. Smoothies: verdienen eigentlich ein Extrakapitel, so geliebt, gehypt und allgegenwärtig sind sie. Gerne werden sie mit #detox und #raw gekennzeichnet. Aber sind nicht alle Fruchtsäfte raw? Wer kocht denn seine Orangen aus, bevor er sie auspresst? Die neuen Fruchtsäfte unterscheiden sich von klassischen Fruchtsäften, die wir seit hundert Jahren pressen und trinken, dass sie übergesund, reinigend und entgiftend sind. Und dass sie in kleinen Fläschchen verkauft werden, von denen ein Exemplar so viel kostet wie eine ganze Kiste Obst.
6. Coldpressed (oder High Pressure Processed): ist das Zauberwort, das die teuren Säfte von gewöhnlichen Fruchtsäften unterscheidet. Hier werden die Früchte angeblich mit Hochdruckmaschinen mit fünfmal so viel Druck, wie auf dem Meeresboden herrscht, gepresst und beinhalten da-

durch unfassbar viele Vitamine, die durch das Pressen mit gewöhnlichen Pressmaschinen angeblich niemals zustande kämen. Zitrusfrüchte werden mit extrem teuren High-Speed-Prozessoren gepresst. Zusätzlich wird behauptet, selbst gemachte Säfte würden innerhalb von Sekunden ihre gesamten Vitamine verlieren, wogegen die Küchenmaschine zu Hause natürlich nicht ankommt. Der coldpressed Saft wird unter Hochdruck in Flaschen abgefüllt, und so halten sich die kostbaren Vitaminbomben Tage und Wochen! Wer kann schon das Gegenteil beweisen? Es ist ein Millionenbusiness, und jeden Tag werden neue Start-ups gegründet, die ihre Fläschchen durch die Welt schicken.

7. Green-Juice: ist der Gipfel des Healthytums. Grün, leicht schaumig und mit immer merkwürdigen Ingredienzen wie Broccoli, Rosenkohl, Tannenbaum, Gurkenschale und etwas Moos im Blender gemixt, in ein großes Glas gefüllt, fotografiert und auf Facebook oder Instagram gepostet: »Endlich ein Green-Juice-Rezept, was gar nicht so schlecht schmeckt …« Es gibt sogar eine Website: www.healthygreendrinks.com

8. Detox: scheint eine ähnlich beruhigende Wirkung auf die Menschheit zu haben wie einst Religionen oder Sekten. Jeder sollte sich von Zeit zu Zeit entgiften, unsere Umwelt bietet genug Gründe dafür, aber warum nicht nach klassischen, bewährten Methoden? Nebenbei detoxen in der Mittagspause bringt zwar keinen Schaden, aber auch keinen Nutzen. Die Health-Food-Süchtigen detoxen gefühlte fünfzigmal im Jahr und müssen es jedes Mal auf allen Kanälen der Welt mitteilen. Schweigend sich reinigen, wie es Millionen Menschen seit Jahren mithilfe von Ayurveda tun, kommt nicht infrage.

9. Raw: ist die Idee, alles roh zu essen. Sie kommt auch aus Los Angeles und bedeutet, rohes Gemüse, Obst, Sprossen und Nüsse zu essen, wie es Gott schuf, und daraus Säfte zu pressen. Raw Foodies sind besonders besessen, sie müssen ununterbrochen an einer Selleriestange, Möhre oder einem Stück Fenchel oder Nüssen knabbern, um überhaupt genug Kalorien zu sich zu nehmen, und gehen ihrer Umwelt schon allein durch die lauten Knabbergeräusche immens auf die Nerven. Bis sie wegen Darmverschluss oder anderer Erkrankungen zur Aufgabe gezwungen werden.

10. Green: ist die Einstellung, die hinter der Nahrungsmittelneurose steckt. Green ist alles, was gesund sein soll, und ein Label, das sofort beruhigt und mit folgenden Hashtags versehen wird: #feelingsogreentoday, #greenlife, #greenandhappy.

11. Vegan: heißt im klassischen Sinne, nichts in Anspruch zu nehmen, was aus oder von Tieren gemacht wird. Also auch keine Milch, keine Eier und keinen Honig. Es heißt, die Tierwelt einfach mal in Ruhe zu lassen und sich an das zu halten, was die Natur sonst noch hergibt. Die Designerin Stella McCartney, Tochter von Beatle Paul McCartney, hat es geschafft, trotz ihrer lederlosen Mode zu den Großen der Modebranche zu gehören. Die neuen Veganerinnen sind anders: Sie ernähren sich vegan, aber gleichzeitig sammeln sie leidenschaftlich überflüssige Designerschuhe in grauenvollen Farben aus Leder, und sie lieben Pelzjacken ungewisser Herkunft. Und zu alledem sind sie meist nicht nur Fashion-Junkies, sondern auch noch Beauty-Addicts, womit sie die Industrie sinnloser, überflüssiger und lächerlich teurer Kosmetikprodukte ordentlich ankurbeln, für die massenweise Tiere in Laboratorien gequält werden. Spricht man sie auf die Merkwürdigkeit dieser Haltung an, kommt diese Antwort: »Es gibt eben Nutztiere. Und völlig sinnloses Quälen. Schon mal drüber nachgedacht? Aber hey ... am besten macht jeder einfach mit allem unbedenklich weiter, was soll der ganze Scheiß. Deswegen diskutiere ich auch nicht. Schon gar nicht mit Fleisch-Junkies. Sorry.«

So sind sie, die neuen Veganerinnen. Oder sie gehen mit ins angesagte Steakhouse der Stadt und bestellen sich Salat mit Tofu: »Ich bin doch grade vegan ...« Wenn man dann verdutzt auf die neue Clutch aus Phytonleder von Jimmy Choo und die Overknee-Lederstiefel von Giuseppe Zanotti deutet, heißt es: »Ach, ich mache das nur für mich, ich vertrage es einfach besser, nicht wegen der Tiere ...«

12. Clean: bedeutet nichts anderes, als gesundes Food in seiner natürlichen Form zu verspeisen. In Los Angeles und London gibt es Clean-Eat-Bistros wie das »The Good Life« in Chelsea, wo man sich den Magen vollschlagen kann mit Bergen von übergesundem Salat und Gemüse. Die üblichen Hashtags in diesem Zusammenhang sind: #healthy, #eatclean, #cleanlife, #feelsocleantoday.

13. Superfood: sämtliches Essen, das besondere Nährstoffe bietet, wie etwa Kale, Avocado, Kokosmilch, Spinat, Chicorée.

14. Carbs: der natürliche Feind für Frauen und Großstadt-Susis ab vierzig. Die Angst vor Gewichtszunahme und dem Verlust der Attraktivität zwingt zu verzweifelten Maßnahmen wie Kohlenhydrate zu streichen. Also kein Brot, keine Kartoffeln, kein Reis und keine Pasta. Die meisten Männer essen nur noch Steak mit Salat und Steak.

15. Lactose-free: Laktose-Intoleranz ab einem gewissen Alter ist kein Gerücht, sondern erwiesen. Flitzekacke nach dem morgendlichen Caffè latte ist dermaßen lebensqualitätseinschränkend, dass sich das Opfer noch nicht mal mehr an laktosefreie Milch traut, sondern den Kaffee nur noch schwarz trinkt und sich später durch verschiedene Milch-Substitute durchprobiert, die natürlich in ihrem seltsamen Geschmack alle kein Ersatz für echte duftige Kuhmilch sind.

16. Milch-Substitute: Sojamilch, Mandelmilch, Reismilch, Hafermilch, Haselnussmilch, Dinkelmilch. Health-Food-

Süchtige ekeln sich vor Kuhmilch und deren Herstellung und sind auf der ständigen Suche nach Alternativen. Sie geben auch ihren Kindern keine Kuhmilch, da sie Angst vor den tierischen Viren und Krankheiten haben.

17. Coco juice: macht angeblich wunderschön, verjüngt immens und vertreibt böse Geister. Health-Food-Süchtige lassen sich das Wunderwasser im Tetrapak palettenweise liefern, der halbe Liter für fünf Euro. Das Zeug schmeckt dumpf, von der Wirkung ist nichts bekannt. Wer weiß, was sich in den Tetrapaks wirklich befindet.

18. Algen: sind der letzte Schrei. Tiefgefroren aus den USA zum Auftauen oder um sie in Form von Eiswürfeln in den Smoothie zu werfen, oder als Plankton für die Badewanne. Häufige Hashtags: #labruket, #detoxbath, #pureseaweed, #purenature.

#detoxsucht

oder #altersanorexie

Die neue Detoxsucht ist im Prinzip nichts anderes als die gute alte Magersucht. Wer jahrelang magersüchtig oder bulemiekrank war, macht heute vornehm detox und ist, was die Außenwirkung angeht, aus dem Schneider, denn statt »Krankheit« und »Vollmeise« assoziiert man nun »achtsam«, »gesund« und »weise«. Mehr Fliegen mit einer Klappe schlagen geht wohl nicht.

Und da die meisten Frauen seit ihrer Jugend unter einer schweren Essstörung leiden, ist Detox innerhalb kürzester Zeit zu einer Massenbewegung geworden. Männer frönen ihrer Sexsucht, um ihre sexuelle Energie zu spüren und zu potenzieren, und Frauen detoxen. Je mehr die Frauen unerfüllte Sehnsüchte wie Liebe, Sex, Aufmerksamkeit und Bestätigung in sich tragen, desto mehr detoxen sie. Als würde sie eine porentiefe innere Reinigung von den Sünden befreien, die sie von einem (illusorisch) perfekten Dasein abhalten. Wer nicht zufrieden ist mit sich oder eine wie auch immer geartete Verbesserung anstrebt, entgiftet.

Die neue Detoxsucht hat aber wenig mit der altherkömmlichen Art, einmal im Jahr Geist und Körper zu reinigen, zu tun, auch wenn der Vorgang neuerdings eine beruhigendere Wirkung auf die Menschheit zu haben scheint als einst Religionen oder Sekten. Es ist kein bloßes Reinigungsritual, sondern eine Massenbewegung, eine Geisteshaltung. Detox ist eine Selbstverständlichkeit, mehr als Feminismus oder #emanzipation. Detoxen heißt eigentlich, sich von anderen Giften wie Stress, Emotionen und was sonst so schadet zu entgiften. Sich täglich nur mit diesem Thema zu beschäftigen, als wäre das ganze Dasein ein einziger Sündenpfuhl und man selbst voller Schuld, und darum täglich nur vier Säfte, zwei Suppen sowie zehn Liter Tee zu sich zu nehmen und dabei zwischen Job, Kita, Mann und Abendveranstaltungen hin und her zu hetzen, ist zwar very NOW, aber nicht entgiftend.

Das neue Detox ist eine Endlosschlaufe: morgens Detoxtee, Detoxsmoothie und Detoxbrei, mittags eine Detoxsuppe oder einen Detoxsalat und abends wieder ein Detoxsalat, Detoxrisotto oder Detoxsmoothie. Dazu benutzt man Detoxgesichtscreme, Detoxduschgel, Detoxshampoo, Detoxwaschmittel und Detoxduftkerzen. Industrielle Anbieter wie Detox Delight verkaufen sogar fertige Detox Kits. Die Süchtige bekommt ihre Flaschen und weiß, was sie zu tun hat. In New York, Los Angeles und London gibt es Restaurants und Foodlieferanten, die fertige Detoxmenüs anbieten, so wie The Detox Kitchen oder The Good Life Eaterie in London. Damit muss man sich um die Zusammensetzung und Zubereitung seiner reinen und reinigenden Nahrung auch keine Gedanken mehr machen.

Wie bei jeder Essstörung geht es auch hier in erster Linie um das Bewältigen von Defiziten und die Suche nach Aufmerksamkeit. Es lassen sich zwei Sorten akuter Detoxsucht unterscheiden:

1. Detoxsucht als Kampf gegen den Alterungsprozess. Die Detoxsüchtige begreift das dauerhafte Hungern und Detoxen als ein notwendiges Schönheitsritual und glaubt, mit normaler Nahrung den Verfall durch die verunreinigte Nahrung zu beschleunigen. Leider bewirkt die ewige Hungerei das Gegenteil. Die Detoxsüchtige verwandelt sich bald in eine hagere und faltige Ziege mit sichtbaren Mangelerscheinungen wie Haarausfall, Müdigkeit und Hormonstörungen.

2. Detoxsucht aus Angst vor den Giften, die unsere Umwelt auf uns abfeuert. Tritt verstärkt bei Müttern auf, die ihre Brut mit übertriebenem Biowahn und sich selbst mit Dauerdetox vor dem Ende der Welt schützen wollen. Sie geben ihren Kindern nur Bioprodukte zu essen, doch meistens können sie nicht kochen und wissen auch nicht, wie man sich gesund und ausgewogen ernährt. Sie füttern ihre Kinder mit überteuerten Fertiggerichten wie in Kokosöl gebratenen Tofu-Nuggets mit Bioketchup, Grünkernpflanzerl, Gemüsepressschnitzel und lauter anderes eingeschweißtes Zeug, was gar nicht gesund sein kann, da es zu lange in Plastik gelegen hat. Außerdem ist es immer zu wenig, denn die Detoxmütter sind geizig und haben Angst vor Völlerei. Die Kinder der Detoxfrauen sind darum immer ausgehungert.

3. Detoxsucht als Substitut der bestehenden akuten Magersucht. Diese Detoxsüchtigen detoxen 365 Tage im Jahr, und sie tun es penetrant und laut, indem sie sich ständig mit den unsäglichen Detoxsmoothies und was sie sonst so zu sich nehmen, fotografieren, weil sie ihren Kampf gegen jedes einzelne Gramm Körperfett der Menschheit mitteilen müssen (#aufmerksamkeitssucht). Selbst beim Verzehr einer unschuldigen Pizza, die sie als Beweis dafür, dass sie sogar Fast Food essen und eben nicht magersüchtig sind, fotografieren sie sich und posten dazu: #pre, #detox, #diet, #dinner. Aber in Wahrheit ernähren sie sich von Hummus, Oliven und Säften.

Allen drei Formen der Detoxsüchtigen ist gemein, dass sie auch tablettensüchtig sind. Sie haben immer einen sehr großen Vorrat an teuren Nahrungsergänzungssupplements bei sich und schlucken immense Mengen an Vitaminpräparaten, Algentabletten, Spirulina, Flüssig-Chlorophyll, Omega 3, Supergreen Raw Powder, Flohsamenhülsenpulver und was sonst noch so neu aus den Staaten via Internet zu uns kommt.

Außerdem lieben sie es, Brei zu löffeln. Sie kaufen sich auch Babybreie, natürlich nur bio. Detoxsüchtige laufen den ganzen Tag durch die Gegend und löffeln einen Matschebrei aus Schälchen. Ihr gesamtes Essen ist breiig und zum Löffeln. Aus Schälchen, wie bei kleinen Tieren. Wenn man sie fragt, was löffelst du da, antworten sie: »Mango mit Sojajoghurt und Dinkelflocken … hmmmm … lecker!«

#food-intolerance-sucht

Allergien sind unglaublich hip. Ohne mindestens eine Food-Intolerance geht es nicht mehr. Gluten, Laktose, Weizen, Zucker, die Auswahl an Dingen, die der Mensch nicht mehr vertragen will, ist immens. Wie bei der #detoxsucht handelt es sich auch hier um eine neue Kombination aus #aufmerksamkeitssucht und einer klassischen, neu verlagerten Essstörung. Ärzte, Heilpraktiker und Labore verdienen Millionen mit dem Allergietrend und sogenannten IgG-Tests, dabei sind sie nach Meinung von Fachleuten völlig sinnlos. Trotzdem vertrauen immer mehr Menschen den Ergebnissen und stellen ihre Ernährung grundlegend um. Die Deutsche Gesellschaft für Allergologie und klinische Immunologie schätzt, dass IgG-Tests in Deutschland järhlich etwa zehn bis zwanzig Millionen Euro Umsatz einbringen. Ärzte berechnen bis zu vierhundert Euro je Untersuchung, abhängig davon, auf wie viele Lebensmittel getestet wird.

IgG-Tests eigenen sich hervorragend für Hypchonder. Die haben keine einzige Allergie, gehen aber ständig zum Arzt und lassen sich so lange testen, bis wenigstens eine kleine Laktose-Intoleranz diagnostiziert wird. Niemand möchte ohne Allergien und somit als Ausgegrenzter leben, schon gar nicht der Hypchonder.

Das Ganze läuft also folgendermaßen ab: Die Labore spüren im Blut sogenannte IgG-Antikörper auf (nicht zu verwechseln mit IgE-Antikörpern). IgG-Antikörper produziert aber jeder Mensch, wenn er mehrfach mit fremdem Protein, etwa aus einem Lebensmittel, in Kontakt gekommen ist. Das ist völlig normal.

Aber darum geht es nicht, sondern darum, dass es immer einen Befund gibt. Deshalb bieten Ärzte und Heilpraktiker den Test oft den Patienten an, die schon komplett durchgecheckt sind, aber immer noch keine Erklärung für ihre Beschwerden wie etwa Bauchweh haben. Dann bekommen die Menschen, die sich auf den Test einlassen, eine lange Liste von Lebensmitteln, die sie von nun an meiden sollen, und können zufrieden nach Hause gehen.

Natürlich gibt es passend zu den Allergiesüchtigen, auch neue passende Diäten. Food-Intolerance-Diäten dienen dazu, der Essstörung eine Entfaltungsfläche zu bieten. Nachfolgend seien nur vier davon aufgelistet, doch sie sind perfekt für Essstörungssüchtige, weil sie so aufwendig und zeitintensiv sind, dass man keine Zeit mehr hat, Trübsal zu blasen.

1. Auslassungsdiät: Man verzichtet auf viele Lebensmittel, isst diese nach und nach wieder, führt Tagebuch darüber und bespricht das mit dem Arzt. Das Schreiben und Besprechen hilft dann gegen die Beschwerden.
2. Psychospirituelle Diät: Wurde von Gwyneth Paltrows Londoner Arzt Alejandro Junger extra für sie nach einem Nervenzusammenbruch erfunden: verboten sind Kaffee, Alkohol, Milchprodukte, Eier, Schalentiere, Kartoffeln, Tomaten und aus irgendwelchen Gründen auch Paprika, Weizen, Auberginen und Soja. Drei Wochen muss man das durchhalten, dann ist alles wieder gut.

3. Mond-Diät: Anfangs stehen nur Wasser, Tee und Saft auf dem Speiseplan, danach leichte, fettarme Mischkost. Die gesamte Diät richtet sich danach, in welchem Tierkreiszeichen sich der Mond gerade befindet, und nach den vier Mondphasen: Neumond, Vollmond, abnehmender Mond und zunehmender Mond. Also erst die Astrowoche abonnieren und täglich mit einem Astrologen telefonieren, in welcher Mondphase man sich mit seiner Geburtsstunde genau befindet und was man an dem Tag essen darf.
4. Heartbreak-Diät : Hungern wegen Liebeskummer ist meistens nicht ganz freiwillig, aber dafür sehr effektiv, wirkt bei jedem. Demi Moore, Jennifer Aniston und Kelly Osbourne magerten in kürzester Zeit bis aufs Skelett ab. Sehr zu empfehlen.

#fitnesssucht

Von den wenigen Themen, die Männer und Frauen ab vierzig gleichermaßen betreffen, steht das mühsame Erhalten der jugendlichen Figur an oberster Stelle. Der Schock darüber, dass plötzlich an nie erahnten Stellen Fettpolster ansetzen und Ausbuchtungen entstehen, die den Körper in eine unerwünschte neue Form bringen und das ganze Auftreten in eine neue, unerwünschte Richtung. Männer kämpfen gegen Bäuche und Altherrenoberkörper, Frauen kämpfen gegen die Erdanziehungskraft. Es ist ein endloser, anstrengender und teilweise deprimierender Kampf, bei dem auch, je nach Möglichkeiten, sehr viel #geld eingesetzt wird.

Vierzigplus-Susis können in zwei Kategorien unterteilt werden:

Kategorie A: Sie haben Angst um ihre Attraktivität und zwingen sich mit strenger Disziplin zu einem verlängerten jugendlichen Aussehen.

Kategorie B: Sie lassen sich gehen und sagen: »Schatz, bitte akzeptier mich mit Bauch/mit Hüftspeck.« Und sie sagen auch: »Ich würde ja gerne Sport machen, aber mir fehlt einfach die Zeit.«

Die Angst vor dem Verfall und dem Verlust der Attraktivität treibt Männer wie Frauen in den Zwang der körperlichen Bewegung. Sogar Sporthasser und Bewegungsphobiker werden aus Angst vor dem Verwesungstod von ihren Couchmulden gerissen und in Fitnessstudios gescheucht. Aber auch körperliche Bewegung ist nicht mehr einfach nur das, was man früher »Sport« genannt hat. Die richtige Sportart und die damit verbundene Anpassung der Lebenseinstellung sind ein wichtiger Baustein des jeweiligen Adult-Lifestyle-Konzepts. Dazu gehört das ständige Entdecken und Ausprobieren neuer Ernährungsmethoden, im Internet zu finden unter #macrobiotic, #carbfree, #light und jetzt ganz chic: #vegan (siehe #health-foodsucht). Dazu gehören Fitnesstechniken wie Nordic Walking, Powerplate, Yoga, Pilates, Yogilates und generell Private Trainer. Auch der Hunger darf nicht fehlen, genau wie schmerzhafter Verzicht (bei Frauen Carbs und das dritte Glas Wein, bei Männern: Carbs und das dritte Bier), sehr viel Disziplin und natürlich Zeit, die man ab vierzig nicht mehr so überflüssig zur Verfügung hat (siehe #keine-zeit-loser). Männer zahlen gerne den teuersten Private Trainer der Stadt, während Frauen dieselbe Summe für sexy Sportkleidung ausgeben und dasselbe noch mal bei ihrem Dermatologen lassen (siehe #aufspritzsucht).

Fitnesssüchtige sind mit folgenden Begrifflichkeiten bestens vertraut:

1. Yoga: ist zu dem geworden, was Töpfern, Seidenmalerei, Aerobic, Tennis und Aquarellmalerei in den Siebziger- und Achtzigerjahren zusammen gewesen sind. Yoga ist die Lösung aller Probleme. Es hilft gegen: zu viel Körpergewicht, Einsamkeit, Rückenschmerzen, Migräne, Schwangerschaft, Ehekrise, Arbeitslosigkeit, Liebeskummer, Orientierungslosigkeit. Es gibt keine Gelegenheit, an der man

nicht gesagt bekommt: »Mach doch Yoga, das hat mir sehr geholfen.«

Und da alle Yoga machen, Frauen, Männer, Kinder und sogar Tiere (Katzenyoga), und Yoga so guttut, kam der geistreiche Gedanke bei vielen orientierungslosen Frauen, es auch selbst zu unterrichten. In einer Stadt wie Berlin sind mindestens die Hälfte aller weiblichen Bewohner zwischen 25 und 65 Jahren Yogalehrerin, der Traum vom eigenen kleinen Yogastudio entspricht etwa dem einer eigenen kleinen Wäscheboutique vor zwanzig Jahren.

Macht sie Yoga? Dann liebt sie Goa, den Jeevan Resort, liebäugelt mit einer Ausbildung zur Yogalehrerin oder hat sie bereits hinter sich, macht Yogarocks auf Kreta.

Macht er Yoga? Dann ist er entweder die Super-Susi, die zum Yoga geht, um Frauen dort kennenzulernen und es auch tut, oder er ist wirklich ein Yogi und hat einen stahlharten Körper. Bei Letzterem muss man aufpassen. Männer, die wirklich Yoga machen und es gut machen, sind meistens auch spirituell und dadurch nicht ganz so dumm wie die anderen.

2. Private Trainer: leisten sich all jene, die in der glücklichen Lage sind, es tun zu können. Das ist sehr amerikanisch, aber auch in London trainieren Wohlbetuchte mit eigenem Trainer. Hierzulande ist es weniger beliebt, weil es natürlich auch viel langweiliger ist. Vielleicht liegt es aber auch daran, dass die Trainer in Los Angeles und London cool und sexy sind, im Gegensatz zu den Fitnesstypen in Deutschland.
3. Gym-Couture: ist obligatorisch für alle Fitnesssüchtigen. Der Trainingseffekt von schicker Sportkleidung ist pseudowissenschaftlich erwiesen! Weibliche Yogis wissen, dass es die schönsten Klamotten und Matten bei www.manduka.com gibt. Stella McCartney für Adidas ist wohl das belieb-

teste Label für Fitnesssüchtige. Aber am coolsten sind die mit »Just Do It« bedruckten Leggings von Nike, denn die lassen sich auch nur mit Top-Figur tragen.

4. Kieser-Training: ist ein Extrathema, so wie überhaupt der Rücken des erwachsenen Mannes. Warum haben alle Männer ab vierzig Rückenprobleme? Die Hypochonder-Susi nimmt Valium dagegen, wenn sie vor Rückenschmerzen nicht schlafen kann.
5. Gym: sagt viel aus über den Fitnesssüchtigen. Ein schickes Gym mit großer Kursauswahl heißt: Sport soll auch ein Teil des ansonsten mageren gesellschaftlichen Lebens sein. Ein reines Frauengym heißt: Frauen wollen unbeobachtet sein und sich nicht aufstylen müssen oder #geld für schicke Sportkleidung ausgeben. Ein popeliges Gym ums Eck heißt: Die Sucht ist so stark, dass der Süchtige nichts mehr wahrnimmt.
6. Joggen: wirkt suchtfördernd. Joggingsüchtige kommen von der Arbeit, ziehen sich um und rennen los, während sie sich noch die Schuhe binden. Bei Schnee, Regen und Eis. Sie können nicht anders, sie müssen rennen. Sie sind seltsam.

Der Unterschied zwischen dem männlichen und der weiblichen Fitnesssüchtigen besteht darin, dass die weibliche Süchtige ständig davon spricht:

#susi-schreck 1: »Wie geht's?«

#susi-schreck 2: »Ich habe einen neuen Private Trainer, der nimmt mich richtig hart ran.«

SS1 gähnt.

SS2: »Wir machen ganz viel Bauch-Beine-Po, und ich bin richtig fertig nach der Session.«

SS1 schweigt und überlegt, welches Thema sie anschneiden soll, damit SS2 aufhört.

SS2: »Mir tun die Arme richtig weh vom Training, das ist ja meine Schwachstelle.«

SS1 schweigt und denkt sich, so merkt sie, dass sie langweilt.

SS2 hört auf zu sprechen.

SS1 freut sich und öffnet den Mund, um zu erzählen, was sie bei ihrem Date gestern erlebt hat.

Da sagt SS2: »Aber eigentlich bin ich ja eine Joggerin.«

#aufspritzsucht

Aufspritzsucht bezeichnet das unaufhörliche zwanghafte Bedürfnis von Frauen, sich unaufhörlich schönheitsfördernden Maßnahmen und auch Eingriffen zu unterziehen, mit der Absicht den Alterungsprozess aufzuhalten oder unbemerkbar zu machen. Natürlich leiden auch Männer wie Hollywoodtragödie Mickey Rourke darunter, aber solche Exemplare bilden eine Ausnahme.

Alle Aufspritzsüchtigen haben ein besonderes Verhältnis zu ihrem Dermatologen oder Schönheitschirurgen. Sie nennen ihn vertraut beim Vornamen, erzählen ihm freiwillig und gerne aus ihrem Privatleben und haben auch oft ein intimes oder zumindest freundschaftliches Verhältnis zu ihm. Man kann sagen, der Dermatologe ist heute das, was der Friseur schon immer war. Der Mann, der alle Geheimnisse kennt.

Der Dermatologe weiß genau, wie er mit seinen Aufspritzsüchtigen umzugehen hat: Er ist sexy, einfühlsam und zaubert immer eine neue Idee aus dem Hut. Die Patientinnen sitzen in seiner elegant eingerichteten Praxis in einer der teuersten Meilen der Stadt, sehen in seine blauen oder braunen Augen und glauben ihm jedes Wort. Der Dermatologe erzählt bei fast jeder

Sitzung von ganz neuen Methoden aus den USA, die wirklich »sensationelle Ergebnisse« erzielen, und wie er ihr was wohin spritzen wird, und wie Y-förmig ihr Gesicht, mandelig ihre Augen, pfirsichig ihre Haut und apfelig ihre Wangen sein werden.

Während der Arzt genau beschreibt, wo die Nadel ein- und wieder ausgeführt wird, stellt sich die Aufspritzsüchtige vor, wie er sie jetzt hier küssen würde, sie sieht seine handgenähten schmalen Berluti-Slipper aus Känguruhleder und überlegt sich, wie es wäre, mit ihm verheiratet zu sein. Jeder #susi-schreck und jede #lady haut der Anblick von Berluti-Schuhen um, da diese Schuhe von so viel Stil, Großzügigkeit und Lebensqualitätsniveau zeugen, dass sie jeden Träger von Alden- oder Eduard-Meier-Schuhen (das sind die Klassiker aus Pferdeleder) dagegen als Bauern in Gummistiefeln klassifizieren. Berluti ist der Gulfstream unter den Männerschuhen, und welche Frau würde keinem Mann vertrauen, der genau das Gegenteil von KLEINKARIERT ist? Sie hört, leicht benebelt, nur noch die letzten Worte: »... und die blauen Flecken sind nach allerhöchstens einer Woche verschwunden.« Da haucht sie auch schon: »Ja, gut, machen wir einen Termin.« Erst als sie beschwingt wie nach einem gelungenen Dinnerdate nach Hause fährt, fällt ihr ein, dass sie nicht nach dem Preis für die Liposuction gefragt hat. Aber wird so schlimm schon nicht sein, beruhigt sie sich.

Folgende Verhaltensauffälligkeiten lassen sich an Aufspritzsüchtigen beobachten:

- Fragt man eine Aufspritzsüchtige, was sie denn mit ihrer Oberlippe gemacht hätte, da könne man ja ein Tablett drauf abstellen, wird sie entweder stinksauer oder sie sagt: »Spinnst du? So was mache ich doch nicht.«
- Aufspritzsüchtige machen sich für jeden Termin in der Praxis extrachic.
- Aufspritzsüchtige zahlen horrende Summen beim Dermatologen, jammern aber über ihre Zweihundert-Euro-Handyrechnung.

- Sie schleppt ständig neue Patientinnen für ihren Dermatologen an und promotet sogar seine neue sinnlose und überteuerte Kosmetiklinie unter seinem eigenen Namen in ihrem Freundes- und Arbeitskreis.
- Sie ist eifersüchtig auf die Frau des Dermatologen und ist arrogant zu ihr, wenn er sie ihr auf einem Champagner-Event, zum Beispiel der Neueröffnung eines Cartier-Stores, vorstellt.
- Falls der Dermatologe schwul ist, geht sie abends mit ihm Arm in Arm aus, auf Partys und Boutique-Eröffnungen, und lässt sich mit ihrem aufgeplumpten Gesicht neben ihm fotografieren. Sie nennt ihn zärtlich »my second husband«.
- Sie ist eifersüchtig auf andere Patientinnen. Es herrscht ein Konkurrenzkampf, wer die neuesten Behandlungen als Erstes bekommt und am wenigsten bezahlen muss.

#kontrollsucht

Der tiefe innere Wunsch der von seinen #ängsten, schlechten Erfahrungen und seinem Ego getriebenen alternden Susi, seine gesamte Umgebung zu kontrollieren, ist eine rein männliche Sucht und absolut susispezifisch. Wer sich der Welt, den Menschen, der Umwelt, dem Leben generell und seinem Leben im Besonderen nicht gewachsen fühlt, kann nicht anders, als von der Möglichkeit, nur eine oder mehrere Tasten drücken zu können, um die Welt zu einem besseren und schöneren Ort zu machen, total entzückt sein.

Die Fernbedienung und sämtliche Funktionen im iPhone sind also die wichtigsten Vehikel im Leben der alternden Susi. Musik, Licht, Aircondition, Heizung, sogar die Farbe des Lichtes und der Kühlschrank-Innentemperatur, alles unterliegt seinen Befehlen.

Am liebsten hätte die Susi eine Fernbedienung und eine App für das ganze Leben, nicht nur für den Server, der das Licht, die Musik, die Heizung, den Wecker und den Wasserkocher kontrolliert. Er verändert die Welt mit einem Tastendruck. Bondiger kann es nicht mehr werden.

Mithilfe eines Gira-Homeservers kann die Susi Küche,

Schlaf- und Wohnzimmer kontrollieren: Eine Temperaturregelung und ein Timer mit vorprogrammierter Ein- und Abschaltzeit lassen das Licht einfach ausgehen, wenn er in seinem Büro sitzt. Zu Hause denkt die #susi-frau, die Glühbirne sei durchgebrannt, holt eine Leiter, um den Kasten mit der säuberlichen Beschriftung »Ersatzglühbirnen« ganz oben vom Schrank der Susi herunterzuhieven, schraubt die heiße Birne raus, verbrennt sich die Finger, schraubt eine frische hinein. Licht geht. #susi-frau setzt sich wieder vor den TV, um weiter auf die Susi zu warten, da geht das Licht wieder aus. Die #susi-frau springt auf, da ertönt höllisch laut »Smoke on the Water«. Das Licht im Flur wird lila. Die Musik geht aus. Jetzt plärrt Katy Perry aus allen Löchern. Die Wohnungstür geht auf, die lachende Susi kommt rein.

Die Susi hat auch einen Wemo-Steckdosenschalter, der mittels einer App fernschaltbar ist, damit er mit dem iPhone noch im Halbschlaf das Teewasser anstellen kann, ohne sich aus dem Bett zu schälen.

Das größte Unglück für die Kontrollsucht-Susi ist, wenn der Server in seinem Sonos-System das richtige Wecklied nicht mehr findet und der Operator kommen muss. Die Weck-Lieder können natürlich durchgewechselt werden, von Cat Stevens: »Morning has broken« zu Foo Fighters: »Outside!«.

Die Kontrollsucht-Susi stellt sich jeden Morgen und jeden Abend auf die Waage, aus Angst vor Kontrollverlust über das eigene Gewicht. Er liebt den Gedanken, eines Tages seine Haustür mit einem automatischen Türöffner, bedienbar mit dem Handy, von der Tiefgarage aus öffnen zu können und keinen Schlüssel mehr mit sich tragen zu müssen. Oder er träumt von einer intelligenten App, die weiß, dass er gleich nach Hause kommt. Wenn er sich auf zweihundert Meter der Wohnung nähert, geht die Fußbodenheizung an. Und natürlich nach vier Stunden, wenn er schon im Bett liegt, auch automatisch wieder aus. Dann fantasiert er von einem Brustgurt, der ihm beim

Spinning mitteilt, dass sein Herz zu schnell oder zu langsam schlägt. Wenn es zu langsam schlägt, ist es eine Katastrophe, denn der Herzschlag muss sich im anaeroben Zustand befinden, um Fett zu verbrennen. (siehe #fitnesssucht)

Frauen haben nichts von alldem, sie wollen nur eins: den Mann kontrollieren. Einige sehnen sich nach der Kontrolle über ihren Körper und ihren Schuhschrank, doch dabei handelt es sich nicht um Kontrollsucht.

#altersdrogensucht

Spätestens mit vierzig sollte der erwachsene Mensch sich dem regelmäßigen Drogenkonsum ab- und sinnvolleren Tätigkeiten zugewandt haben. Aber was kann schon so sinnvoll sein, dass es ein würdiger Ersatz für das Leben erträglich gestaltende Drogen sein könnte?

Altersdrogensucht ist sowohl in der Anwendung als auch im Effekt anders als der Drogenkonsum in jungen Jahren und hat sogar andere Ursachen. Hin und wieder Cannabis zu rauchen ist keine Altersdrogensucht, und wer nach vierzig immer noch täglich kiffen muss, ist ein wirklich hartgesottener Kiffer und wird es nicht schaffen, seine wenigen Gehirnzellen für dieses Buch zu vergeuden. Bleibt noch Heroin, aber wer davon abhängig ist, egal in welchem Alter, ist auf einem Rückwärtstrip, sieht richtig schlecht aus und ist so gut wie verloren. Wer mit vierzig noch Heroin nehmen muss, der lebt nicht mehr unter Menschen, dessen Seele hat diesen Planeten schon lange verlassen.

Altersdrogensucht bezeichnet den regelmäßigen oder unregelmäßigen Konsum von Kokain, Exstasy, MDMA, Ketamin und anderen Partydrogen.

Die Altersdrogensucht muss in zwei akute Kategorien unterteilt werden.

1. Der Späteinsteiger: hat mindestens dreißig bis vierzig Jahre seines Lebens nichts mit Drogen zu tun gehabt, lebte ein ganz normales Leben und ist sehr gut ohne Drogen ausgekommen. Er kannte das, was der Drogenkonsum mit sich bringt, also Nachtclubs, Disco, Dealer, falsche Freunde und andere Schattengewächse, überhaupt nicht. Er hatte ein geregeltes Leben, war meist verheiratet, solide und ahnte überhaupt nichts von den Freuden, die das Leben noch zu bieten hat. In der Regel wird der Späteinsteiger von einem jüngeren Lover in die Drogenwelt eingeweiht – man nennt es angefixt werden – und ist von da an hingerissen und vollkommen fasziniert. Er möchte alles nachholen, was er in den langen Jahren seiner öden Existenz in einem Spießerleben verpasst hat. Ihm ist kein Preis zu hoch, kein Weg zu weit und kein Mittwoch zu sehr in der Mitte der Woche, um sich gepflegt wegzuschießen. Der Späteinsteiger ist in Goldgräberlaune und nicht mehr zu bremsen. Frauen, die zu früh Familie und Kinder bekommen haben, und Susis, die sich jahrelang von ihren Frauen domestizieren und unterdrücken ließen und sich unter der Last der Pflichten und Verantwortung beugten, sind die größten Opfer dieser Kategorie von Drogensucht.
2. Der Hängengebliebene: weigert sich, die große Krise, von der dieses Buch handelt, anzuerkennen. Der Hängengebliebene macht einfach weiter wie gewohnt und bisher. Er weiß sich nicht anders zu helfen, denn er ist es gewohnt, zu jeder Gelegenheit Kokain zu konsumieren, so wie andere ein Gläschen Wein. Ausgehen und Partys feiern in Kombination mit Kokain ist das einzige Mittel, um der tödlichen #langeweile, also dem Leben, zu entfliehen. Und das Leben ist trotz Dauerparty und Exzessen schon langweilig genug.

Er geht weiterhin so oft aus, wie es geht, also mindestens zwei- bis zehnmal in der Woche. Er sucht sich immer noch seine Freunde nach dem Spaß- und Coolness-Prinzip aus und will mit Menschen, die sich mit der großen Krise ernsthaft auseinandersetzen und nach einer Lösung suchen oder diese gar gefunden haben, nichts zu tun haben. Er hat keine ernsthaften Zukunftspläne, auch wenn er sehr viele »Projekte« hat. Was er sagt, hat weder Hand noch Fuß, und es wird auch nie etwas daraus. Weibliche Hängengebliebene haben oft ein oder mehrere Kinder, um die sie sich nicht kümmern, weil ihnen die eigene Party wichtiger ist. Das Epizentrum der Hängengebliebenen in ganz Europa ist Berlin und Ibiza, weil sich hier alle Hängengebliebenen treffen. Das Leben in Berlin ist unkompliziert und simpel und sehr billig, und es fällt nicht weiter auf, wenn man mit fünfzig immer noch denselben Quatsch redet wie vor dreißig Jahren, dieselben Sneakers und Hoodies trägt und jeden Tag kifft. Und genau wie vor zwanzig Jahren auch in dieselben Clubs geht, dort dieselben Drogen konsumiert und vielleicht sogar am Monatsende kein #geld für Zigaretten hat. Selbst wenn er eine Tätigkeit gefunden hat, mit der er genug #geld verdient, der Hängengebliebene ist immer in einem Metier tätig, wo er mit anderen Hängengebliebenen Geschäfte machen kann. Auf Ibiza kann man sich vollkommen gehen lassen, weil es keine sozialen Strukturen gibt. Für viele Hängengebliebene die einzige Möglichkeit des Überlebens.

Die Freundin des Hängengebliebenen ist entweder eine gleichaltrige Hängengebliebene, an der er seit zwanzig Jahren hängen geblieben ist, oder eine sehr viel jüngere Emporkommende, die sich an dem Hängengebliebenen hochschlafen will, da dieser schon sehr etabliert ist und Zugang hat zu der »coolen Welt«, in die einzudringen das Ziel der meisten jungen Menschen ist.

Nur um dann dreißig Jahre später festzustellen, dass nicht viel übrig bleibt, wenn dieses ewige Streben nach »cool« aus Altersgründen aufhört. Die Emporkommende wird etwa im Zweijahresturnus ausgetauscht, sobald sie sich weiterentwickelt und Fragen nach dem Sinn des Lebens stellt. Der Hängengebliebene fühlt sich dann schnell alt und merkt, dass sie ihn runterzieht. Verbindlichkeiten kann und will er nicht eingehen.

Der Hängengebliebene ist relativ unbekümmert und unreflektiert, er fühlt sich wohl, so wie sein Leben ist. Er findet nicht, dass er etwas ändern sollte. Er will nicht mehr und nicht weniger. In seinem Drogenkonsum beweist er Kontinuität: zum Ausgehen Kokain und zu besonderen Gelegenheiten wie Sommerraves, Festivals, Hochzeiten, Taufen, Beerdigungen und Urlaube auch MDMA, Ketamin oder mal ein Crack-Pfeifchen. Die Hängengebliebenen verwandeln jede Veranstaltung, und sei es nur ein Brillenshop-Opening, in einen ernsthaften Rave und kommen erst morgens um fünf nach Hause. Sie kennen bei jedem Dinner, egal wo und mit wem, nur ein Dessert: Kokain. In Restaurants ist dann oft die gesamte Tafel leer, weil sich fünfzehn Personen auf die Klos verteilt haben, immer zu dritt in eine Kabine gequetscht. Bei privaten Dinnereinladungen wird manchmal bis morgens um zehn Uhr zusammen mit Emporkommenden in einer gemischten Gruppe an der abgegessenen Tafel gesessen. Dann gehen die jungen Kokser noch in einen Club oder in eine andere Wohnung und nehmen noch mehr Drogen, aber die fünfzigjährigen Hängengebliebenen schleichen mit ihren Sonnenbrillen nach Hause und fühlen sich kein bisschen schlecht dabei, nur etwas zu alt, um jetzt noch, morgens um zehn bei strahlender Sonne, in einen Club zu gehen. Sie sind sich ihrer Situation überhaupt nicht bewusst, das heißt, sie finden nicht, dass sie hängen geblieben sind. Alles ist ganz normal. Wie sollte es denn sonst sein? Ein anderes Leben ist für den Hängengebliebenen nicht vorstellbar.

In den Kreisen des Hängengebliebenen gilt es als nicht comme il faut, wenn man darüber spricht, wie viele Drogen man nimmt. Da es alle tun, ist es auch nicht weiter interessant. Selbst wenn seine Freunde oder gute Bekannte immer mal wieder einfach tot umfallen, ist das für den Hängengebliebenen kein Grund zur Sorge. Ein blöder Zufall, mehr nicht.

3. Der Zwangscleane: wurde durch einen Schicksalsschlag aus seiner Drogensucht gerissen. Ein Schicksalsschlag ist beispielsweise eine schwere lange Krankheit, ein Unfall, ein Schlaganfall, eine Leberzirrhose, eine Diabetes oder eine ähnlich lebensbedrohliche Situation, die zu Abstinenz, Diät und Disziplin zwingen. Es kann auch der soziale Absturz mit dem Verlust der eigenen Existenz sein. Führerschein- oder Jobverlust reichen bei Drogensucht nicht, die Drogensüchtigen leben einfach ohne Führerschein und ohne Job weiter und jammern die ganze Zeit über das Unrecht, das ihnen widerfuhr.

Die mit den schweren oder chronischen Krankheiten, die sie lebenslang zu gesunder Lebensweise zwingen, sind die Ärmsten unter den Zwangscleanen. Sie haben ihre Krankheit verstanden und sich mit ihr so gut auseinandergesetzt, dass es ihnen gut geht. Soweit möglich, sind sie geheilt. Sie wissen, warum sie krank waren, und sie wissen, dass es das nächste Mal nicht mehr gut ausgehen wird. Und sie wissen auch, wie wichtig ein funktionierender Körper ist. Aber sie sind auch drogen- und spaßsüchtig, finden also ein Leben ohne Drogen unglaublich langweilig und freudlos. Partys oder schlichte Geselligkeit fallen für den Zwangscleanen aus, da sie nüchtern nicht zu ertragen sind und vollkommen sinnlos. Zumal sich der Zwangscleane den Anblick der anderen ersparen will, die sich gepflegt wegschießen und nicht mehr ansprechbar sind. Weiter kann er sich nicht der Gefahr aussetzen, doch noch weich und rückfällig zu werden, wenn ihm alle paar Minuten etwas angeboten wird. Andere Kreise und drogenfreie Partys kommen für den Zwangscleanen auch nicht infrage, da die Vergnügungen der Menschen, die immer nüchtern waren, für denjenigen, den es schon früh in die verbotene Dunkelheit hineingezogen hat, überhaupt keinen Reiz bilden. Die Zwangscleanen sind somit an der kurzen Leine. Wenn sie es nicht schaffen, wird ihnen ihr Körper einen schmerzhaften Strich durch die Rechnung machen, sie an einer empfindlichen Stelle im Stich lassen. Sie könnten zum Beispiel alle Zähne verlieren oder die Beweglichkeit. Zahnlos im Rollstuhl weiterzuleben ist für die meisten keine verlockende Option. Zuzusehen, wie die Hängengebliebenen mit lustigen Partys ihre Langweile vertreiben, und nicht mitmachen zu dürfen, ist allerdings auch nicht zumutbar. Der Zwangscleane hasst die Hängengebliebenen und beneidet sie um den sinnlosen Spaß, den sie im Gegensatz zu ihm selbst noch haben dürfen. Es war schon immer verdächtig, wenn über vierzig jährige Partylöwen plötzlich irgendwo in die Pampa verschwinden und sich mitten in Argentinien oder im Norden Mallorcas auf einer Ranch niederlassen. Mit Oliven, Tieren und eigenem Gemüse. Jetzt wissen wir, warum. In Deutschland ist es nüchtern einfach nicht auszuhalten.

#workaholic

Ein Workaholic ist, wörtlich übersetzt, arbeitssüchtig. Er versinkt komplett in seinem Job und fühlt sich nur als menschliches Wesen komplett, wenn er in sein Arbeitsumfeld eintauchen kann. Dazu gehören die schützende Glocke des eigenen Büros, der Schreibtisch und, sofern vorhanden, die eigenen Angestellten, die der Workaholic wie ein Diktator als sein persönliches Reich mit seinen eigenen Untertanen ansieht. Sein Büro ist sein Refugium, hier spürt er sich genau so, wie er sich spüren will, was in der übrigen Welt, in der »freien Wildbahn«, nicht der Fall ist. Workaholics sind entweder ehemalige Schulstreber, die dann in der Berufswelt einfach mit ihrem »ich muss der Beste sein« weitermachen und dabei das Leben verpassen. Oder sie werden durch einen Auslöser in die Sucht getrieben. Der Auslöser kann ein Schockerlebnis, wie etwa eine Trennung, sein oder eine nicht bewältigte #midlife-crisis. Das Verhalten des Workaholics kann auch durch das Unterdrücken von Gefühlen oder Bedürfnissen bedingt sein. Kurz: Der Workaholic rennt immer vor etwas davon und ist auf der Flucht vor etwas, was für ihn schmerzhaft war und noch ist oder ihm Angst macht. Mit der Arbeit begibt sich der Workaholic in einen sicheren Raum und lenkt sich ab. Die meisten Workaholics leben in jeder Hinsicht exzessiv, da arbeiten alleine nicht hilft. Sie lieben Extremsportarten wie Bungee-Jumping und Klettertouren im Hochgebirge, und sie bewegen sich gerne am Rand des Zusammenbruchs. Am Ende brechen sie auch gerne zusammen. Burn-out und Herzinfarkt sind beliebte Zwischen- oder Endstationen des Workaholics. Das Motto des Workaholics lautet: »Don't stop when it hurts, stop when you're done.«

Den Workaholic aus seinem Bann heraus und in einen anderen Bann hineinzuziehen ist sehr, sehr schwer, wenn nicht unmöglich. Denn er fühlt sich ohne seine Arbeit nutzlos, uninteressant und nicht liebenswert. Er kann sich nur über den Leistungsdruck zu etwas Selbstachtung zwingen.

Es ist merkwürdig, aber unübersehbar, dass er sich wie unter einen Schutz stellt, wenn er sagt, er habe unglaublich viel zu tun, sodass man sich irgendwann fragen muss: Wo kommt eigentlich die ganze Arbeit her, und was macht er, wenn plötzlich keine Arbeit mehr übrig ist? Wenn fertiggearbeitet ist? Aber das passiert dem Workaholic merkwürdigerweise nicht. Er arbeitet bis spätnachts, am Wochenende, und er steht morgens sehr früh auf, um seine Mails schon vor dem normalen Arbeitspensum zu beantworten. Die Empfänger wundern sich über die Uhrzeit bei privaten Mails, die man schon Tage vorher verschickt hatte (er hatte natürlich keine Zeit, diese früher zu beantworten): In dem Antwortmail steht die Uhrzeit 06.12 Uhr. Ist er um 06.12 Uhr erwacht und hat als Erstes die Einladung zum Dinner beantwortet? Oder saß er schon geduscht und angezogen zwei Stunden an seinem Schreibtisch im Büro? Wie auch immer, beides ist nicht normal.

Die Lieblingsworte des Workaholics sind: Marathon(meeting), Heading (to Cologne), Success und Business. Und natürlich: Client. Überhaupt redet der Workaholic immer von seiner

Arbeit: was er gerade macht, mit wem, warum und wie begeistert alle von seiner Sache sind, und wenn es nur der erfundene Museumsshop ist, den es gar nicht gibt. Der Workaholic berichtet immer so, als wäre seine Tätigkeit die wichtigste der Welt. Seine Arbeit ist für die internationale Gemeinschaft wichtiger als Amerika und Russland zusammen. Auch beim Date und Digital-Date redet der Workaholic nur von seiner Arbeit. Wenn der genervte #susi-schreck irgendwann sagt: »Kannst du mal von etwas anderem reden als von deiner Arbeit?«, ist der Workaholic komplett verunsichert und schweigt fortan.

Viele Workaholics bekommen von #susi-schrecks auch direkt gesagt, dass sie leider Langweiler sind, weil sie nur von ihrer Arbeit reden und niemand das hören will. Wohingegen #ladies sich einfach nicht mehr melden, wenn der Workaholic jedes Mail mit »Ich habe sehr viel zu tun« beginnt. Und wenn er zweimal nach dem dritten Moscow Mule die langweilige Geschichte erzählt, wie er 1996 seinen blöden Start-up gegründet hat und wie ihm alle davon abgeraten haben, sagt die Lady, sie müsse leider schon früher als geplant nach Hause, weil sie erwartet würde.

Es gibt auch weibliche Workaholics, aus selbigen Gründen. Gerne sind weibliche Workaholics Inhaberinnen von PR-Agenturen mit einem Rudel schlecht bezahlter Angestellter und Kunden, ohne die sich die Welt genauso schnell drehen würde. Die Workaholic-Weiber nerven ihre Umgebung noch mehr als ihre männlichen Pendants, weil sie in Frauenrunden vor den weiblichen Freundinnen mit ihrer Einzigartigkeit durch »Erfolg als Businesslady« und »Powerfrau« die ganze Zeit posen müssen. Und da ihnen niemand zuhören will, müssen sie der Welt zeigen, wie toll sie, ihre Arbeit und ihre Kunden (#lovemyclient, #lovemywork, #lovemytopjob) sind. Aber niemand will das wissen, auch Männer wollen das nicht hören, schon gar nicht von Frauen. Auch Super-Susis nicht.

Weibliche Workaholics sind darum meist nur in Gesellschaft von Schwulen oder sehr viel jüngeren #toyboys, die sich an ihnen hochschlafen, zu sehen. Das hält sonst kein Schwein aus.

#emanzipation

Die größte Lüge, mit der Männer und Frauen in Deutschland leben, ist die Behauptung der Emanzipation oder auch Gleichberechtigung zwischen Mann und Frau. Für die meisten erwachsenen Männer hat eher zu viel Emanzipation stattgefunden als zu wenig. Wenn er tapfer die Spülmaschine ausräumt und die Küche wienert, nachdem sie das Abendessen gekocht hat, wenn er den Müll runterbringt, weil sie zwei Hemden für ihn gebügelt und die Kinder ins Bett gebracht hat, tut er das meistens, weil er keine Vorwürfe hören will, und nicht, weil er ein Freund der Gleichberechtigung ist. Zudem ist die Susi, die zu Hause die Spülmaschine ausräumt, durchaus auch die Susi, die im Job Frauen benachteiligt, schlechter bezahlt und ihnen keine Aufstiegsmöglichkeiten bietet. Es gibt gewisse Fakten, die zu akzeptieren in Deutschland einigen Menschen schwerfällt.

Vielleicht ist es nicht die sachlichste Form zu argumentieren, aber es gibt eine Folge in *Sex and the City*, in der Miranda versehentlich einen Anruf von einer Frau annimmt, die sich nichts Großartigeres vorstellen kann, als mit ihrem Ex Steve zu bumsen. Woraufhin sie erkennt: »Ein 34-jähriger Typ ohne Geld und ohne Wohnung ist nur, weil er single ist, ein Riesenfang, aber eine Frau von 34 Jahren mit Job und toller Wohnung wird nur, weil sie single ist, als tragischer Fall angesehen.«

Ist es so? Ja, es ist so!

Männer interessieren sich nicht für Frauen, wenn sie kein Interesse an #sex haben. Ein Mann, der aus irgendwelchen Gründen nicht vögeln will, gibt sich nicht weiter mit Frauen ab. Aber eine Frau, die aus irgendwelchen Gründen keinen #sex haben will, hat trotzdem Interesse an Männern. Das ist einer der Gründe, warum es nie Emanzipation geben wird.

Es wird immer so bleiben: Die Frauen nehmen, was sie kriegen, und kämpfen für mehr. Aber eine Gleichberechtigung findet nicht auf dem Papier, sondern in den Köpfen statt. Dass Gleichberechtigung nicht existent ist, lässt sich schnell erkennen, wirft man einen Blick in die Führungsetagen sämtlicher Branchen. Frauen findet man hier selten. Bei großen überregionalen Tageszeitungen gibt es kaum weibliche Ressortleitungen, obwohl die männlichen Pendants sich in einem Alter befinden, in denen auch Frauen keine Kinder mehr bekommen. Eine Fünfzigjährige könnte also durchaus den Posten besetzen, ohne dass sie durch drohende Schwangerschaft eine Gefahr für die Menschheit wäre. Es sitzen aber überall nur Männer. Deutschland ist ein Patriarchat. Man muss sich als Frau hochschlafen, so wie die meisten es tun, oder die Weiblichkeit abgeben und hochackern und buckeln wie Angela Merkel. Aber niemand möchte das zugeben, und das ist das eigentlich Verheerende daran.

Der versteckte Nationalsozialist zeigt sich besonders betroffen über die NSU und behauptet, als Einziger die kompletten Verhöre gelesen zu haben. Der versteckte Homo ist ein militanter Schwulenhasser, wie Gauweiler es war, und der Sexsüchtige sagt: »Mir ist Sex nicht so wichtig, ich möchte mich viel lieber unterhalten und kuscheln.« Aber am schlimmsten ist die versteckte #sexist-susi, denn in Wahrheit ist er ein verklemmter und verlogener Chauvinist, der Frauen fürchtet und ihnen nichts gönnt.

Nirgends hat sich das so eindeutig gezeigt wie in der Diskussion über die Lohndiskriminierung der Frauen. Noch perfider verlogen war die darauf folgende Diskussion darüber, ob so ein Gesetz überhaupt notwendig sei. (Wenn die Frauen so schön dumm sind und für viel weniger #geld arbeiten, ohne zu mucken, ist das doch sehr angenehm für die männlichen Arbeit- und Geldgeber, wozu die Dinge unnötig kompliziert machen?) Natürlich wurden dazu die schlimmsten und verstecktesten #sexist-susis, die ihre frauenverachtende Fratze hinter einer liberalen Maske verstecken, befragt. Die #sexist-susis sagten: »Wir brauchen kein Gesetz, um die Löhne der Frauen zu sichern, denn WIR HABEN SCHON GENUG GESETZE!«

Und nichts entlarvt die offene oder versteckte #sexist-susi so leicht wie eine öffentliche Diskussion über Geschlechtergerechtigkeit.

#susi-schreck: »Sie sagen ladies first, aber es gibt quasi keinen Bereich, in dem Frauen wirklich Vorrang haben. Außer vielleicht bei der rhythmischen Sportgymnastik.«

#sexist-susi: »Dann lebe ich in einem anderen Land. Angela Merkel scheint mir eine derart unangefochtene Nummer eins zu sein, dass sich kein Mann in der Union aufzumucken traut. Die erfolgreichste Ministerin der SPD ist Andrea Nahles, und die Nummer eins b in der Union ist entweder Ursula von der Leyen oder Julia Klöckner, wenn sie die Wahlen in Rheinland-Pfalz gewinnt – gegen Malu Dreyer. Die einzige Vernünftige bei den Grünen ist Claudia Roth, und die FDP steht nur deshalb so schlecht da, weil es da im Augenblick keine wirklich überzeugende Frau gibt, mal abgesehen von der kleinen Hoffnung Katja Suding. Und, um noch ein wenig globaler zu denken, im wunderbarsten Land der Welt, der absoluten Supermacht, könnte es zu einem Showdown zwischen Hillary Clinton und Condi Rice kommen. Also, ich sage weiterhin ladies first. Aber mal unter uns, sehen Frauen nicht all diese Erfolge und freuen sich?«

#susi-schreck: »Sie haben die paar Frauen sauber rausgepickt. War auch nicht schwer, mehr gibt's ja nicht. Aber warum sollen die Frauen im Allgemeinen sich darüber freuen? Frauen wollen, Frauen freuen sich über – was soll dieser kollektivistische, aufs Geschlecht reduzierte Blick? Ich persönlich finde es okay, dass eine Frau Kanzlerin ist. Aber ich finde es schlimm, dass Angela Merkel gegen die Frauenquote ist.«

#sexist-susi: »Sie ist eben vernünftig.«

#susi-schreck: »Eher das Gegenteil. Sie hat die Chance vertan, Geschlechtergerechtigkeit von oben zu ermöglichen. In dieser Frage ist sie ganz Mann. Und dann, Politik, öffentlicher Dienst – ja, ja … aber in ihrem Lieblingsland sagt man: ›It's the economy, stupid.‹ Frau Merkel hat nichts an der Tatsache geändert, dass in Deutschland neunzig Prozent der Chefs Männer sind. Mir ist es egal, ob Frauen oder Männer frauenfeindliche Politik machen. Frauenfreundliche Politik kann auch von Männern gemacht werden.«

#sexist-susi: »Ich glaube nicht daran, dass man Geschlechtergerechtigkeit von oben ermöglichen kann, und wie soll diese Gerechtigkeit aussehen? Als moderner Mann erscheint mir die Emanzipation von Frauen als eine Selbstverständlichkeit und eine der zauberhaftesten Freiheitsbewegungen der vergangenen fünfzig Jahre. Es wird weitergehen, und natürlich müssen Arbeitgeber möglichst alles tun, um die Lebensentwürfe von Frauen mit Kind und #karriere zu ermöglichen …«

Es wird deutlich: #sexist-susis drehen den Frauen die Worte im Mund herum. Dass es keine Emanzipation und Gleichberechtigung bei uns gibt, ist gar nicht das Problem. Das Problem ist die Lüge der Männer, die behaupten: Ihr seid doch gleichberechtigt. Da sind Frauen und da und da … Und das Allerschlimmste ist: Die meisten Frauen glauben das auch noch und ordnen sich freiwillig und kampflos unter.

#augenhöhe

Irgendwann keimt in jedem Spätvierziger, der sich sein Leben lang seine Frauen gezielt so ausgesucht hat, dass er der Stärkere war und nicht zur Susi gemacht wurde, die Sehnsucht nach einem gleichwertigen und klugen Partner auf. Meistens, wenn der Mann einer etwa gleichaltrigen attraktiven erfolgreichen und unabhängigen #lady begegnet, die auch die kleinen Schwingungen in seiner Sprache hört und seine Scherze schlagfertig kontert.

»Ich habe mir schon immer eine Freundin auf Augenhöhe gewünscht …«, schmachtet der attraktive Mittvierziger mit der achtzehn Jahre jüngeren Freundin auf Jobsuche sein Gegenüber an, eine erstaunte #lady im Designerkleid und eigener Firma. Er sieht gut aus, trägt einen tadellosen Anzug von der angesehenen Münchner Maßschneiderei Maile und dazu gute schwarze Chelseaboots mit Patina und Ledersohle (selbstverständlich). Er hat noch ausreichend Haare auf dem Kopf, keinen Bauch und ein süßes Lächeln. Er besitzt eine Bootshütte am See und scheint sein Segelboot über alles zu lieben. Golf findet er schrecklich, das ist für ihn weder Sport noch Naturerlebnis. In seinem schwarzen SLS 63 hört er zuerst Musik von

Sparklehorse und bedauert den Selbstmord des Sängers vor einigen Jahren, dann wechselt er zu Mayer Hawthorne. Im Restaurant fragt er, ob sie einen Aperitif möchte, und bestellt dazu eine Flasche Barolo und eine Flasche Evian. Sie kennen sich über den Job, er ist Geschäftsführer mehrerer Start-ups und Software-Firmen. Auf seiner Karte steht: Chairman-Supervisory Board. Sie besitzt eine Sponsoring-Agentur. Das erste Date war ein reines Business-Date in seinem Office, darauf folgten ein wenig #digital-dating und jetzt die Einladung zu einem hippen Japaner, vorher Drinks in einer Bar.

»Das Auto lass ich aber nach dem Essen stehen, wir nehmen ein Taxi«, sagt er zu ihr, während er an seinem iPhone das richtige Lied sucht.

»Kein Problem, jetzt habe ich ja gesehen, was du fährst.«

Er lacht.

»Ja stimmt, ich habe gehofft, es würde dich beeindrucken.«

»Ich bin beeindruckt«, sagt sie und meint es auch so.

Sie ist auch beeindruckt von seiner Entscheidung, ihren Lieblingschampagner zu bestellen, ohne dass sie ihm etwas gesagt hätte, nämlich Ruinart Rosé, sie ist beeindruckt von dem Wein, von dem Fleisch, zu dem er ihr rät, und von seinem Humor.

Und dann sagt er es: »Ich habe mir immer eine Freundin auf Augenhöhe gewünscht ...«, und sieht sie halb lüstern, halb traurig an.

Wie oft hat sie das schon gehört, und es waren immer Typen mit Freundinnen, die den Männern nicht im Entferntesten das Wasser reichen konnten.

»Wo ist das Problem?«, fragt sie.

»Hast du keine Freundin auf Augenhöhe?«

»Nein, überhaupt nicht.«

Jetzt ist er richtig traurig. Und dann erzählt er von der Sechsundzwanzigjährigen, die nicht weiß, was sie machen soll, kein #geld hat und halb bei ihm wohnt.

»Das heißt, sie ist immer da, aber nicht offiziell eingezogen.«

Dann zeigt er ihr ein Foto von einer blonden Barbie und jammert: »Ich bin der Sugardaddy, das geht mir auf die Nerven. Sie hat jetzt vielleicht einen Job bei einer Freundin von mir, einer Designerin … sie zeichnet ganz gut.«

Die #lady zieht die Augenbrauen hoch. Eine Sechundzwanzigjährige, die bei einem Typen, der achtzehn Jahre älter ist als sie, planlos herumhängt, hört sich unfaszinierend an.

Und dann erzählt er noch ungefragt die Geschichte, wie er sie zu ihrem Geburtstag mit einem Ausflug zu den Niagara-Fällen mit einem Privatflugzeug aus New York überraschen wollte, und sich dann nicht nur herausgestellt hat …

Sie unterbricht: »Der Farmingdale Airport auf Long Island? Das ist aber sehr touristisch …«

Worauf er sie irritiert ansieht: »Ja, äh, genau, Bianca war doch noch nie in Amerika, und ich wusste, sie ist noch nie privat geflogen, und als ich ihr den Umschlag mit den Tickets gab, ist sie fast in Tränen ausgebrochen, denn sie war überhaupt noch nie geflogen! Das wusste ich gar nicht!«

Er strahlt die #lady an, lacht und schüttelt den Kopf.

»Wie? Noch nie geflogen? Also auch nicht nach Köln oder London? Das geht doch gar nicht.«

Er schüttelt den Kopf und lacht immer noch: »Nein, und dann alles auf einmal: Flug nach New York, Privatflugzeug, Niagara-Fälle … es war großartig.« Er grinst breit.

Jetzt würde die #lady am liebsten auch in Tränen ausbrechen. Sie hat keinen Hunger mehr, legt ihr Besteck zusammen und würde gerne aufstehen, ihre Lederjacke anziehen, die das Vierfache von dem Niagara-Privatflugzeug-Trip für Bianca gekostet hat, und sagen: »Ich will nach Hause!«, und hinausgehen in die erfrischende Kühle der Nacht. In eine Uber-Limousine steigen und sich in ihre schöne, große Wohnung bringen lassen, um dort in Ruhe in verzweifelte Tränen auszubrechen, weil sie sechs Jahre alt war, als sie das erste Mal mit ihren Eltern nach New York flog.

Es ist generell so: Wenn ein Mann eine Frau braucht, die gefühlt immer mindestens zwei Treppenstufen unter ihm bleibt, damit er sich größer fühlen kann, hat er in seinem Inneren ein großes Problem mit seinem Selbstwertgefühl, auch wenn er nach außen hin sehr selbstbewusst erscheint. Leider haben das neunundneunzig Prozent der Männer, aus dem einfachen Grund, weil Männer zu Hause der Chef sein wollen, und das geht nur, wenn der andere sehr viel schwächer ist und niemals Oberwasser gewinnen kann. Je »kleiner« die Frau an der Seite des Mannes, desto kleiner sein Selbstwertgefühl und desto größer die #ängste, der Unterlegene zu sein oder sich unterordnen zu müssen. Klein ist eine Frau, die sehr viel jünger, dümmer, schlechter ausgebildet, finanzschwächer ist und sehr viel weniger Möglichkeiten hat. Und auch sehr wichtig: Sie darf keine anderen Ziele im Leben haben, als bei ihm sein zu dürfen. Das Leben, das er ihr bieten kann, muss mehr sein, als sie sich je zu erträumen wagte, und nicht weniger.

Da der Mann von Natur aus faul ist, weiß er, eine Frau auf Augenhöhe würde ihn nicht in Ruhe nur das machen lassen, wozu er Lust hat. Denn so schön es auch ist, eine perfekte Zeit zu haben – mit höherem Anspruch steigen auch die Erwartungen, und das Getrieze nimmt seinen Lauf. Ein Mann weiß, zu Hause braucht er Anerkennung und Applaus und keine Kritik.

Oft ist der Mann aber auch von einer #lady auf Augenhöhe so hingerissen, dass er ihr ohne Strategie und Plan den Gentleman spielt und sich selbst in der Rolle gefällt. Bis er plötzlich erkennt: Hilfe, was mache ich hier? Wohin soll es führen?

Und wozu soll ich hier die ganze Zeit die Alte pleasen (englisch), also zufriedenstellen? Ich habe doch wirklich Besseres zu tun, nämlich machen, was ICH will, und meine Ruhe haben. Das ist zwar etwas langweiliger, und meine Freundin ist nur mittelmäßig, aber dafür bin ich der Chef. Und das ist das Wichtigste.

Nachdem der Mann sich diese trüben Gedanken gemacht

hat, wird er sich von der Augenhöhe-Lady schlagartig zurückziehen, die natürlich die Welt nicht versteht. Hat sie etwas falsch gemacht? Ist etwas passiert? Warum meldet er sich nicht mehr? Ist er sauer?

Aber da sie eine #lady ist und keine #susi-frau, wird sie ihn nicht fragen, sondern ihre Freundinnen. Die werden ihr das so erklären: Um den Mann in dem Glauben zu lassen, es wäre eine Beziehung auf Augenhöhe, gibt es verbotene Augenhöhe-Killer, die keine Frau in der Date-Phase sagen darf, zum Beispiel:

- »Deine neue Website sieht unprofessionell aus! Ich stell dir meinen Webdesigner vor, der kann was draus machen.«
- »Soll ich lieber schnell einparken?«
- »Nein, danke, ich trinke keinen Pinot Grigio, hast du keinen richtigen Wein?«
- »Oh, es gibt Lachs? Na gut, heute mal ausnahmsweise …« – »Wieso, magst du keinen Fisch?« – »Doch, Fisch schon, aber keinen Lachs, das ist doch das Schwein des Meeres.«
- »Nein, ich nehme auf keinen Fall die S-Bahn zum Flughafen, wir nehmen eine Uber, ich zahl das gerne.«
- »Warum hast du kein schönes Hotel gebucht?«
- »Wie? Kein Pool?«

#kommunikation

Ab vierzig spreizt das sprachliche Trapez zwischen Männern und Frauen auseinander. Die Kommunikation wird anstrengend. Das ist ein wichtiger Aspekt in der nicht mehr so gut funktionierenden Gender-Verständigung. Warum verstehen sich Männer und Frauen plötzlich nicht mehr so gut wie früher? Ganz einfach: Sie reden aneinander vorbei. Dies hat folgende Gründe:

1. Sie verbringen kaum noch Zeit miteinander. Das gemeinsame Abhängen gibt es nicht mehr. (siehe #guyfriends)
2. Als Erwachsene verbindet sie kein gemeinsamer Großstadt-Slang mehr. Eine Ausnahme ist Berlin, da sprechen auch Greise noch nur und ausschließlich Slang.
3. Ihre Persönlichkeiten, Bedürfnisse und dadurch auch ihre Interessen entwickeln sich unterschiedlich, was wiederum auf Punkt 1 zurückzuführen ist.

Die Interessen und Bedürfnisse der Männer und Frauen divergieren mit dem Alter so stark, dass es bei privaten Unterhaltungen in der Regel für einen der beiden wahnsinnig langweilig ist, dem anderen zuzuhören. Meistens sind es übrigens die Männer, die sich langweilen, während ihnen Frauen erzählen, was ihnen so alles auf dem Herzen liegt, wo sie herkommen, und dass sie nicht wissen, wohin sie sollen, und sich deshalb einen Mann wünschen, der es ihnen sagt. Weitere Frauenthemen sind:

- **andere Frauen:** Ex-Freundinnen, verhasste Kolleginnen im Büro, Chefin
- **Ernährung:** siehe #health-food-sucht und #detoxsucht
- **Verdauung:** siehe #health-food-sucht
- **Figur:** Problemzonen und wie sie sich damit abgefunden haben
- **Sport:** Yogastudio, Joggingpfade, Fitnesstrainer
- **Kinderkriegen**
- **Männer:** im Allgemeinen und im Speziellen
- **Schönheit:** Botox sowie die Angst vor und die Notwendigkeit von operativen Maßnahmen

Dagegen sind Themen, die erwachsene Männer wirklich beschäftigen, folgende:

- **Job:** ihre Firma, ihre Kunden, ihre Projekte, ihre Geschäftsreisen (lustige Geschichten aus Dubai/Moskau/Shanghai und Erzählungen darüber, was der indische Taxifahrer gesagt hat)
- **Fußball**
- **#geld** (und was man damit machen kann oder gemacht hat)
- **Politik**

Man muss kein Psychoanalytiker sein, um anhand dieser Themenlisten zu erkennen, dass sich erwachsene Männer und Frauen nichts mehr zu sagen haben. Die meisten Susis hören nach zwei Minuten Frauentalk nur noch diese Peanuts-Stimme aus dem Off und denken an die Belohnung, wenn sie das hier durchgestanden haben: #sex. Frauen dagegen können sich leicht in jede Unterhaltung einbringen, obwohl sie die Männerthemen auch nicht gerade spannend finden, und Interesse simulieren, sodass der Mann nicht merkt, dass sie sich zu Tode langweilen, wenn er ihr zum millionsten Mal ausführlich erzählt, wie er sein verdammtes Start-up vor zwanzig Jahren gründete und wie ihm alle davon abrieten, und heute hat er ... und so weiter. Selbst bei Männern ohne Job geht es um Jobthemen.

Echte Männer können sich erstaunlicherweise besser mit Frauen unterhalten als Susis. Vermutlich weil ein richtiger Mann die Frau als weibliches Wesen akzeptiert und erkennt und sich auf sie einlassen kann und sich – in dem Moment zumindest – für sie interessiert. Alte Susis können das nicht, sie interessieren sich nicht (mehr) für Frauen als Menschen, sondern nur als Mittel zum Zweck, und denken ansonsten ausschließlich an ihr eigenes Wohl. Das ist der Grund, warum Susis nichts oder kaum etwas über die Frauen wissen, mit denen sie ein Verhältnis pflegen.

Wenn man die Susi zum Beispiel fragt, warum seine Freundin so gut spanisch spricht, weiß er das nicht und antwortet: »Vielleicht war sie mal länger in Spanien?« Ja, vielleicht. Vielleicht hat sie es ihm auch schon zehnmal erzählt, aber er hat nie zugehört.

Internationale Kommunikationsregeln:

1. Männer, die ungefragt über ihren Job reden, langweilen Frauen zu Tode. Frauen interessieren sich nicht für seine Jobgeschichten.
2. Männer, die in Anwesenheit von Frauen über ihr Business reden, als wären sie allein, sind dämliche Susi-Trottel der oberen Liga.
3. Männer, die in Anwesenheit von Frauen länger als drei Minuten über Politik reden, sind unsexy.
4. Frauen, die in der ersten Nacht »alles über sich« erzählen, sind am Morgen schon uninteressant.
5. Frauen, die über ihre Ernährung sprechen, sind unsexy. Eine #lady spricht nicht über ihren Mageninhalt.

6. Frauen die über ihre Allergien und Gluten-Unverträglichkeit sprechen, haben einen Mann verdient, der nur über seinen Job und über jeden Etat einzeln spricht.
7. Die Frau muss immer weniger sagen als der Mann. Er muss denken: Warum redet die so wenig? Und nicht: Die quatscht so viel …

Folgende Situation: Zwei befreundete Susis aus der »Kunstwelt«, einer mit Job, der andere ein Taugenichts-Kunst-Groupie, der von dem #geld seiner wohlhabenden Frau lebt, treffen sich mit zwei #susi-schrecks zum Dinner. Vier Menschen an einem Tisch in einem schönen Restaurant. Was wird geschehen? Werden sich diese vier Personen, die sich schon länger kennen, in ein nettes Gespräch vertiefen?

Nein, im Gegenteil. Die Susis werden sich während des gesamten Dinners in ein nicht enden wollendes Wer-wann-wo-mit-wem-Geschwafel vertiefen und es den beiden schweigenden #ladies unmöglich machen, an ihrem Gespräch teilzuhaben. Obwohl eine der Damen es sogar wagt, freundlich darauf hinzuweisen, dass sie auch am Tisch sitzen und sich aber leider vorkommen wie bestellte Hooker, mit denen man nicht spricht. Doch es ändert sich nichts. Die Susis starren den sich spöttisch lächelnd beschwerenden #susi-schreck an, als wäre sie eine piepsende Waschmaschine, und setzen ihr Gequatsche, was sie alles auf den Art Basels dieser Welt erlebten, fort.

Zwei offene #sexist-susis dagegen würden bei einem Dinner zu viert die Gesprächsthemen sexnah an die Damen anpassen. Sie würden alle echten Themen beiseitelassen und mit einer leichten Einstiegsfrage beginnen: »Sind Sie single?« Um dann über die ausgezeichnete Seezunge zu sprechen, über den geeigneten Wein dazu und dann über den Winter in St. Moritz – »Mögen Sie die Schweiz?« –, und wie der Sommer in Südfrankreich wohl werden wird – »Ich mache die beste Bouillabaisse … Kochen Sie gern?« –, und von den Sonnenuntergängen in den isländischen Fjorden: »Lieben Sie Island?« Das nennt man Konversation, die nur dazu da ist, um der Situation gerecht zu werden. Sie ist darüber hinaus vollkommen sinnentleert, aber man erkennt sofort die Bildung und Klasse des Gegenübers. Wer es schafft, sich auf einem so glatten und seichten Niveau elegant und wortgewandt zu halten, der hat die wichtigste Hürde des Small-Talk-Flirtens schon bestanden. Der Mann weiß sofort, wen er vor sich hat, und umgekehrt. Die Plauderei ohne Tiefe ist lediglich dazu da, sich Bälle zuzuwerfen und Nähe zu erzeugen. Entspannt und relaxt. Susis und #susi-frauen können das nicht.

Frauen reden ganz anders als Männer. Sie reden meistens zu viel, und sie reden gern:

»Du siehst ja gut aus? Hast du was machen lassen?«

»Nein, ich kann ja meine Haare nicht mehr sehen, obwohl ich in den letzten zwei Monaten bei drei verschiedenen Friseuren war, aber seit ich vegan bin, habe ich so eine blasse Haut, dass ich …«

Und so weiter …

Bei zwei Männern geht das so:

»Hey, Mann, fährst du immer noch die alte Schüssel?«

»Sagt der andere: Yo, Alter.«

Frauen reden immer so viel, weil sie denken, Männer spüren und verstehen nicht so viel, und deswegen müssen sie eben mehr reden, damit der Mann besser weiß, was er spüren soll. Also mehr Text für besseres Verständnis. Was aber zur Folge hat, dass der Mann – überwältigt durch die Flut der Worte – die Schotten dichtmacht und abschaltet. Und weil sie sich daran gewöhnt haben, über alles, was in ihnen vorgeht, minutiös zu sprechen vor lauter Angst, nicht verstanden zu werden, reden sie eben die ganze Zeit.

Es gibt allerdings auch Kommunikationsfallen zwischen Mann und Frau, die immer zuklappen, also immer funktionieren.

Beliebte Männerfalle: »Ich bin sehr liebesbedürftig.« – Jede Frau denkt: Oh, du armer Superheld, bekommst du nicht genug Liebe? Ich kann dich ausreichend lieben, ich!!

Sie wird bald sehen, dass einen Mann in Liebe und Sicherheit zu wiegen der sicherste Weg ist, ihn zu langweilen.

Beliebte Frauenfalle: »Ich liebe meinen Job. Meine Arbeit ist mir das Allerwichtigste, erst dann kommen die anderen Dinge.« – Der Mann denkt: Super, die hat ihr eigenes Ding und wird mir nicht auf die Nerven gehen, wenn ich keine Zeit habe und meine #karriere verfolge.

Er wird bald sehen, wie schnell der Job auf ihrer Prioritätenliste nach unten rutscht und es nur noch um ihn geht.

#excuses

Woran erkennen wir, ob eine Frau eine #susi-frau ist, ein #susi-schreck oder eine #lady? Und woher soll sie wissen, ob sie sich immer noch mit einem Susi-Loser herumschlägt, ob es sich um eine offene oder versteckte #sexist-susi oder vielleicht sogar um einen echten Mann handelt?

Es ist sehr leicht. Wirklich sehr leicht. Wenn eine Frau sich ständig für ihren Mann Entschuldigungen ausdenken muss, um sein unterirdisches Verhalten zu entschuldigen, dann ist sie mit einer Susi zusammen. So einfach ist das. Die Frau eines Mafia-Bosses, eines Steuerhinterziehers oder eines Schmiergeldempfängers würde nicht im Traum daran denken, sich Entschuldigungen für ihren Kerl auszudenken. Entschuldigt wird nur peinliches Lowlife-Verhalten von Susi-Losern, und Entschuldigungen denken sich nur #susi-frauen aus, die sich innerlich wie ungeliebte Aschenbrödel fühlen. Die entweder nicht hübsch genug sind und deshalb nicht genug Aufmerksamkeit von Männern bekommen und zu wenig Selbstwertgefühl haben und glauben, nicht mehr verdient zu haben, oder die Susi ist alles, was der internationale Männermarkt für sie vorgesehen hat. Auch die #susi-frau des #alko-holes hat nicht genug Selbstbewusstsein und fühlt sich ungeliebt und muss sich ständig Excuses ausdenken und vor allem die Geschichten über ihre Alkoholiker-Susi anhören. Auch sie hat eine endlose Reihe von Excuses.

Die #susi-frauen wissen natürlich selbst, dass ihre Susi peinlich und unterirdisch ist, sonst würden sie nicht ständig auf der Hut sein und sich entschuldigend einschalten, als würde es sich nicht um ihren Mann, sondern einen dieser Hündchen handeln, die sich nicht unter Kontrolle haben und überall die Kabel und Schuhe zerkauen und auf den weißen Teppich pinkeln, obwohl sie Gassi geführt wurden. Merke: Eine Frau muss sich niemals für ihren Mann Entschuldigungen überlegen. Und schon gar nicht, wenn es um sein Verhalten ihr oder anderen Frauen gegenüber geht. Und wenn er sich anderen Männern gegenüber schlecht benimmt, wird sich ohnehin niemand eine Entschuldigung dazu von der Frau anhören wollen.

Prinzessin Caroline hat immer diskret weggesehen, als hätte das mit ihr nichts zu tun, wenn ihr besoffener und vollgekokster Mann Ernst August wieder einmal durchdrehte und mit dem Regenschirm auf irgendwelche Nervensägen eindrosch. Und als sie nach der Trennung vor Gericht für ihn aussagen musste, tat sie es widerwillig, denn er hatte sie schon lange betrogen und durch eine echte Prostituierte ersetzt. Aber sie erledigte es schnell und diskret und sprach nicht weiter darüber. Denn ein Mann übernimmt ganz allein die Verantwortung für seine Taten, er braucht keine Mami, die ihn beschützt und verteidigt. Natürlich steht sie hinter ihm, wenn er zwanzig Millionen Steuern hinterzogen, aus Versehen Nutten und Koks in seine Kanzlei bestellt oder ein Zimmermädchen in seiner Hotelsuite versucht hat zu vergewaltigen. Aber sie sucht keine Ausreden für ihn. Es ist, wie es ist.

Sie sagt also niemals: »Heinz war nicht unfreundlich, Heinz war nur müde von seinem Rückflug«, wenn Heinz stundenlang bei einem Brunch mit ihren lustigen Freunden sitzt und mit niemandem ein Wort spricht und stattdessen ein langes Gesicht zieht.

Oder: »Max war nicht respektlos, er hat nur die Tage zuvor zu viel getrunken«, nachdem Max, ein Mann mit gutem Einkommen, Anfang vierzig und sich auf seinen anspruchsvollen Lebensstil viel einbildend, bei einem casual Dinner mit seiner Freundin (der #susi-frau) und deren bester Freundin vierzig Euro für sein Essen auf den Tisch legt. Ja, der arme Max hatte die Tage zuvor zu viel gefeiert, sodass ihm Sonntagabend entfallen war, dass er ein Mann ist. Er dachte, er sei ein kleiner Schuljunge und die beiden Frauen seien seine dicken älteren Cousinen. Er legte das #geld für sein Essen auf den Tisch, na und?

Oder: »Stefan hat dich nicht ignoriert oder geflissentlich übersehen. Stefan ist Autist!«

Oder: »Frieder ist nicht vollkommen desinteressiert an allem, was mit mir und meinem Leben zu tun hat. Frieder hatte nur einen kurzen unkonzentrierten Moment! Frieder weiß natürlich, dass unsere Großeltern aus Schlesien vor den Russen geflohen sind, das weiß er, ganz sicher!« Aber warum fragt er jedes Mal, also alle paar Wochen, wenn sie schlesische Knödel macht, wieso sie ausgerechnet das so gut kann? Und dann antwortet sie: »Weil meine Großeltern aus Schlesien sind« … Und er fragt dann immer: »Warum leben sie jetzt in Deutschland?« Und sie: »Weil sie damals geflohen sind …« Und er: »Warum sind sie denn geflohen?« – »Ähm, weil nach dem Krieg jeder, der sich bewegen konnte, vor den Russen geflohen ist …«

Klar doch, all diese Fragen über die Frau, mit der er Tisch und Bett seit Jahren teilt, stellt Frieder nur, weil er einen kurzen unkonzentrierten Moment hatte, natürlich. Um den Zweiten Weltkrieg als Mensch mit abgeschlossenem Hochschulstudium »für einen kurzen Moment« vergessen zu können, wenn es sich auch noch um die Lebensgeschichte der eigenen Freundin handelt, muss man wirklich einen sehr kurzen, sehr unkonzentrierten Moment haben.

Nur #susi-frauen finden es normal, jemandem immer wieder dasselbe zu erklären und zu wissen, dass er auch dieses Mal nicht zuhört, aber stattdessen jammert, er würde nicht genug Aufmerksamkeit von seiner Mami, also der #susi-frau, bekommen, denn der Susi-Loser ist natürlich auch gleichzeitig immer eine versteckte #sexist-susi, also darf nur seine Welt sie interessieren. Ist die #susi-frau nicht in der Lage, sein schwaches Ego so stark aufzuplustern, dass er nicht merkt, was für ein Schwachkopf er ist, weil es sich einfach für einen erwachsenen Mann nicht gehört zu schmollen oder sich trotzig und ruppig zu benehmen wie ein kleiner Junge, der die Aufmerksamkeit seiner Mami erpressen möchte, geht er fremd. Dann wird sie schon sehen, was sie davon hat, und sich wieder mehr um ihn kümmern. Spätestens dann wird sie sich hüten, ihn wegen seiner Schwachheiten auch nur anzusprechen.

Der #susi-schreck wird beim Anhäufen der oben genannten Fälle erst die Brokatvorhänge von der Decke reißen und dann schreiend davonrennen, um in Windeseile einen Fremden in New York zu heiraten und dieses Elend zu vergessen.

Die #lady dagegen wendet sich beim ersten Totalausfall wie oben beschrieben einfach ab und entfernt sich kopfschüttelnd. Eine #lady hat höchstens Excuses dafür, wenn ihr Mann nach einem sechsgängigen Menü und mehreren Flaschen Wein vor der Tür beim Zigarettenrauchen von einem alten Bekannten einen Joint angeboten bekommt, von diesem mehrmals zieht, worauf er leichenblass auf das Herrenklo schwankt und nie wieder zurückkehrt, bis sie, die Lady, das Personal bitten muss, die Tür aufzusperren. Und dann sieht sie zusammen mit zwei sardischen Kellnern, wie ihr Mann mit geschlossenen Augen auf den nackten kalten Fliesen liegt, die Toilettenschüssel eng umschlungen. Dann wird sie ihn entschuldigen: »Er hat heute zu viele Paracetamol genommen, davon ist sein Blutdruck immer ganz unten.«

Die Frauen von offenen #sexist-susis kommen im realen Leben kaum vor. Sie sind kleinlaut und Peinlichkeiten gewöhnt, müssen es aber aushalten, da sie von der offenen #sexist-susi abhängig sind. Offene #sexist-susis haben selten unabhängige Frauen, denn die würden irgendwann gehen, und auf eine Beziehung auf #augenhöhe legen offene #sexist-susis so gar keinen Wert. Nur mit abhängigen Frauen kann man machen, was man will. Diese Frauen halten den Ball flach, um das Monster nicht unnötig zu reizen. Wobei gesagt werden muss: Frauen von offenen #sexist-susis kommen auch deshalb in der Realität selten vor, da sie meistens vor 1950 oder in einem vollkommen anderen Kulturkreis geboren wurden.

#businesstermine

In Erfolgsseminaren für Frauen wird gelehrt, Frauen sollen im Business von den Männern lernen: ihre Ziele klar verfolgen, nicht emotional werden und sich nicht in Konferenzen von Kollegen ins Wort fallen lassen. Das ist leichter gesagt als getan, denn bevor man im Konferenzzimmer ruhig und gelassen zu einer offenen #sexist-susi, der einem immer ins Wort fällt, weil er weiß, dass er damit die Frauen sofort einschüchtert, sagen kann: »Dürfte ich bitte ausreden?«, muss die Frau aufstehen, duschen, sich anziehen, sich eine Frisur machen, sich schminken und an diesen Konferenztisch gelangen.

Wenn ein Mann dagegen morgens einen wichtigen Businesstermin hat, tut er das, was er jeden Morgen tut. Seine Tätigkeit hier in Echtzeit beschrieben: Sein iPhone weckt ihn, eineinhalb Stunden vor dem Termin, er steht auf, geht in die Küche. Ist er eine Susi, schiebt er eine lila Alu-Kapsel in die Nespresso-Maschine, nimmt die gefüllte Tasse und geht unter die Dusche. Ist er ein richtiger Mann, besitzt er eine Saeco-Maschine, die für jede Tasse die Bohnen – schrrrooocchhhiiing – frisch mahlt, oder einfach ein Bodum-Glas mit Herunterdrückfunktion. Der Mann nimmt also seine Tasse, leert sie in einem Zug und geht unter die Dusche, duscht, kommt raus, trocknet sich mit einem Handtuch, stellt sich vor das Waschbecken, rasiert sich. Sieht dabei in den Spiegel und bemerkt seine Augenringe. Er nimmt einen Kamm und kämmt seine Haare, sofern welche vorhanden, nach hinten zur Otterfrisur. Zwei Spritzer Eau de Toilette (Susis benutzen meistens kein gutes Eau de Toilette), dann geht er zu seinem Schrank, holt ein weißes/hellblaues/blauweiß gestreiftes Hemd hervor und zieht es an. Dann einen blauen/braunen/grauen Anzug. Bei der Krawatte muss er etwas überlegen, entscheidet sich für eine Kombination aus Rosa und Pistazie von seiner Lieblingskrawattenmanufaktur. Ist er eine Susi, trägt er natürlich keine Krawatte. Er wirft sein iPhone und sein Blackberry in die Hosentasche, nimmt seinen Autoschlüssel, dreht noch einmal um, kramt seine Persol-Sonnenbrille aus der Tasche seines Trenchcoats hervor, setzt sie auf und los geht's.

Wenn eine Frau morgens einen wichtigen Businesstermin einhalten will, hat sie schon Stunden vorher den totalen Stress. Ihr iPhone weckt sie drei Stunden vor dem Termin, weil sie sich noch die Haare waschen muss. Sie steht auf, kocht sich Kaffee in einem dieser Alu-Schraubteile, macht sich Mandelmilch in der Mikrowelle warm und schäumt sie mit dem Ikea-Milchschäumer auf. Das Verhältnis Kaffee-Milch stimmt nicht, der Kaffee ist zu braun. Mehr Milch hinein. Jetzt ist der Kaffee zu kalt. Mehr Milch erhitzen. Sie verschüttet heiße Milch auf den Küchenboden und wischt sie weg. Sie macht das Radio an und geht mit der großen randvollen Tasse in die Badewanne. Sie wäscht sich die Haare. Etwas später verlässt sie das Badezimmer im Morgenmantel und Handtuch-Turban. Sie braucht noch einen Kaffee, erhitzt wieder die Milch, gießt den mittlerweile kalten Kaffee dazu und geht zurück ins Bad, um sich die Haare zu föhnen. Sie föhnt sich etwa zehn Minuten mit einer großen Bürste die Haare, sieht dabei in den Spiegel und entdeckt zwei neue Falten um die Mundwinkel, einen Pickel an der Schläfe und drei weiße Haare genau im Scheitel. Sie hört auf zu föhnen.

Ihre Haare sehen jetzt aus, als hätte sie die Finger in die Steckdose gesteckt. Sie zupft die weißen Haare vor dem Vergrößerungsspiegel mit der Pinzette heraus und dreht die restlichen Flusen ihrer 220-Volt-Frisur auf vier große Wickler, damit die sich wieder beruhigen.

Sie ist schon fix und fertig, öffnet alle Fenster und ihre Schränke. Was zieht sie an? Grauer Hosenanzug und weiße Bluse? Zu ernst. Das neue hellblaue Miu-Miu-Kleid? Zu modisch. Die denken doch alle, ich habe das Kleid meiner Großmutter aus den Fünfzigern geerbt, denkt sie. Jeans, Bluse und Jackett? Zu lässig. Die sind alle im Anzug. Weißer enger knielanger Rock und schwarzer Kurzarmpullover? Genau richtig! Aber welche Schuhe? Flach geht dazu nicht, High Heels auch nicht, sonst sieht es aus, als müsste sie von irgendetwas ablenken und sie wird nicht ernst genommen. Also Kitten Heels. Wo sind die schwarzen Kitten Heels, verdammt? Oh nein, die liegen hinten bei Martin im Auto, sie hatte sie neulich am See gegen die Turnschuhe ausgetauscht. Also keine Kitten Heels, hm, vielleicht dann doch ein paar spitze High Heels? Aber auf keinen Fall Louboutins, Anwälte sind so verklemmte Typen, wenn die diese roten Sohlen sehen, werden die sofort horny und man kommt zu keinem Abschluss. Ein Blick in den Spiegel von hinten zeigt das Schlimmste: Der Slip ist unter dem engen weißen Rock sichtbar, also runter mit dem Rock und dem Slip, hautfarbene Shorties suchen, alle Wäscheschubladen durchwühlen auf der Suche danach, nicht zu finden, es ist schon zehn Minuten vor Abfahrtzeit, und sie ist noch nicht geschminkt. Sie schwitzt in dem Kaschmir-Pullover auf der nackten Haut, da muss ein Baumwollunterhemd drunter. Ein hautfarbener La-Perla-String muss herhalten, obwohl sie weiß, dass es zu kalt ist, aber jetzt ist keine Zeit für Allüren. Pullover über die Wickler, schnell ein schwarzes Unterhemdchen über den Kopf, Pullover wieder runter. Perfekt.

Ins Bad rennen, alle Lichter an, dünne Make-up-Schicht ins

Gesicht, und jetzt aufpassen, denn um diese Uhrzeit zwischen all den Männern in einem nüchternen Büro verwandelt sich ein legeres Mittwochmorgen-Make-up schnell in ein Transvestiten-Gesicht, und ein frischer roter Lippenstift sieht schon im Aufzugspiegel nach Puff aus, und alles verzweifelte Abtupfen und -reiben nützt nichts. Denn Chanel Rouge Coco ist wirklich atombombenfest und hält bis zum nächsten Tag. Seit sie sich das letzte Mal normal geschminkt zwischen lauter Männern in schlecht sitzenden Anzügen und ungeschminkten Frauen in noch schlechter sitzenden Hosenanzügen wie eine Prostituierte fühlte, kommen nur Nude-Töne für Augen und Mund, Wimperntusche und ein Hauch transparentes Rouge infrage. Kein Parfüm, kein Deo mit Duft, kein Elnett de Luxe, nur das Clinique-Haarspray ohne Duft und sonstigen Spaß. Welche Tasche? Die gigantische Yves Saint Laurent, in die das MacBook Air passt. Oh Gott, die Wickler müssen noch raus und die Haare kurz kalt durchgeföhnt werden, schon fünf Minuten nach Abfahrtszeit. Mund mit Odol ausspülen wegen Angst vor Kaffeeatem. Mit den Pumps in der Hand in offenen Adidas-Sneakern in die Tiefgarage und los. Bei Ankunft aus Versehen mit den Adidas aus dem Auto rennen, wieder zurück, Pumps anziehen und losstöckeln. Als sie am langen Tisch den Krawatten gegenübersitzt, ist sie so erschöpft dass sie sich gar nicht mehr erinnern kann, warum sie überhaupt gekommen ist. Worum geht es hier heute noch mal?

So ist das, wenn man alles richtig macht, bei Männern und bei Frauen. Und da fragt sich die Menschheit noch, warum es so wenig erfolgreiche Businessfrauen gibt.

#karriere

Susi-Männer über vierzig und Frauen lassen sich generell zwei geschlechterübergreifenden Gruppen zuordnen: Die einen verfolgen eine Karriere, die anderen nicht.

Zwanzig Jahre früher spielte das noch keine große Rolle, man saß gemeinsam in Clubs, in Bars, in Pubs und an Flüssen und Seen herum, trank Bier, rauchte und hörte sehr viel Musik. Dann trennten sich die Wege. Bei den Männern gingen die meisten dort entlang, wo #geld, Erfolg und vielleicht auch Macht auf sie wartete. Die einen hatten mehr, die anderen weniger Glück, das Gesuchte zu finden. Und dann gab es noch die, die kleine oder gar keine Brötchen backen wollten. Mit vierzig spätestens spaltete sich die Erfolgsgruppe von den Erfolg- und Planlosen ab.

Besonders stark macht sich das bei den Männern bemerkbar, deren Erfolg sich an ihrem Bankkonto ablesen lässt. Vollkommen klar natürlich, dass der, der mit seiner Event-Agentur sechs Millionen im Jahr umsetzt, sich die dritte Eigentumswohnung gekauft hat und mit einer jungen Schauspielerin zusammen ist, die gerade seinen Porsche gegen einen Betonpfeiler gefahren hat, sich mit dem, der als Angestellter seinen Chef hasst, sich von seiner Susi-Frau nicht trennen will, weil er keine eigene Wohnung findet, die er sich leisten kann, nicht mehr so richtig viel zu sagen hat. Da geht einfach nichts mehr. Genauso wenig wie bei dem planlosen Ex-DJ-Kumpel, dem der erfolgreiche Freund schon dreimal in seinem Unternehmen einen Job vermittelt und den dieser jedes Mal aufs Neue versemmelt hat, weil er stattdessen die Empfangsdame vögeln musste, die irgendwann weinend von ihrem Platz rannte und erst nach Tagen wieder auftauchte.

Dieser Sorte Freunden ist einfach nicht mehr zu helfen, da ihnen nicht zu helfen ist. Es hat ohnehin keinen Sinn, das hat die Susi bereits verinnerlicht. Jeder muss sich selbst helfen. Ihm hilft ja auch keiner.

Bei den Frauen gibt es mehrere Kategorien, und es ist weniger leicht überschaubar:

1. Die Berufstätige. Sie arbeitet aber nur, um die Grundexistenz zu sichern, ohne weitere Ambitionen. Will, seit sie dreißig ist Familie und sucht verzweifelt nach einem Kindsvater. Der Anspruch an diesen sinkt mit zunehmendem Alter drastisch: Mit vierzig muss er nur noch in der Lage sein, einen funktionierenden Samen zur Verfügung zu stellen. Wenn sie es schafft, den Plan durchzusetzen, ist sie mit Mitte vierzig entweder unglücklich verheiratet oder unglücklich frisch getrennt und alleinerziehend mit #silf oder unglücklich, weil es nicht geklappt hat mit der Familie und die Männer alle nicht mehr zu gebrauchen sind.
2. Die Frau mit Job, aber ohne klar definierte Berufsausrichtung. Arbeitet immer irgendwie bei ihren Männern mit. Egal, ob der eine Typ Immobilien macht, der nächste ein Pharmaunternehmen hat, eine Anwaltskanzlei oder eine Bioladenkette. Sie mischt bei ihm mit. Bei jedem neuen Mann hat sie einen neuen Job. Mit zunehmendem Alter wird sie immer gestresster und hysterisch wegen der dop-

pelten Existenzangst. Wenn er sie verlässt, hat sie nichts. Das macht auf die Dauer hässlich.

3. Die Karrieremaus. Muss sich und der Welt permanent beweisen, dass sie hochbezahlt, hochdotiert und mindestens so gut ist wie die männlichen Kollegen. Jeder nächste Karriereschritt muss der Öffentlichkeit mithilfe von Xing, Linkedin oder Kress mitgeteilt werden. Facebook, Instagram und Twitter benutzt sie nur, um sich und ihr Business zu promoten. Die Karrieremaus kann nicht über sich lachen und lässt sich keine Schwächen anmerken. Sie ist immer schleimig nett zu allen und möchte perfekt und unfehlbar sein.
4. Die Hochschläferin. Sie hat nicht unbedingt das schönste Gesicht oder den perfektesten Körper, sie hat lediglich das kälteste Herz und kann darum so berechnend sein, dass sie nie mehr als vierundzwanzig Stunden ihrer Zeit an einen Mann verschwendet, der sie nicht weiterbringt.

Es gibt folgende unterschiedliche Typen von Hochschläferinnen:

a) Die Monster-Hochschläferin. Eindeutig die gefährlichste Version, weil eiskalt und skrupellos. Sie hat seit ihrer Teenagerzeit immer einen Mann, der sie gesellschaftlich, wirtschaftlich und sozial weiterbringt. Entweder verschafft er ihr direkt einen guten Job, der ihre Kompetenzen bei Weitem übersteigt, oder ihr wird durch die Verbindung mit diesem Mann ein Job angeboten, der ihre Kompetenzen bei Weitem übersteigt. Je älter sie wird, desto mächtiger und einflussreicher werden ihre Männer. Dass die Hochschläferin nichts kann und sich hochgeschlafen hat, ist überall bekannt, aber aus Respekt vor dem Mann wird darüber geschwiegen. Die Hochschläferin genießt das und missbraucht ihre Machtposition.

b) Die Angst-Hochschläferin. Sie hat in jeder neuen Firma sofort ein Verhältnis mit einem Vorgesetzten, oder sie hat den Job durch ihr Verhältnis mit einem der Vorgesetzten bekommen. Sie schläft, sobald sie einen neuen Job hat, mit ihrem Chef, dem Geschäftsführer oder dem Vorstand, egal ob verheiratet oder nicht. Dadurch kann sie ihn manipulieren, unangenehme Kollegen ausschalten und ihre eigenen Fehler und Unzulänglichkeiten vertuschen. Verlässt sie die Firma, löst sich das Verhältnis auf, und sie fängt an der neuen Stelle wieder von vorne an, so lange, bis vor ihrem Namen ein »Chef-« steht und sie aus dem Mätressenstatus herauswächst und als offizielle Begleitung an seiner Seite stehen darf. Sie ist besonders hart zu anderen Frauen und weiblichen Mitarbeiterinnen, lässt diese an ihrer Seite nicht wachsen und hält sie klein. Sie bedient sich fiesester Intrigen, um die Konkurrenz unschädlich zu machen. Diese Sorte Hochschläferin ist zwar unangenehm, aber am Ende auch nur eine arme Wurst, die sich selbst nicht genug zutraut.

Chef: »Den neuen Kunden kann doch Maria Baumann betreuen.«

Hochschläferin: »Das können wir ihr nicht antun, die jammert mir schon die Ohren voll, sie erstickt in Arbeit.«

Oder:

Chef: »Maria Baumann hatte eine tolle Idee ... Wie findest du sie?«

Hochschläferin: »Ach, das ist doch uralt, das gab's schon überall. Ein ganz alter Hut.«

c) Die Schönheits-Hochschläferin. Sie ist wirklich umwerfend hübsch, und das weiß sie auch, aber sie erlaubt sich nicht, mit dem Mann zusammen zu sein, in den sie sich verliebt hat. Stattdessen ist sie mit erstaunlich unattraktiven Männern liiert, die entweder unfassbar reich oder sehr einflussreich und mächtig sind. Auch sie hat schon mehrere Jobs bekommen, für die sie unterqualifiziert ist, aber sie kommt immer weiter. Und das, obwohl es schon oft schiefgegangen ist und sie die Position wieder verlassen musste. Sie findet immer wieder eine neue, gut bezahlte Tätigkeit. Irgendwann bekommt die Schönheits-Hochschläferin ein Kind und dazu einen überbezahlten Alibi-Job. Diese Sorte Hochschläferin ist zwar genauso falsch wie Typ a) und b), sie erschleicht sich aber mit ihrem Engelsgesicht die Sympathien anderer Frauen. Echte Freundinnen hat sie aber keine.

#geld

Im Kapitel #ängste wurde über die Vielzahl der Susi-Ängste geschrieben, unter anderem über die Existenzangst, die ihn antreibt, immer mehr Geld und Besitz anzuhäufen, was allerdings seine Existenzangst nicht mildert, sondern steigert. Nach der vierten Eigentumswohnung hat die alte Susi so starke Existenzängste, dass sie nachts zähneknirschend nicht schlafen kann. Die logische Konsequenz ist ein schlecht verdeckter Geiz, der die alte Susi befällt. Die alte Susi hat zwar zwei Autos in der Garage, von denen eines so alt und kostbar ist, dass man damit nicht fahren kann, zwei Bikes, von denen er keines benutzt, und zwei Schlagzeuge, obwohl er nicht spielen kann, kauft aber trotz #health-food-sucht und Angst vor Krankheiten und Kalorien immer die billigsten Eier. Der Geiz in ihm lässt keine zwanzig Cent mehr für Bioeier zu. Wenn die Susi Gäste erwartet, geht sie zu Aldi und kauft dort auch nur das Nötigste. Die Susi liebt es, sich selbst zu kasteien und so wenig wie möglich zu zahlen, legt aber sofort und gerne in der Apotheke hundertfünfzig Euro für Verbände gegen seinen Muskelkater auf den Tisch. Denn er ist auch Hypochonder. Letztendlich hat die Susi den materiellen Reichtum nicht nur durch Fleiß, sondern auch durch Geiz, Sich-und-den-anderen-nichts-Gönnen und blutsaugerische Handlungen angehäuft.

Gleichzeitig weiß die Susi, wie wichtig die Außenwirkung ist. Auf keinen Fall möchte sie als geizig und geldgierig wahrgenommen werden, sondern als das Gegenteil. Was sie leider nicht weiß: Jedes Daraufhinweisen macht sofort alles zunichte.

Statussymbole Männer

1. Geld
2. Erfolg
3. Macht/Einfluss
4. Besitz
5. Frauen
6. Kinder

Statussymbole Frauen

1. Der eigene Mann
2. Schönheit (Gesicht + Körper)
3. Geld
4. Erfolg
5. Lifestyle

Auf der Liste der wichtigsten Statussymbole für Männer steht also Geld an oberster Stelle. Auch wenn es niemand gerne hört oder zugeben will: Geld ist diese magische Substanz, die die Menschheit im erwachsenen Alter zusammenbringt und manchmal auch zusammenhält. Oder auch spaltet: Männer von Männern, Frauen von Frauen und Männer von Frauen. Dabei neigen eher Männer zu ausgeprägtem Geiz, sobald sie als Erwachsene – auf welchem Weg auch immer – zu etwas Vermögen gekommen sind; meistens gehen sie recht skrupellos vor, um ihr Geld zu vermehren. Frauen sind anders. Von ihrem hart selbst verdienten Geld gönnen sie sich alles, was sie glücklich macht: teure Kleidung, überflüssige Schuhe und Taschen, Schmuck und luxuriöse Reisen sowie verschönernde Eingriffe. Ein kleines Lifting fängt bei siebentausend Euro an, und die Besuche beim besten Dermatologen der Stadt resultieren stets in Rechnungen in Höhe von ein oder zwei Monatsmieten, je nach Wohnort: zum Beispiel München oder Dresden (siehe #aufspritzsucht). Hinzu kommen Beautybehandlungen wie Maniküre, Pediküre, Friseur und Waxing. Es ist ganz klar: Frauen haben einen viel aufwendigeren und teureren Lebensstandard als Männer, obwohl Männer durchschnittlich und auch prozentual sehr viel vermögender sind.

Männer, die Geld anhäufen und dabei einen Hang zum Geiz entwickeln, tun folgende Dinge:

- Sie greifen bei den Lebensmitteln immer nach dem billigsten Produkt. Während gut verdienende Frauen gerne das Dreifache beim besten Delikatessengeschäft der Stadt zahlen, allein schon um dort mit der neuen Handtasche gesehen zu werden.
- Sie fahren immer mit der S-Bahn zum Flughafen. Frauen nehmen lieber ein Taxi: Das erhält die Absätze, die Maniküre und die gute Laune.
- Sie behaupten, ausgenutzt zu werden, wenn das Kind sagt, die Schuhe/die Jeans seien zu klein geworden und es benötige dringend neue. Falls andere Mitmenschen der Tatsache zustimmen, das Kind sei aus seinen Sachen herausgewachsen, fühlt sich die Geiz-Susi als Opfer einer Verschwörung.
- Sie vermieten als Besitzer zahlreicher Immobilien grundsätzlich nicht an Freunde und an die eigene Freundin, da sie dann keine Wuchermiete mehr eintreiben können.
- Sie laden zum Grillen ein, damit die Gäste die tolle Dachterrasse bewundern können, aber es gibt nur zwei winzige tiefgefrorene Känguruh-Steaks und zwei Würstchen. Für drei Männer und eine Frau. Kein Brot. Als Beilage vier ungeschnit-

tene Tomaten. »Man muss doch nicht immer so viel essen.« (siehe #foodies)

Ein klarer Fall von Geiz-Susi liegt vor, wenn …

- er sich auch im Jahr 2015 nicht von seinem Schrank voll uncooler Neunzigerjahre-Lederjacken, Long-Coats und Diesel-Hemden trennen kann.
- er am Tag eine Schachtel raucht, sich aber immer Zigaretten mitbringen lässt oder seine Angestellten anschnorrt und sich nie selbst welche kauft. »Dafür gebe ich kein Geld aus.«
- er in seiner Zweihundert-Quadratmeter-Eigentumswohnung, mit der er unglaublich angibt, keine Möbel hat.
- er das peinlichste Auto der Welt fährt, nämlich einen VW Eos Cabrio, weil er von Volkswagen ein günstiges Angebot bekommen hat und die ausgehungerten #susi-frauen, die er datet, ohnehin keinen Audi von einem BMW unterscheiden können.
- sein Kind auf die Frage »Wie ist dein Vater so?« wie aus der Pistole »Geiziger Lustmolch« antwortet.
- er seinen Kunden/Klienten/Patienten immer das Teuerste andreht und horrende Summen berechnet, auch wenn sie danach nie wiederkommen.
- er bei sechs Millionen Umsatz und eigenen Immobilien nachts eine Plastikschiene trägt gegen sein Zähneknirschen vor lauter Existenzangst.

Das Prinzip ist einfach: Je reicher die Susi, desto geiziger. Keine gleichaltrige Frau, die sich in einem annähernd gesicherten materiellen Umfeld befindet, würde eines der oben genannten Dinge tun. Weder ihr Kind um dringend notwendige Kleidung betteln lassen, noch Gäste bewirten, als wäre die große Dürre ausgebrochen, noch die eigenen treuen Patienten wegen schnellem Profit über den Tisch ziehen. Auch bei #geld wird klar und transparent, warum Vierzigplus-Frauen und -Männer nicht zusammengehören.

#fortpflanzung

Wenn es etwas gibt, was die alternde Susi auf keinen Fall möchte, dann ist es die nochmalige Produktion von Nachwuchs. Während die junge Susi relativ leicht zu überlisten war und mit sich und dem Satz »Ich bin schwanger!« wenig anfangen konnte, hat sich die alternde Susi schon ein- oder mehrmals vollkommen überfordert dem Schicksal gebeugt, Windeln gewechselt, nachts nicht geschlafen und eine plötzlich unerträglich garstige Frau an seiner Seite ertragen. Und sich dabei immer wieder gefragt, womit er dieses Schicksal wohl verdient habe. Monate oder Jahre später wurde aus der jungen Susi ein von Trennung und Wochenendvaterpflichten zerrütteter Silf, an der die Kindsmutter, die Kinder und neue Frauen mit neuem Kinderwunsch zerrten.

Die alternde Susi hat genug davon. Er will seine Ruhe und bloß keine Kinder. Und zwar für keinen Preis der Welt!

Je nach Lebenssituation lassen sich vier unterschiedliche Susi-Typen unterscheiden, die zur Durchsetzung ihres Willens durchaus auch zu unlauteren Methoden greifen:

1. Die verheiratete Susi, die ein und mehrere Kinder von der ersten Frau hat und das Familienleben hasst, weil er eine Susi ist und keinen Verpflichtungen nachgehen möchte. Er möchte weder den Kindern ihre Schuhe anziehen, Nase putzen, unsägliches Geplärr ertragen, noch die Aufmerksamkeit der Frau als letzte Instanz in Anspruch nehmen. Darum nimmt er sich, wenn er das enge Korsett seines Lebens nicht mehr erträgt, eine devote Geliebte und jammert bei dieser, wie anstrengend und grauenvoll sein Leben als Familienvater und Ehemann ist. Die Geliebte nimmt ihn tröstend in die Arme und wartet geduldig viele Jahre, bis er endlich die nervige Frau und seine anstrengenden Kinder verlässt, in der Hoffnung, mit ebendieser Susi eine eigene Familie zu gründen und ihm ein anstrengendes und grausames neues Leben zu bescheren. Aber die verheiratete Susi ist nicht dumm, er verlangt, bevor er das alte Familienteam verlässt, dass die Neue niemals Kinder haben möchte. Sonst würde er sie sofort verlassen. Sie willigt natürlich ein, denn sie will die Susi unbedingt erobern, unbedingt. Natürlich wird sie Zeit ihres Lebens deswegen unglücklich sein, aber immer wieder stolz betonen, sie hätte dieses Opfer auf seinen ausdrücklichen Wunsch für ihn gebracht, nur für ihn. Und sieht dabei unglücklich aus ihrer Wäsche.

2. Die alternde Susi, die weder verheiratet ist/war noch Kinder hat, schwängert aus Versehen eine Geliebte. Die Geliebte sagt: Ich bin schwanger. Die alte Susi bricht zusammen, fängt an zu jammern und zu heulen: sein Leben, seine Existenz und was es sonst noch so zu heulen gibt. Sie soll es bitte unbedingt wegmachen lassen, er kann das auf keinen Fall, das geht unter keinen Umständen. Die Geschwängerte ist sauer und sagt, er soll ihr Geld überweisen für die Abtreibung. Er schickt ihr zweitausend Euro und fühlt sich großzügig dabei, denn die Angelegenheit kostet nur sechshundert. Sie bringt es aber plötzlich nicht übers Herz, geht

weit weg von ihm, sagt ihm, sie hat alles erledigt, und bekommt stattdessen ihr Kind. Ein süßes Baby, wirklich sehr süß. Und dem Papa wie aus dem Gesicht geschnitten. Die alternde Susi denkt, alles ist wieder gut. Aber die Bombe tickt …

3. Die alternde Susi hat ein Kind von einer Ex-Freundin. Er hat sich von der Ex-Freundin beziehungsweise Kindsmutter noch während der Schwangerschaft getrennt, angeblich weil diese kurz nach der Befruchtung verrückt wurde. Die Susi kümmert sich aber, so gut er kann, um sein Kind, das heißt, er spielt jedes dritte Wochenende Papi, was ihn mehr als genug strapaziert, genauso wie die ewigen Kämpfe mit der Kindsmutter um Geld, Erziehungsmethoden (sie praktiziert in seinen Augen viel zu sanft, er verlangt mehr Härte) und die miesen schulischen Leistungen des Kindes. Die alternde Susi leidet darunter, kein Sorgerecht zu besitzen, aber alle finanziellen Pflichten mehr als genug zu erfüllen. Dann wird eine neue, junge Geliebte Jahre später schwanger. Die alte Susi bricht zusammen, fängt an zu jammern und zu heulen, er will auf keinen Fall noch ein Kind, das eine Kind ist ihm schon zu viel an Verantwortung, der Stress mit der Kindsmutter Nummer eins bringe ihn an seine Grenzen, ein zweites Mal mache er das alles nicht mit, und was es sonst noch so zu heulen gibt. Die Geschwängerte will aber nicht abtreiben. Er erpresst sie, er werde sich sonst sofort von ihr trennen, werde zu dem Kind nicht stehen, und malt der armen Geschwängerten die hoffnungslose Zukunft eines vaterlosen Kindes aus. Sie als Scheidungswaise wisse doch, wie wichtig die Vaterrolle für ein Kind sei, wie könne sie das ihrem Kind also antun wollen? Die Geschwängerte ist sauer und sagt, er solle ihr Geld geben für die Abtreibung. Er überweist die sechshundert Euro, jammert aber weiter, er würde sich um sie kümmern, in Wahrheit datet er aber nach zweieinhalb Wochen schon zwei neue Damen. Als sie ihn entrüstet zur Rede stellt, nimmt er »den schlimmen Streit« zum Anlass, sich gar nicht mehr zu melden. Woher sie wusste, dass er sich mit gleich zwei neuen Damen datet? Nun, sie tat das, was alle Frauen früher oder später tun, um mehr Antworten zu erhalten, als ihnen je Fragen eingefallen wären: Sie durchforstete sein iPhone, während er morgens unter der Dusche war. (#digital-dating)

4. Die alternde Susi ist von dem ewigen »Ich bin schwanger« und »Ich will ein Kind« seiner jüngeren Geliebten dermaßen strapaziert, dass er davon spricht, sich sterilisieren zu lassen. Eine brillante Idee, die nie durchgeführt wird, denn auf der langen Liste der vielen Ängste der alten Susi (siehe #ängste) steht ja auch die Angst vor Impotenz. Natürlich glaubt die Susi, durch Sterilisation impotent zu werden, und lässt es lieber so weiterlaufen wie bisher. Er spricht aber gerne weiterhin davon.

Dabei müsste sich jede #susi-frau mit Kinderwunsch nur konkret die zwanzig Jahre Streiterei mit der Susi vor Augen halten. Streit um Geld, Streit um Verantwortung und Streit um Macht. Streit um das Sorgerecht. Streit um Schule, noch mehr Streit um Geld und um Verantwortung. Streit mit dem Kind, wenn es in die Pubertät kommt und der #susi-frau droht, es würde zum Vater ziehen, da wird wenigstens Fleisch und in Restaurants gegessen, und es gibt kein Internet-Verbot. Und wenn es ein Junge wird, wird er bei WLAN-Entzug zu seiner Mutter sogar sagen: »Mama, du kannst mich mal sauber am Sack lecken.«

#nutten

Manch erwachsener Mann hat bereits alles erlebt und getan, war schon überall und glaubt, schon alles gesehen zu haben (siehe #awa und #langeweile). Er empfindet sein Leben nur noch wie einen schalen Aufguss seiner Jugend und kann sich für nichts mehr wirklich begeistern. Aber er fühlt sich von Damen angeregt und vielleicht sogar verstanden, die sich für ihre Dienste bar bezahlen lassen. Sich mit Escorts, Hookern oder Nutten zu vergnügen ist nicht nur für erwachsene Männer kurzweilig und neuerdings auch trendy, auch viele sehr junge Männer schätzen die professionelle Verbindung zu weiblichen Kontakten. Es hat, vielleicht dank des vorbildlichen Lifestyles von Hollywoodstars wie Charlie Sheen oder Leonardo DiCaprio, durchaus an Anstößigkeit verloren und dafür an Dirty-Glamour gewonnen. Escorts gehören nicht nur in Hollywood auf jede anständige Party, sie sitzen mittlerweile auch in allen Nobu- oder Cipriani-Restaurants dieser Welt und warten unschuldig und gut gelaunt auf lustige Klientel.

Ein paar hübsche Escorts zum Zeitvertreib ihrer Gäste auf ihre Partys zu bestellen, ist nicht nur für Uber-Rich-Boys aus dem Finanzwesen völlig normal. Es hat sich auch in weniger übersättigten Kreisen etabliert. Die bei einer Agentur bestellten Mädchen kommen je nach Nation immer paarweise, setzen sich diskret in eine Ecke und unterhalten sich in ihrer Landessprache, bis einer der Männer auf sie zukommt und ihnen sagt, sie werden später mit ihm mitgehen. Die beiden Polinnen/Brasilianerinnen/Russinnen, oder woher sie auch kommen, haben jetzt nichts mehr zu tun, außer sich weiterhin zu unterhalten, Champagner zu trinken und zu warten, bis man sie holt.

Andere Männer fühlen sich ausschließlich von Nutten oder Pornodarstellerinnen verstanden, da nur die ihre Bedürfnisse befriedigen können, weil das, was sie wollen, mit normalen Frauen nicht geht und auch keinen Spaß macht. Sie interessieren sich kaum noch für gewöhnliche Frauen, finden diese langweilig und anstrengend.

Viele Typen, die in ihren jungen Jahren sehr attraktiv und von Frauen umschwärmt waren und dadurch sehr viel #sex hatten, sind sexuell noch satter und gelangweilter, sodass sie die eigens bestellten Damen bitten, sich nackt auszuziehen und sich doch bitte alleine miteinander zu vergnügen, während er sich auf einer großen Leinwand einen Pornofilm ansieht und auch da nur manchmal hinsieht, weil es ihn kaum erregt.

Drogennehmen mit Nutten ist obligatorisch. Nutten und Drogen gehören zusammen wie Tequila und Zitrone. Natürlich spielt auch die #altersdrogensucht bei der Schwäche für Nutten eine Rolle. Die Damen bringen die gewünschten Drogen gleich mit und erfüllen auch hier alle Wünsche, diskret und unkompliziert. Bei solchen Gelegenheiten passieren oft peinliche Zwischenfälle wie etwa der Tod durch Overdose im Fall des Google-Managers Forrest Hayes auf seiner Jacht. Er hatte sich von einer bestellten Prostituierten Heroin spritzen lassen und es nicht so gut vertragen, aber die Dame hatte keinen Notarzt gerufen, sondern in Ruhe ihren Wein ausgetrunken und die Jacht verlassen, während er starb.

Oder der bekanntere Fiat-Erbe Lapo Elkann, der in den Armen einer Transe overdosed in eine Art Koma fiel, aber das Glück hatte, dass die gute Transe im Gegensatz zu der Hure des Google-Managers noch klar genug war, um Hilfe zu rufen. Woraufhin Lapo wiederbelebt werden konnte und alle Zeitungen darüber berichteten.

#liebe

All you need is love – das wissen wir spätestens seit den Beatles. Aber was ist Liebe, wenn wir erwachsen werden? Ist es dieselbe, die uns als Teenager in den Wahnsinn und als Twenties um den Verstand gebracht hat? Gibt es als erwachsener Mensch noch diese Schmetterlinge im Bauch? Die zehrende Sehnsucht, die nach uns greift, wenn wir nachts im Bett liegen und an den anderen denken, dessen vorherrschende Eigenschaft in dem Moment vor allem eine ist: nicht da zu sein?

Ja, es gibt es noch, das Verliebtsein bei jungen Senioren. Aber da die Köpfe voll sind von schlechten Erfahrungen, kommt das Herz oftmals zu kurz. Frauen bieten Männern #sex, um so etwas wie Liebe zu bekommen, und Männer heucheln Liebe vor, um #sex zu bekommen. Und tatsächlich will der Mann durchaus auch geliebt werden. Er will in einer Beziehung leben, in der er derjenige ist, der die Liebe bekommt, doch er will nicht (mehr) der Liebende sein. Das hat er schon erlebt und als schmerzvolle Erfahrung abgespeichert. Je älter er wird, desto wichtiger ist es ihm, dass die Frau ihn liebt, ohne im Gegenzug dafür etwas zu bieten oder leisten. Das ist wahre Freiheit.

Und wenn sie Jahre später ganz alt und stillgelegt, also im

Ruhestand sind, brauchen sie so viel Liebe und Aufmerksamkeit, dass man sie schon als pflegebedürftig einstufen möchte. Ihre geplagten Ehefrauen können kaum den Raum verlassen, ohne dass die alten Herren verzweifelt um Hilfe rufen. Welche Ehefrau, dessen Mann frisch in Rente gegangen ist, kann davon kein Lied singen?

Auf die Frage, warum er mit seiner Freundin zusammen sei, antwortet ein attraktiver Achtundvierzigjähriger, der sich zuvor respektlos über seine Partnerin geäußert hat und lieber ohne sie gesehen wird, ehrlich und ohne zu zögern: »Sie liebt mich einfach total.« – »Liebst du sie auch total?« – Er lacht. »So würde ich das jetzt nicht bezeichnen …«

Also: Der Mann will, dass die Frau an seiner Seite ihn total liebt. Kann sie das nicht, ist sie nicht die Frau an seiner Seite.

Frauen können Männer aus ganz anderen Gründen lieben. Gerne wegen Geld. Frauen lieben es, wenn ihnen Männer Geld geben, auch wenn sie sich lieber erschießen lassen würden, als das zuzugeben.

Es gibt diese Szene in dem brillanten Mafiafilm *Good Fellas*, in dem Henry Hillers Frau Karen zu ihm sagt: »Ich brauche Geld!« – Und er: »Wie viel?« – Darauf sie: »So viel …«, und zeigt mit Daumen und Zeigefinger einen größeren Stapel an.

Das ist für die meisten Frauen die romantischste Szene des Films. Später wird er sie schlagen und sie ihn verlassen. Es mag schockierend klingen, aber Frauen fühlen sich geliebt, wenn ein Mann Geld für sie ausgibt. Männer wissen das und nutzen es aus. Susis ignorieren es und müssen sich mit den Frauen begnügen, die außer dem Bedürfnis nach Aufmerksamkeit keine weiteren Ansprüche haben: den vernachlässigten #susi-frauen.

Dabei geht es gar nicht um die Summe (vorausgesetzt, wir haben es mit einer Frau mit normalen Gefühlen und keiner Prostituierten zu tun; gold digger gelten als Teilzeit-Prostituierte), denn die Preisvorstellungen der Frau bestimmen sich über das Niveau des Mannes.

Auch beliebt: der Zugang in eine höhere Gesellschaftsschicht. Oder weil es ihnen peinlich ist, single zu sein, denn das bedeutet in ihrer Welt, keinen »abgekriegt« zu haben. Oder einfach, um nicht alleine zu sein. Viele suchen in einem männlichen Partner einen wahren Freund, mit dem sie durch dick und dünn gehen. Die Letzteren sind die, die von den Männern am meisten enttäuscht werden. Je älter der Mann, desto weniger ist er als guter Freund zu gebrauchen.

Frauen verstehen unter Liebe: ein schönes Leben und ein angemessener Status, um den sie von anderen Frauen beneidet werden.

Männer lieben (wir nennen es mal so) nicht mit dem Herzen, sondern mit ihrem Ego. Sogar ihre Kinder lieben sie oft nur mit ihrem Ego. Entspricht das Kind ihren Vorstellungen und funktioniert es, wie es soll, ist die Liebe groß. Ist das Kind anstrengend oder eine Enttäuschung, ist keine Liebe mehr da. Selten geht es einem Mann darum, dass es der Frau oder dem Kind einfach nur gut geht, ohne dass er selbst davon profitieren kann. Männer denken, es ist Liebe, wenn sie die teure Privatschule zahlen und einen Nachhilfelehrer dazu, damit das Kind etwas Anständiges studieren und es dem Ego des Mannes guttun kann. Männer denken, sie lieben ihre Frau oder ihre Kinder, obwohl sie ihnen im Grunde vollkommen egal sind. Das ist auch der Grund, warum sie nach jeder Trennung schnell einen Ersatz finden und wieder glücklich sind. Wenn es ihrem Ego gut geht, geht es ihnen insgesamt gut.

Eine Frau, die denkt, sie liebt ihren Mann, tut es auch wirklich. Egal ob sie ihn wegen seines Geldes, seines guten Aussehens oder seines Humors liebt. Oder sogar wegen seines Nachnamens oder seines Adelstitels. Liebe ist Liebe, egal warum. Zumindest, solange das Feuer brennt. Deswegen kommen sie auch lange nicht über Trennungen hinweg. Auch nicht, wenn sie sich getrennt haben und mit dem Mann nur wegen der schönen Reisen zusammen waren. Frauen durchleben grundsätzlich heftigen und lang anhaltenden Liebeskummer.

#viagra

Wer denkt, Viagra sei nur ein Potenzmittel für alte Männer, die keinen mehr hochkriegen, irrt. Viagra ist viel mehr als das – was niemand weiß, der seinen Körper noch nicht der Wissenschaft zur Verfügung gestellt und eine der blauen Tabletten von Pfister genommen hat.

Es gibt verschiedene Einsatzgebiete:

- bei Erektionsstörungen aller Art.
- um sich fit zu machen für einen Sexmarathon, bei dem man unbedingt lange durchhalten und einen Orgasmus nach dem anderen haben möchte.
- bei Besuchen im Bordell, oder wenn man es sich mit einem oder mehreren Hookern schön machen will. Viele Männer sind dann entweder so besoffen oder so überfordert, dass sie keinen hochbekommen. Mit Viagra lohnt sich der Spaß auf jeden Fall.
- bei Faulheit und bei lazy Kiffern, die keine Lust haben, sich zu bewegen oder auf die Frau zu legen.

Ein vierzigjähriger #susi-schreck berichtet: »Mein Freund hatte eine Phase, in der er nicht wirklich performed hat. Er wollte nur kuschelnd vor dem Fernseher liegen und hatte schon ein paarmal vor dem #sex versagt und keine Lust, wieder auf dem Prüfstand zu stehen. Ich habe dann Druck aufgebaut, wodurch es nicht besser, sondern erst richtig schlecht wurde – ich spreche hier über einen Zeitraum von sechs bis zehn Monaten. Letztendlich beschäftigt man sich dann mit den Möglichkeiten, wie er wieder aus dem Loop rauskommt: zusammen Pornos schauen, Hypnose, Medikamente … Er hat sich dann zuerst Pillen im Netz bestellt – irgendwas Natürliches –, aber das hat nicht funktioniert. Es war der Kopf und nichts Körperliches. Und dann kam Viagra. Das hat wunderbar funktioniert und ihm seine Blockade nach ein bis zwei Mal sogar gelöst.«

Ein anderer #susi-schreck erzählt: »Also, mein Freund ist meistens stoned und hat dadurch keinen besonderen Trieb, wir haben monatelang überhaupt keinen #sex gehabt, das war ein Problem. Ich möchte mit meinem Freund zusammenbleiben … aber eben nicht ohne vögeln. Für uns ist Viagra super. Er nimmt es und dann geht's, und ich bin happy.«

#geschenke

Während es in der Jugend leicht und unbeschwert war, Geschenke zu machen, ist jetzt das Gegenteil der Fall. Es ist schwer, Drama auslösend und nachhaltig. Ein falsches Geschenk kann eine Beziehung ein ganzes Leben lang wie ein dunkles Stigma begleiten. Oder wie ein Fluch. Oder wie ein Segen. Alles ist möglich.

Früher konnte es eine selbst aufgenommene Musikkassette sein. Oder ein zerlesenes Buch. Oder ein getragenes Sweatshirt, was er in einer kühlen Sommernacht ausgezogen und dem Mädchen gegeben hat. Sie wollte es nie wieder ausziehen, geschweige denn hergeben. Sein Sweatshirt, das schönste Geschenk der Welt.

Doch damit ist jetzt, wo wir erwachsen sind, Schluss. In der Erwachsenenwelt ist kein Platz für alte Pullis und bespielte Musikkassetten mehr. In den Herzen nicht und in den Köpfen schon gar nicht. Wir sind so hart geworden, wie das Leben es von uns verlangt hat. Wir haben keine Zeit mehr für Spielereien. Wir wollen weiterkommen. Ein blödes oder unpassendes Geschenk hält nur auf und kann beleidigender und demütigender sein als eine verbale Beschimpfung.

Ein Zahnarzt macht mit seiner zehn Jahre jüngeren Freundin nach seinem fünfundvierzigsten Geburtstag Schluss, weil sie ihm »den totalen Scheiß« zum Geburtstag geschenkt hat: Sie hat ihm aus dem Urlaub in Brasilien ein merkwürdiges T-Shirt mit Trompetenärmeln in einer falschen Größe und eine noch merkwürdigere Armyjacke mitgebracht. Er fand diese Geschenke ignorant und persönlich beleidigend und ein Zeichen dafür, dass sie nicht die richtige Frau für ihn ist.

Ein erfolgreicher Geschäftsmann sagt über seine eigene Entwicklung und seine Freigebigkeit: »Ich habe viel bezahlt und viele Geschenke gemacht. Eine Tasche hier und da. Dann noch ein paar Schuhe dazu. Aber ich mache das nicht mehr. Ich bin hart geworden. Die Frauen wollen nur absahnen. Mir kommen nur noch selbstständige Geschäftsfrauen ins Haus.«

Eine ehemals junge Susi auf der Schwelle zur alten Susi weigert sich nach sieben Jahren Beziehung partout zu akzeptieren, dass seine Freundin gesteigerten Wert auf Geburtstagsgeschenke legt. Wenn an ihren Geburtstagen die Familie und ihre Freunde hübsch verpackte Päckchen auf ihren Gabentisch legen, bekommt er immer schlechtere Laune und verbreitet miese Stimmung, weil er sich beim Anblick des sich biegenden Gabentisches »unter Druck« gesetzt und »als Versager« fühlt, und es ist nun der Nachmittag des Geburtstags, und er hat immer noch kein Geschenk, obwohl er seit Jahren das Programm kennt. Er tut einer der Freundinnen des Geburtstagskindes leid, sie sagt ihm, er soll ihr #geld geben, sie besorgt etwas. Er gibt ihr hundert Euro. Was bekommt man dafür, denkt sie sich und beschließt, zu Tiffany zu gehen und den Klassiker, das silberne Armbändchen, zu kaufen. Es ist zwar nur silber, aber es ist von Tiffany, und es wird in der berühmten türkisfarbenen Schachtel verpackt übergeben, und das ist ein guter Anfang. Sie besorgt es, die Susi übergibt es, das Geburtstagskind freut sich, und alles ist gut.

Nur ein Jahr später um dieselbe Zeit, die junge Frau hat

schon wieder Geburtstag, überreicht ihr die Susi erneut ein türkisfarbenes Päckchen. Es ist wieder ein Silberarmband drin. Diesmal mit etwas anderem Muster als das Jahr davor, aber ansonsten genau so. Die #susi-frau sagt, das hat sie doch schon, und gibt es ihm zurück.

Zwei Jahre später macht die #susi-frau mit ihrer Familie während ihres Geburtstags Ferien auf Ibiza. Auch die Susi ist eingeladen, und am Tag ihres Geburtstags, den die ganze Familie in einem Beachclub feiert, übergibt ihr die Susi wieder vor den Augen ihrer Eltern ein türkisfarbenes Päckchen. Drin befindet sich – tätä! – das Silberarmband, das sie ihm vor zwei Jahren zurückgegeben hat. Vielleicht war es auch ein anderes für hundert Euro, es gibt bei Tiffany einige in der Preislage, und alle sehen so gut wie identisch aus. Die #susi-frau gibt es ihm wieder zurück und hat drei Tage lang schlechte Laune. Die Stimmung aller übrigen Familienmitglieder ist gedämpft. Die Moral von der Geschicht? Manche Susis raffen's nicht.

Eine andere ältere Susi schreibt vier Wochen vor Weihnachten eine gute Bekannte an, einen #susi-schreck. Im folgenden Schriftwechsel lässt sich leicht ablesen, wie Susis zu Geschenken stehen.

Susi: »Guten Tag! Ich brauche deine Hilfe, bitte schön: Ich bin auf der weihnachtlichen Suche nach einem schönen ledernen Taschenspiegeletui für die Handtasche einer BlingBling abweisenden, luxuriösem Understatement allerdings durchaus offen gegenüberstehenden Frau. War schon überall ... aber Pustekuchen. Hättest du einen Tipp (idealerweise online zu kaufen)? 1000 Dank: Clemens«

#susi-schreck: »Du willst ernsthaft eine Taschenspiegelhülle verschenken? Die Taschenspiegel sind aus der Mode, benutzen nur noch vor 1945 Geborene ...«

Susi: »Ja, drum will ich's ja. Wenn es alle haben, wär's langweilig.«

#susi-schreck: »Also ich würde bei dem Geschenk sofort Schluss machen!«

Susi: »Aber meine Onlinebestellung des eigentlich nicht mehr hergestellten Creed-Duftes zieht sich verdächtig lange hin. Und ich will Weihnachten kein Gutschein-Drama.«

#susi-schreck: »Duft verschenken ist doch lame. Ich hoffe, es handelt sich hier nicht um deine Frau, Freundin oder Geliebte!«

Susi: »Soso, lame. Aber ich garantiere dir, sie wird sich freuen. Weil es den Duft wie gesagt nicht mehr gibt.«

#susi-schreck: »Ich wär wegen Duft oder Spiegeletui superpissed, aber wenn sie sich freut, hast du ja die Richtige ... hihi.«

Susi: »Was spricht dagegen, einen Duft oder ein Spiegeletui zu verschenken? Langweilig? Einfallslos? Kannichmirauchselbstkaufen? Sicherheitsschenker?«

#susi-schreck: »Weil ... also bitte! Taschenspiegeletui! Also BITTE! So was hab ich als Kind bei meinem Vater in der Praxis gefunden, da stand dann Dulcolax drauf, schenk ihr doch was Cooles.«

Susi: »Jetzt bin ich aber gespannt.«

#susi-schreck: »Frauen wollen Schmuck. Ein paar klitzekleine Diamantstecker reichen schon. JEDE Frau will Schmuck. Hab noch nie gehört, dass eine sagt: Ich hasse Schmuck, ich wünsche mir ein Taschenspiegeletui. Also wirklich!«

Susi: »Schmuck hat der Nikolaus schon gebracht. Kam sehr gut an. Schmuck gab es auch letztes Jahr zu Weihnachten. Ein Mal Volltreffer, ein Mal wurde umgetauscht. Madame ist picky.«

#susi-schreck: »Schenk ihr ne Reise, schenk ihr ein Wochenende mit ihrer Freundin in Paris! Du kriegst das schon hin, aber sag mir bitte am 26. Dezember, was sie zu dem Etui gesagt hat.«

Susi: »Warum soll sie mit der Freundin nach Paris? Ich will mit!«

Susi-Schreck: »Egoist! Weil du ihr eine Freude machen sollst und nicht dir!«

Vier Wochen später:

Susi: »Danke für die eindringliche Warnung: Frauen wollen Schmuck, so einfach isses. Der Bringer diesmal: Vintage Gucci. Ein prima 2015 wünsche ich dir!«

#susi-schreck: »Danke. Aber ich hatte mich schon so auf die Reaktion in Sachen Taschenspiegeletui gefreut!«

Susi: »Nach deiner Strafpredigt hatte ich Schiss. Die Reaktion auf das Taschenspiegeletui liefere ich dann nächstes Weihnachten nach. Frühestens.«

Es ist wirklich ganz einfach. Frauen wollen Schmuck. Und zwar richtigen Schmuck und nicht irgendeinen Tinnef von einem vereinsamten Vorort-Goldschmied und auch nichts von Christ oder von Karstadt. Sie wollen auch nicht das Billigste von Tiffany aus Silber. Sie wollen achtzehn Karat Gold (nicht vierzehn Karat), und sie nehmen auch gerne einen Stein. Weißgold geht, aber kein Silber, niemals. Es darf Vintage sein, aber nicht gefunden oder selbst gemacht. Und sie wollen auch Schmuck zum Geburtstag, wenn sie zu Weihnachten schon Ohrringe bekommen haben. Und Ohrringe sind kein Armband. Erbstücke von adligen russischen Großmüttern werden auch gerne genommen.

Achtung: Selbst Frauen, die behaupten, sie machen sich nichts aus Schmuck, wollen gerne Schmuck. Das sind arme #susi-frauen, die dieses Bedürfnis von klein auf unterdrücken mussten.

Außer Schmuck kann man noch schenken:

- antike Möbel wie zum Beispiel eine Nussholz-Hausbar von 1934 (nichts, was man an der Straße mitnehmen konnte, bitte)
- Designerlampen
- ein Kunstwerk ihres Lieblingskünstlers
- ein schickes Bike

- ein neues Auto
- ein MacBook (aber den verschenkt man so nebenbei, wenn sie einen braucht)
- Uhren von Traditionsuhrenmachern

Frauen können ihren Susis Folgendes schenken:
- Marshall-Boxen für sein Soundsystem
- eine Tastatur und Mini-Boxen für sein iPhone zum Anstöpseln
- einen Tarantula-Drachen
- ein Mini-Quadrocopter mit HD-Kamera
- ein Hemd mit passender Krawatte von Lanvin
- eine Parrot-Bebop-Drone
- einen Rocky-Bademantel
- ein Jedi-Lichtschwert

#wohnen

Mal abgesehen vom Sexdrive (siehe #alterssexsucht) unterscheidet erwachsene Männer und Frauen nichts so sehr wie ihre Art zu wohnen und sich in der zweiten Lebenshälfte dauerhaft einzurichten. Während die Männer ein Zuhause kreieren wollen, das mit allen möglichen Tools, Spielsachen und technischem Firlefanz ausgestattet ist wie ein Neunzig-Zoll-Fernseher, Marshall-Boxen und zwei sich gegenüberstehende B&B-Italia-Sofas, auf denen zwei Männer ausgestreckt liegen und Xbox spielen können, und was sie sonst noch brauchen, um glücklich zu sein, haben die Frauen Schwierigkeiten, sich eine eigene Höhle nach Wunsch zu gestalten. Das hat zum einen finanzielle Gründe, allen voran Geldknappheit und Geiz (Susi: »Ich zahl doch nicht fünftausend Euro für ein Sofa!«), und zum anderen auch die Angst, ein zu etabliertes Zuhause würde einer zukünftigen Paarbeziehung zuwiderlaufen. Darüber hinaus wissen die meisten Frauen auch beim Wohnen nicht, was sie wirklich wollen. Sie denken, ihnen reicht eine Zweieinhalbzimmerwohnung mit einem kleinen schattigen Balkon, auf dem nur zwei Klappstühle Platz haben, viele Vasen, Duftkerzen und ein Kuschelsofa, während viele Susis sich längst eine Eigentumswohnung geleistet haben und jedem, wirklich jedem, der die Wohnung betritt, als Erstes stolz eine Führung durch ihre Wohnung bieten. Diese Leute stolpern dann in der Susi-Wohnung herum wie eine japanische Reisegruppe: »Das ist das Badezimmer ... das Schlafzimmer ... hier ist meine Dachterrasse und der Weber-Grill ...«

Andere Susis richten sich ihr Zuhause als schlichte Sexstation ein. Eine Sexstation ist das Zuhause eines sexsüchtigen #workaholics, der seine Wohnung als Animierstube nutzt. In einer Sexstation gibt es ein sehr breites und prominent positioniertes Bett, einen großen Whirlpool, gerne eine Sauna und dimmbares Licht und Musik überall.

Es gibt gute Gründe, weshalb die Susi die Frauen generell lieber in seine Höhle holt, anstatt sie, seiner Urbestimmung folgend, in ihren Höhlen zu besuchen. Die Höhlen der #susifrau und #wiedervorlagen sind meist sehr kleine und bescheidene Behausungen, von der Mädchen-WG bis zu der Zweizimmerwohnung im vierten Stock ohne Aufzug und in einer Gegend, in der schon das Auto der Susi unangenehm auffällt. Die Wohnungen sind schlecht geheizt, die zweite Decke ist zu kurz oder gar nicht vorhanden und die durchschnittliche Susi-Frau hat keinen richtigen bis gar keinen Fernseher, von Apple TV oder Sky kann man nur träumen. Im Kühlschrank sind nur Ja!-Produkte, und seine Drinks bringt sich die Susi ohnehin immer selbst mit. Diese beengenden Verhältnisse sind nichts für die erwachsene Susi. Lieber gibt er der #wiedervorlage mit geschwollener Brust eine Führung durch seine Junggesellenhöhle, die im Eindruck schaffenden Stil eingerichtet ist. Er zeigt ihr seine Lichtinstallation im Flur, die sich mit einer App auf dem iPhone in grünes, rotes und lila Licht verwandeln lässt (siehe #kontrollsucht); er zeigt ihr seine Sonos-App, mit der er seine gesamte Musikbibliothek, bestehend aus Achtziger- und Neunzigercharts, im ganzen Haus oder auch nur in Schlafzimmer, Bad und Küche ertönen lassen kann. Er zeigt ihr seinen Eames Chair, seine Bang-und-Olufsen-Boxen und seine verchromte La-Pavoni-Europiccola-Deluxe-Kaffeemaschine: »So einen guten Espresso hast du noch nie getrunken …«

Die Eigentumswohnungs-Susi versäumt keine Gelegenheit, mit der hart verdienten Wohnung zu protzen. Sogar beim #digital-dating. Das geht dann etwa so:

Susi: *»Ich hab's mir gerade vor dem Kamin gemütlich gemacht. War nicht verkehrt. Mach ich viel zu selten.«*

#susi-frau: »Warum?«

»Mei … zweistöckige Wohnung …«

»Und …?«

»Na ja, man geht selten hoch.«

»Ach, der Kamin ist oben?«

»Jaaap.«

»Ist nicht üblicherweise das Schlafzimmer im oberen Bereich?«

»Daran arbeite ich … Oben ein Dachabteil dazukaufen und umbauen, ist schon in Arbeit. Das gibt's tolle Lösungen.«

»Also ist momentan das Wohnzimmer oben? Sorry, geht mich ja nix an. Ich find so was nur immer total spannend.«

Ja, superspannend. Während Männer neben ihren Eames-Stühlen, der Kaffeemaschine, dem Samsung an der Wand und ihren Porsche-Messern auch noch mehrere Sets hochwertiger Bettwäsche aus mercerisierter Baumwolle in Grauweiß besitzen, finden sich in den Wohnungen erwachsener Frauen merkwürdige Dinge, die Männern zu recht Angst machen.

Was eine Frau ab dreißig nicht mehr in ihrer Wohnung haben darf:

- mehr als zwei Teile von Ikea
- alte Puppen und Teddybären, sichtbar aufgereiht
- Seidenblumen
- mehr als einen Buddha
- Räucherstäbchen

- Lavalampe
- Satinbettwäsche oder bunte billige Bettwäsche
- eine Faltmatratze als Gästebett
- verwaschene bunte Handtücher, wie sie englische Sauftouristen am Strand benutzen
- Kerzen, die in einer leeren Weinflasche stecken
- ein stinkendes Katzenklo und/oder einen Katzenkratzbaum mitten im Wohnzimmer
- Kosmetik überall im Bad verteilt
- alles in Rosa und Pink
- vorgenähte Polyestervorhänge mit fertigen Schlaufen
- eine Fotocollage mit Fotos von lauter besoffenen Twentysomething-Bitches
- eine Überdecke, komplett über das verschlissene Sofa gezogen
- lustige Magnete am Kühlschrank

#highmaintenance

»Wahre Schönheit kommt von innen«, sagen alle. Nun, es stimmt, wahre Schönheit kommt tatsächlich ab einem gewissen Alter, konkret ab etwa dreißig, von innen. Was aber nicht bedeutet, dass das Außen minder wichtig ist, denn es verhält sich nun mal so, dass sich im Laufe unseres Lebens unser Inneres nach außen stülpt. Das Ergebnis sind verbitterte Mundwinkel, Sorgen- und Zornesfalten, aber auch glückliche und lachende Augen, die so warm und klar sind, dass die Falten drum herum etwas Schönes haben. Es entsteht das, was man Aura nennt.

Aber selbst mit einer Bomben-Ausstrahlung bleibt immer noch genug zu tun, denn der erwachsene Körper sieht, wenn man ihn nicht hegt und pflegt, im Alter übel aus. Wenn wir uns nicht ungefähr fünfmal so viel Zeit nehmen wie vor zehn Jahren und siebenmal so viel wie ein Mann, dann sehen wir aus wie eine arbeitslose Wahrsagerin aus dem Zigeunerviertel von Palma auf Jobsuche. (siehe #businesstermine)

Auch wenn die meisten von uns die ersten dreißig Jahre ihres Lebens mühelos ohne langweilige Besuche in Kosmetik-, Nagel- und anderen Studios sowie Verschönerungsinstituten verbracht haben, irgendwann merken sogar #susi-frauen, dass selbst lackierte Fingernägel einfach anders aussehen als eine günstige Zwanzig-Euro-Maniküre. Von der selbst gemachten Pediküre ganz zu schweigen. Und wer ein einziges Mal versucht hat, seinen Intimbereich mit Veet-Streifen selbst zu enthaaren, weiß Professionalität und ein gutes Waxing-Studio zu schätzen.

Die Twentysomething-Bitches gehen schon ab dem zarten Alter von vierzehn wöchentlich zur Maniküre, zum Eyebrowshaping und lassen sich ihre blonden Strähnen beim teuersten Coiffeur der Stadt blondieren, und sie empfinden das stundenlange Herumsitzen als erholsam und kurzweilig. Sie sind immer ganzkörpergewaxt und haben eine Haut wie Samt und Seide. Sie scheinen nichts anderes zu tun zu haben, als auf Instagram und in ihren Lieblingsblogs nach neuen Maniküre-Trends und Rapunzel-Frisuren Ausschau zu halten. Sie betreiben das Gutaussehen als Lebensphilosophie und posten Selfies im Neon-BH, um ihren Status zu dokumentieren.

Davon sind erwachsene Frauen weit entfernt. #susi-schrecks haben oft einen tagefüllenden Job, und zu Hause warten die Kinder, ein anstrengender Mann oder ein nervenaufreibender Lover (oder beides) und noch viele andere Pflichten. Manche machen sogar ihren Haushalt selbst. Und niemand, der älter ist als dreißig, darf noch über die Beauty-Routine sprechen, das ist den Bitches vorbehalten. Aber trotzdem muss ein #susischreck immer und zu jeder Zeit perfekt gepflegt und wie aus dem Ei gepellt aussehen. Hier wird schon deutlich, warum eine erfolgsorientierte starke Frau immer stärker ist als ihr männliches Pendant.

Wie viele #businesstermine, TelCos und Blackberry-Lunches (für die Siebzigplus-Leser: Telefonkonferenzen und Mittagessen, wo jeder sein Blackberry neben seinem Teller liegen hat) würde ein Mann noch einhalten, müsste er sich vorher jeden Tag die Haare föhnen, ein hübsches Gesicht schminken, einmal die Woche zur Maniküre, einmal im Monat zur Enthaarung, regelmäßig ins Kosmetikstudio gehen und dabei an die neue Herbstgarderobe denken?

#fashion_and_style

Wenn sich das Innere des adultierenden Menschen komplett umkrempelt, bleibt natürlich die Oberfläche auch nicht davon verschont. Gemeint ist: Die Kleidung ist ja nicht nur dazu da, um zu verhüllen und vor Erfrierungen zu schützen, sondern auch, um mehr oder weniger die geistige Einstellung zum Ausdruck zu bringen. Und wenn keine geistige Einstellung vorhanden sein sollte, wird auch dies durch Kleidung, man nennt es Stil, der dann eben nicht vorhanden ist, sichtbar gemacht.

Dieser Stil, der über vierzig Jahre gewachsen ist, verursacht jetzt Probleme. Das Thema Kleidung entpuppt sich für Männer, Susis, #susi-schrecks und auch für die #ladies (gerade für die!) als ein sich zuspitzendes Drama. Sich und seinen Stil als erwachsener Mensch nicht ganz zu verlieren, Attitude zu zeigen, aber dabei dennoch altersgerecht auszusehen – gepflegt, cool aber nicht langweilig –, ist für alle Männer und Frauen, die sich ihr ganzes Leben Gedanken über ein rattenscharfes Aussehen gemacht haben, eine Meisterprüfung, an der sie scheitern.

In jungen Jahren war es einfach, man zog sich entweder so an, dass das Innere perfekt widergespiegelt wurde, oder so, dass das Gegenteil der Fall war – man wollte vom Inneren ablenken. Jetzt arbeitet das neue und schier unwiderstehliche Bedürfnis nach Bequemlichkeit dagegen. Und, noch schlimmer: Männer wie Frauen lieben es aus Altersfaulheitsgründen jetzt praktisch. Und jedes Kind weiß, dass bequem und praktisch die Feinde des Stils sind. Das lässt sich ganz leicht ablesen, wenn man noch vor jedes Style-Item ein bequem oder praktisch setzt.

Beispiele:
- Frisur/praktische Frisur
- Schuhe/Bequemschuhe
- Jacke/praktische Jacke
- Anzug/bequemer Anzug

Alles klar.

Überdies ereilt alternde Susis und ihre weiblichen Pendants ein Altersgeiz (siehe #geld). Sie sehen nicht mehr ein, so viel #geld, oder überhaupt #geld, für teure Kleidung auszugeben. Ihre Argumente: »Merkt doch eh keiner.«/»Mein Schrank ist voll.«/»Ach, immer das Neueste, das brauche ich nicht mehr.«

Ist der Mann nur erwachsen und weder geizig noch faul, bequem oder praktisch unterwegs, dann stellt er sich folgende Fragen:
- »Kann ich noch Sneakers tragen? Auch im Büro?«
- »Welche Schuhe trage ich, wenn ich zu alt für Nike bin?«
- »Welche Schuhe trage ich zum Anzug, wenn draußen fünf Meter Schnee liegen?«
- »Hemd aus der Hose? Hemd in die Hose stecken?«
- »Unterhemd? Ja, nein? Oder ein T-Shirt unter alles?«
- »Shorts im Sommer, warum nicht?«
- »Krawatte, warum bloß?«
- »Jackett zur Jeans, geht doch?«
- »Anzug von Boss oder Brioni?«
- »Regenjacke? Übergangsmantel?«

- »Mütze oder Kappe gegen Glatzenfrost?«
- »Winterjacke oder Mantel? Oder lässigen Parka?«

Es gibt eine Sorte Mann, nennen wir sie Turbo-Susi, die ist von diesen Fragen dermaßen überfordert, dass sie ganz faul und bequem behauptet: »Ab vierzig sollte man seine alten Sachen auftragen.« Wie viele andere Dinge sagt die Turbo-Susi das natürlich nur, weil er kein #geld hat und auch zu faul ist, sich den Stress eines geschliffenen Looks zu geben, nachdem der bisherige nicht mehr so gut passt. Wer sein ganzes Leben einen Großteil seiner Gedanken auf seinen Kleiderstil verwendet hat – ob als Dandy und Styler oder als Fashion-Victim und optische Sexbombe –, wird ab Mitte vierzig feststellen: Plötzlich flutscht es nicht mehr.

Es sind zwar immer noch alle modischen Extravaganzen und Kleidungstile erlaubt, und auch Erwachsene dürfen alles anziehen, was sie wollen, denn zum Glück leben wir in einem Umfeld, in dem es keinerlei Restriktionen gibt, was Kleidung anbelangt. Aber etwas fehlt. Gefühl und Ausstrahlung lassen das gewohnte, herrliche Gefühl, mit einem Paar seltener Sneakers oder einem guten Shirt alle Fragen des Stils mit einem Schlag zu beantworten, missen. Die perfekte Jacke, um die einen alle Jungs im Club beneiden; oder das perfekt sitzende MiuMiu-Kleid im Wert einer gesamten Monatsmiete, und dabei zu wissen, man sieht großartig aus, mehr geht einfach nicht. Zwar kann man sich nun endlich das Kleid plus die passenden Schuhe leisten und sogar auch noch die Miete bezahlen, aber es rockt nicht so wie früher, als es hieß: Röcke sind zum Rocken da. Jetzt sind Röcke nur noch Röcke, und nichts rockt. Hinzu kommt, dass das Erschnüffeln von Trends mit dem Ziel, die Erste zu sein, und die damit verbundene »Ätsch-ich-hab's-schon-Haltung« absolut peinlich wirken.

Ein Mann hat es noch schwerer: Der schwarze Anzug mit schmaler Krawatte machte eben noch den eindeutigen tarantinohaften Gangster aus ihm. Egal ob der Anzug von Zara oder von Dior Homme war, Reservoir Dog ist eine Geisteshaltung und keine Frage des Geldes. Nun wird die arme Susi im schwarzen Anzug plötzlich von betroffenen Gesichtern gefragt, ob er von einer Beerdigung komme. Und die Susi will nur schreien: »Nein, verdammt, ich bin ein Gangster!!! Ich bin cool!!«

Und es geht weiter: Welche Schuhe verfälschen nicht die Persönlichkeit eines Mannes, wenn er sein ganzes Leben nur Sneakers trug? Frauen, die Vintage liebten, sehen jetzt mit einem gepunkteten Kleid und Gesichtsnetz aus wie Kriegswitwen und müssen sich fragen, welche Strümpfe sie im Business zum Kostüm tragen sollen und wie lang der kürzeste Rock ab fünfundvierzig wohl sein darf.

Die, die noch nie einen mördercoolen Style hatten und sich um solche Oberflächlichkeiten keine Gedanken machten, haben es natürlich viel leichter, denn sie merken gar nicht, dass es nicht mehr flutscht. Sie tragen weiterhin bequeme braune Schnürschuhe, billige weit sitzende Anzüge, Wetterjacken und uncoole Freizeitklamotten – sogar Shorts – und leben ruhig weiter.

Bei der Kleiderfrage sollten Männer folgende Gesetzmäßigkeiten beachten:

1. Hemd: ist, wenn es cool sein soll, sowohl am Körper als auch an den Ärmeln schmal, aber nicht knackeng geschnitten. Es ist aus Hemdenstoff und nicht aus Gardinenbrokat oder besticktem Denim. Der Hemdenschnitt der Susi wird auf das jeweilige Bodyissue der Susi abgestimmt. Entscheidend ist, ob die Susi es schafft, ausreichend auf Carbs zu verzichten und sich aufgrund ihrer #fitnesssucht zu quälen, oder besser gesagt: zu stählen. Der Susi mit Wampe bleibt nur das gewöhnliche, weit geschnittene Durchschnittshemd, das meistens auch an den Armen zu lang ist. Wenn die Susi bis vierzig das Hemd immer aus der Hose trug,

wird er plötzlich das Problem bekommen, dass dies irgendwie nicht mehr geht. Es sieht bei einem fünfzigjährigen Mann nicht mehr cool, sondern verwirrt aus, wenn er das Hemd aus der Hose trägt. Auch ein kleiner Bauchansatz wird dadurch eher betont als kaschiert, zumal die meisten trotz #fitnesssucht den berühmten aufgeblähten Sauf-Oberbauch bekommen, der durch den Verzicht auf Alkohol und schwere Abendessen schnell verschwinden würde.

2. Unterzieh-T-Shirt: gehört zu den größten Stilsünden überhaupt. Das dringliche Verlangen, ein T-Shirt unter das Oberhemd zu ziehen, scheint der deutschen Turbo-Susi jedoch leider eigen zu sein. Dabei kann die Shirt-Unterzieh-Susi in drei Kategorien eingeteilt werden.

a) Shirt-Susi, die Angst hat zu frieren
b) Shirt-Susi, die Angst hat, sein Hemd durchzuschwitzen und es dann nicht zweimal anziehen zu können
c) Shirt-Susi, die nicht weiß, wovor sie Angst hat

Das T-Shirt unter dem Hemd ist der absolute Vibe-Killer. Das weibliche Pendant zum hautfarbenen Stützkorsett! Frauen hassen das T-Shirt unter dem Hemd und wünschen sich Männer ohne T-Shirt. Leider ist das T-Shirt unter dem Hemd immer sehr gut sichtbar, die Ärmel scheinen durch, und das Bündchen oben am Kragen ist immer enger ausgeschnitten, als der einzige lächerliche Knopf sitzt, den die Susi offen lässt. Lösung: Achselhemden oder T-Shirts mit V-Ausschnitt! Aaaah!

3. Jeans: werden ab vierzig, wenn sie vorher noch eng und sexy waren, immer weiter und bequemer. Im deutschsprachigen Raum tragen noch nicht einmal mehr magersüchtige Homosexuelle Skinny Jeans. Und wenn die Hosen vorher sehr baggy waren und man die Hälfte der Boxershorts sah, werden sie normaler und rutschen weiter rauf.

Was die Hose ab vierzig auf keinen Fall sein darf:

- zerrissen; weder selbst gemachte Risse noch gekaufte sind erlaubt.
- von einem Designer, der wegen seiner Damenmode bekannt ist, zum Beispiel Gucci oder Versace.
- zu kurz, weil der Mann zu lang ist.
- zu kurz, weil gekürzt von einem Schneider, damit sie obenrum passt, aber so, dass man es an Naht und Garnfarbe sieht.

4. Schuhe: sind in ihrer Relevanz nicht zu unterschätzen. Schuhe und Bettwäsche sind die Dinge, in denen ein Mann die meiste Zeit seines Lebens verbringt, das sollte er nie vergessen. Es lohnt sich wirklich, auch wenn man sehr altersfaul ist, bei beidem etwas Geld zu investieren.

Männer lieben es, jeden Tag in denselben Schuh zu schlüpfen, am besten, ohne die Schnürsenkel auf- und zuzubinden, aus Faulheit natürlich. Man sollte aber den Schuhen eines Mannes nicht ansehen, dass die Susi nur ein paar Schuhe besitzt und eher Wert auf lange Haltbarkeit und Bequemlichkeit legt als auf italienische oder englische Schuhmacherkunst.

Verboten sind:

- alles mit Gummisohle, außer Desert Boots und Sneakers
- Trekkingschuhe und Ähnliches dürfen erst ab zwanzig Zentimeter Schnee getragen werden und natürlich immer in der tiefen Natur. Im Winter sind Schnürboots von Grenson erlaubt.
- alles im Camel-Boot-Hellbraun-Look mit Kreppsohle
- Sandalen; sind erst wieder ab achtzig erlaubt, dann sogar mit Socken drin

Erwünscht sind:

- die supersexy schmalen Schuhe der hervorragenden italienischen Manufaktur Berluti. Frauen lieben sie, Susis dagegen haben große Angst (Fußquetschangst) vor den windschnittigen feinen Schuhen mit dünner Ledersohle. Und vor dem Preis haben sie noch mehr Angst, maßangefertigt geht es bei dreitausend Euro los. Berluti-Schuhe werden deswegen in Deutschland nicht verkauft und auch so gut wie gar nicht getragen, was sehr zu bedauern ist. Aber es gehen auch die nicht ganz so zarten Salvatore Ferragamo oder derbere englische Shoemaker wie Crockett & Jones.
- Oxford-Schnürschuhe, egal ob Full Brogue oder Captoe Oxford; zweifarbige Oxford Brogues im Sommer sollten eine gute Patina haben und ohne Socken getragen werden. Dann sind sie, zu einer lässigen, weiten Sommerhose, very gatsby und sehr sexy.
- Chelsea Boots aus Glatt- und Veloursleder; sehen zu Jeans und Anzug immer korrekt aus

5. Sneakers: dürfen von Männern ab vierzig getragen werden, die vorher bereits ihr ganzes Leben lang Sneakers trugen. Die Betroffenen wissen, welche Sneakers gehen: Nike, Adidas, Converse, Asics. Alle Designer-Bling-Treter, Golden Goose sowie die Altersbequemschuhe von Hogan und Tod's sind übel. Es ist also ganz einfach.

6. Anzug: ist Übungssache. Wer mit vierzig einen Anzug jeder Art nicht selbstverständlich tragen kann, keinen dunklen Dinneranzug und keinen Smoking besitzt, wird es wohl auch in Zukunft nicht mehr tun. Turnschuhe zum Anzug sind genauso verboten wie das Überwerfen eines verbeulten Jacketts zu zertragenen Jeans, wenn auf der Einladung Dinnerjackett steht. Es ist auch weder lustig noch rebellisch, wenn ein fünfundvierzigjähriger Kultursenator in Berlin in Turnschuhen und Jeans zu einem Empfang im US-Generalkonsulat erscheint, wo alle Herren in dunklen Anzügen und Damen in Cocktailkleidern herumstehen. Es ist nur peinlich, sogar in Berlin gibt es Grenzen.

7. Unterwäsche: sollte nicht vernachlässigt werden. Enge Baumwollshorts und weite Boxershorts sind erlaubt. Microslips, Tangas und anderes muss nicht erwähnt werden. Auch die geizigste Umwelt-Susi geht von Zeit zu Zeit zu Hess-Natur und kauft sich neue Unterhosen, weil die Naturfasern nicht lange halten. Langlebige gut sitzende Unterwäsche macht die ausgezeichnete Schweizer Firma Zimmerli sowie das alteingesessene französische Traditionsunternehmen Eminence.

8. Socken: sollten schwarz und unversehrt sein. Der kluge Mann kauft sich immer dieselben Socken, damit seine Putzfrau nicht wahnsinnig wird beim Zusammenlegen. Auch wenn der Mann von Welt natürlich Kniestrümpfe trägt, um dem »Figura Brutta«, dem Stück behaarter Wade beim Übereinanderschlagen der Beine zwischen Sockenbund und Hosensaum, zu entgehen ... Nun gut, wir wollen unsere Männer nicht überfordern.

Der beste Onlineshop für altersfaule Susis, die Angst vor Shopping haben, ist für alle Altersgruppen Mr Porter.

Erwachsene Frauen beachten in Sachen Kleidung bitte folgende Gesetzmäßigkeiten:

Vorneweg sei gesagt, dass #susi-frauen generell noch nie große Sorgen in Garderobefragen hatten. Denn an das Aussehen und an die Kleidung hohe Ansprüche zu stellen heißt ja, generell anspruchsvoll zu sein, und das fällt bei der #susi-frau von Kindesbeinen an aus. Aber die anderen!

1. High Heels: sind in Deutschland ein Thema für sich. Aber sogar die schlimmsten Turbo-Susis sagen: Ich liebe High

Heels. Männer sagen: Bitte hohe Absätze und kurze Sätze. Aber je älter die Frau, desto mehr distanziert sie sich von hohen Absätzen. Das ist natürlich nur bei uns so, in Paris stöckeln auch steinalte #ladies auf ihren Absätzen durch Paris, die Haare perfekt geföhnt und das Gesicht sorgfältig geschminkt. Sollte die Frau bei einer #datenight die Entscheidung gefällt haben, High Heels mit wirklich hohen dünnen Absätzen zu tragen, sollte sie diese auch bis zum Schluss anbehalten, und sich weder ständig darüber auslassen, wie sehr ihre Füße wehtun, noch die Schuhe ausziehen. Eine #lady weiß das zu handeln. Billige Heels oder Kopien von roten Sohlen sind nur ganz jungen Schulmädchen gestattet. Eine Frau von Welt lässt nur adäquates Schuhwerk an ihre Füße. Wenn sie kein #geld dafür hat, muss sie eben welches verdienen.

2. Birkenstock: ist nichts anderes als ein Terror-Trend. Nie wurde etwas Tragbares mit offeneren Armen empfangen. Deutsche Frauen lieben seit 1945 Schuhe, die vorne breiter sind als hinten, weil sie einfach so praktisch sind. Sie haben es als hip erklärt und gehen damit abends sogar in elegante Restaurants, in denen jeder russische Aushilfsescort passender gekleidet ist als die hippe Großtadtvierzigerin in ihren Lederadiletten von Céline.
3. Denim: wird von erwachsenen Frauen geliebt. Zwar hassen diese modische Jeanstrends wie Schlaghosen, sie lieben aber »etwas Witziges« am Bein. Und darum sind sie auch ganz vernarrt in Nieten, Zipps an unpassenden Stellen, Stickereien und Applikationen. Und sie legen gesteigerten Wert auf einen guten Sitz, der die Figur umschmeichelt und »einen tollen Arsch« macht.

Frauenzeitschriften widmen diesem Thema mehrmals jährlich mehrere Seiten – »Sind Sie Apfel oder Birne?« – und geben mehr oder weniger sinnlose Tipps zum Jeanshosenkauf. Es lohnt sich, denn die Industrie weiß: Für einen guten Sitz der Jeans sitzt das Geld bei den erwachsenen Damen lockerer, und es dürfen auch schon mal mehrere hundert Euro sein. Obwohl Skinny Jeans und Schlaghosen die vorteilhaftesten sind, hat sich bei den Damen ein besonderer Stil durchgesetzt, der als jugendlich-frech gelten soll und in erster Linie in Düsseldorf und auf der Lieblingsinsel Mallorca und dort besonders in Palma und in dem unsäglichen Jachthafen Puerto Portals zu sehen ist, und zwar an stark blondierten Mittvierzigerinnen im Claudia-Effenberg-Look, die lustigerweise meistens auch Claudia heißen und sich modisch von ihren Teenager-Töchtern beraten lassen. Das Ergebnis sind viel zu enge, auf der Hüfte sitzende Jeans mit Verzierungen, Statement-Gürteln und Nieten, vielen Nieten: an dem Lederbeutel, den sie immer umhängen haben, an den Boots und vielleicht noch an der Lederjacke, die sich über dem zu prallen und zu braunen Busen nicht schließen lässt. Diese Spezies sieht sich als jung geblieben und sexy und versteht nicht, warum ihnen niemand hinterherpfeift.

4. Rocklänge: folgt einer klaren Regel. Auch wenn die Frau es sich leisten kann und unabhängig von den tollsten Beinen und allen Trends: Ab fünfundvierzig sollte der Rock nicht kürzer sein als ein paar Finger über dem Knie. Die neue wadenlange Midilänge ist sexy, wird aber als solches bei uns leider nicht verstanden. Von bodenlangen Maxiröcken, Fransen, Fetzen und Hippielook ist ab vierzig dringend abzuraten, genau wie von Stirnbändern. Erwachsene Frauen sehen darin aus wie arbeitslose Wahrsagerinnen auf Jobsuche.

5. Shorts: hießen früher, als die Welt noch in Ordnung war, Hotpants. Damals sollten sie vor allem eins sein: sexy und hot. Das ist beim Kleidungsstück mit kurzen Beinen heute verloren gegangen, und sie sollen jetzt in erster Linie eins sein: bequem. Kaum kommen im Frühjahr die ersten warmen Sonnenstrahlen, sieht man Millionen Frauen in Shorts durch die Städte wandern, und fast keine kann es sich leisten. Was noch nicht mal an der Figur liegen mag, sondern an der Abwesenheit von Stil und fehlendem Styling. Einfach die (verwaschenen) Shorts vom letzten Sommer und ein ebenso verwaschenes Oberteil herauskramen und dazu Flip-Flops an den Füßen, das läuft nicht. Die Shorts ist keine Jogginghose, und selbst wenn: Beides trägt man ab vierzig auf der Straße nicht mehr. Shorts sind erlaubt für die, die wirklich perfekte Beine hat, eine superschöne gut sitzende Shorts aus einem guten Material besitzt und weiß, dass man diese nur mit einer frisch gebügelten weißen Prachtbluse trägt. Dazu sind Espadrilles und ein Strohhut im Fifties-Look erlaubt. Jede Frau liebt es, ihre Beine zu zeigen, sie sind unten, sie sind lang, und sie sind unschuldig. Darum, noch einmal, wenn die Beine wirklich allzu perfekt sind, geht es vielleicht ab vierzig auch noch mit High Heels und einem Smoking-Jackett am Abend. Aber ab fünfzig bitte nur noch am Strand.

6. Strümpfe: schwierig. Frauen sollten die meiste Zeit gar keine Strümpfe tragen, aber das halten im Winter nur die tapferen Ladies in Manhattan aus. Bei uns haben Frauen einen anderen Lifestyle und werden nicht von ihrem Driver auf geheizten Ledersitzen direkt in die Tiefgarage gefahren und von dort über einen Teppich in den Lift geschleust. Dennoch sind hautfarbene Strümpfe der Killer, egal wie hautfarben und wie unsichtbar. Die meisten Frauen haben aber das Problem, dass sie nicht wissen, welche Strümpfe sie wählen sollen, wenn schwarz nicht passt, weil das Kleid vielleicht weiß oder fliederfarben ist. Hinzu kommt, blickdichte schwarze Strümpfe gehen nur im Winter, wenn auch graue aus feiner Merinowolle gut funktionieren. Wenn weder Winter ist noch blickdicht passt, gibt es nur eine Lösung: eine Sammlung an hochwertigen kniehohen Lederstiefeln mit allen möglichen Absätzen. In diesen Stiefeln können heimlich flauschige Cashmerekniestrümpfe getragen werden. Dazu gehen dann auch im Dezember nackte Beine. Wem das immer noch zu frisch ist, trägt heimlich eine kleine feine Seiden-Hotpants unter dem Rock. Schlimmer als hautfarbene Strümpfe sind glänzende hautfarbene Strümpfe. Strümpfe müssen immer matt sein. Egal was die Strumpffachangestellte sagt, die #lady wiederholt mantramäßig nur ein Wort: MATT.

Die besten Strümpfe sind die von Fogal. Oder günstiger die von Falke.

7. Lingerie: bietet nur wenige Möglichkeiten. Feinste Spitze von La Perla, Kiki de Montparnasse oder Chantal Thomass für die #lady, Agent Provocateur oder Myla für den #susischreck und schlichte gekämmte weiße Baumwolle von Zimmerli für alle. Alles aus Plastik, H & M und Billigketten wie Intimissimi ist für erwachsene Frauen verboten. Kinky Dessous aus Leder und Strapse mit passenden Peitschen und Augenbinden, wie es sie jetzt bei jedem Blumenhändler zu kaufen gibt, kommen meistens nicht so gut an und sind als Beziehungsrefresher oder Stimmungsmacher vollkommen ungeeignet. Effektiver als Sexwäsche ist: Willst du was gelten, mach dich selten.
8. Zara: die Vorhölle. Viele Teile sehen auf den ersten Blick nicht so schlecht aus, aber wenn man das Zeug im Schrank hat und sich klarmacht, ALLE wissen, dass es von Zara ist und nur neunundvierzig Euro gekostet hat, lässt man es auch besser dort hängen oder bringt es innerhalb von vier Wochen zurück. Und wundert sich, wen man alles dort trifft, wenn man einmal kurz bei Zara in der Schlange steht.
9. Zalando: die Hölle. Die Armen, die dort bestellen, weil sie ihre #kaufsucht nicht mit Net-A-porter, Matches Fashion

oder, besonders advanced, mit Moda Operandi befriedigen können, haben mehr mit Zurückschicken zu tun als mit Kaufen. Zalando ist nur für Masochistinnen.

10. Verboten für alle und immer, es sei denn, sie sind stolz darauf, eine echte Proletin zu sein sind:

- Fußkettchen; auch auf Ibiza, Bali und als Veteranin der Bhagwan-Disko
- Acrylnägel und French Manicure
- Flip-Flops aus Plastik; auch von Havaianas und auch am Strand. Nur wenn der Lebensmittelpunkt eine Favela in Brasilien ist, dann erlaubt.
- alles aus Polyester
- billige High Heels mit verbogenem Absatz
- abgelaufene Absätze, die beim Laufen ein den Verkehrslärm übertönendes Klack-klack-klack hören lassen
- abgelaufenes Parfüm; Parfüm läuft ab beziehungsweise kippt um, wenn es im Licht steht. Wissen die meisten Frauen nicht.
- sichtbare BH-Träger, wo kein BH-Träger hingehört; auch unsichtbare BH-Träger aus Folie sind sichtbar.

11. Ab siebzig sind erlaubt:

- Ballerinas
- hautfarbene Strümpfe in Ballerinas
- visible Sliplines
- Hermès-Gürtel

#tipps_umsonst

Für die Frau:

- Rufen Sie nie einen Mann ein zweites Mal an, wenn er beim ersten Mal nicht drangegangen ist.
- Lassen Sie sich nicht beim ersten Date vögeln, wenn Sie eine Beziehung suchen.
- Wenn Sie sich doch haben vögeln lassen, obwohl Sie nicht wollten, tauchen Sie unter.
- Lassen Sie sich nicht beim Fremdgehen erwischen, auch wenn Sie es ihm heimzahlen wollen und sich gerne erwischen lassen.
- Speichern Sie die Nummer Ihres heimlichen Lovers unter: Gülsen-Maniküre.
- Ändern Sie alle Kennwörter, wenn Ihre technische Begabung dazu reicht.
- Blockieren Sie, sobald ein Digital-Flirt mit einem gebundenen Mann losgeht, sofort, wirklich sofort und ohne zu zögern, seine #lady auf Facebook. Sollte sie einen Instagram Account besitzen, natürlich auch dort. Je schneller, desto besser. Das heißt, sie sollte gar nicht wissen, dass es etwas zu sehen gibt für sie.
- Bei jedem Treffen sagen Sie zu ihm: »Gib mir mal bitte dein

iPhone«, und löschen dann alle neuen Chats, auf WhatsApp, Facebook, Skype und natürlich auch alle SMS mit Ihnen. Ihn anzuweisen, er solle es tun, wird nicht reichen, da er es entweder vergisst oder nicht machen wird. Männer wollen im Grunde erwischt werden.

- Tauschen Sie nach dem Treffen mit dem gebundenen Mann keine SMS aus. Seine Frau ist ja nicht blöd: Er macht sich fein, verschwindet für Stunden, kommt aufgekratzt nach Hause, starrt den ganzen Abend vor sich hin oder tippt auf seinem iPhone und lächelt dabei.
- Löschen Sie in seinem iPhone den eigenen Namen und speichern Sie Ihre Nummer unter: Mehmet-Taxi.
- Prüfen Sie bei jedem Treffen, ob er irgendwelche Spuren von Ihnen an sich trägt.
- Prüfen Sie auch regelmäßig bei Ihrem Mann, ob er irgendwelche Spuren trägt.
- Sagen Sie nie zu einem Mann: »Ich bin auf deiner Prioritätenliste nach unten gerutscht.« Beißen Sie stattdessen in einen Apfel. Sie haben mehr davon.
- Er wird sich nie melden, wenn Sie das Telefon oder sein Profilbild auf Facebook anstarren. Er wird sich auch nicht melden, wenn Sie beten. Stattdessen werden Sie eines Morgens aufwachen, und er hat vier lange Nachrichten geschrieben. Oder auch nicht.
- Melden Sie sich auf keinen Fall, wenn er sich lange Zeit nicht gemeldet hat. Er ist nicht tot. Er hat schlechte Laune, und wenn Sie ihn anrufen, haben Sie auch schlechte Laune.
- Verlieben Sie sich nicht in Ihren Schönheitschirurgen, nur weil er Ihnen süße Nachrichten schreibt. Er will nur endlich die kostenaufwendige Lipo-Aufspritzung machen.
- Geben Sie Ihrem zweiundzwanzigjährigen #toyboy immer genug zu essen, damit er sich bei Einladungen und in Restaurants nicht ausgehungert und gierig über das Essen hermacht wie die Katzen an den Mülltonnen-Kolonnen in Griechen-

land und Istanbul. Und geben Sie ihm auch hin und wieder ein Stück Fleisch und ein paar Kartoffeln. Junge Männer können nicht nur von Hummus und Oliven leben.

- Reden Sie nicht über Ihre Verdauung, Food-Intoleranzen und über Ernährung generell. Mit niemandem.
- Essen Sie hin und wieder etwas, was Ihnen wirklich gut schmeckt. Sie werden sich wundern, wie sich Ihre Stimmung schlagartig erhellt.
- Erzählen Sie bei einem ersten Date nicht, dass Sie Gürtelrose/Milchschorf/Schuppenflechte/Krebs hatten. Kommt nicht gut an.
- Erzählen Sie bei einem Date nicht, dass Sie schon mehrere Abtreibungen/Fehlgeburten hatten. Männer finden das grauenvoll.
- Verabreden Sie sich nie mit einem Betrunkenen, der Ihnen seine Liebe gesteht.
- Denken Sie immer daran: Alle Männer nerven.
- Geben Sie keinem Boulevard-Magazin ein Interview darüber, wie Sie es mit einem oder mehreren Prominenten getrieben haben.
- Drücken Sie jeden Mann weg, der über WhatsApp anruft.
- Machen Sie hin und wieder einen Hitler-Witz.

Für den Mann:

- Rufen Sie nie eine Frau ein zweites Mal an, wenn sie beim ersten Mal nicht drangegangen ist. Zweimal anrufen ist Stalking. Dreimal: Terror.
- Achten Sie beim Eintippen des iPhone-Codes darauf, dass sie nicht hinter Ihnen steht. Alle Frauen auf der Welt haben den iPhone-Code jedes beliebigen Mannes, weil sie sich kurz hinter ihn stellen, wenn er ihn eintippt. Er merkt es nicht.
- Lassen Sie Ihr Telefon nie alleine, auch zum frühmorgenlichen Gang zum Klo nicht.

- Spielen Sie nicht aus Verlegenheit auf Ihrer Gitarre/Ihrem Schlagzeug, wenn Sie Damenbesuch haben.
- Sagen Sie nie: »Niveau kann man kaufen.«
- Falten Sie nicht umständlich Ihre Anzugshose zusammen (damit sie nicht knittert), wenn die Frau schon nackt in Ihrem Bett liegt.
- Machen Sie in Gegenwart einer Dame keine Pro-und-Kontra-Liste mit Unternehmungen, wenn Sie mal Damenbesuch haben.
- Bestellen Sie sich kein Gyros, wenn Sie in einem griechischen Restaurant in München sind. Zwingen Sie die Frau einfach hin und wieder, etwas zu essen, was sie nicht essen will, wie zum Beispiel ein Schnitzel.
- Denken Sie immer daran, dass Zeit das luxuriöseste Geschenk überhaupt ist.
- Kaufen Sie sich keinen Plastik-Trolley von Picard mit ausklappbarem Roller, weil man damit »ganz schnell von Gate zu Gate« fahren kann.
- Gehen Sie in Südfrankreich nicht in den billigsten Supermarkt und kaufen eingeschweißte belegte Baguette-Sandwiches für sich und Ihr Kind, weil alles so teuer ist. Gehen Sie wenigstens in die Patisserie und kaufen Sie frisch belegte Baguettes.
- Wenn die Lady ihren Champagner in einem großen Glas auf Eis trinken will, schwadronieren Sie nicht herum, wie teuer ihr Champagner war und wie man ihn zu trinken hat. Organisieren Sie ihr einfach einen Kübel Eis und lassen Sie sie in Ruhe.
- Rennen Sie nicht sofort zur Waschmaschine und stopfen Sie sie voll, wenn Sie Damenbesuch haben.
- Setzen Sie sich nach dem Geschlechtsakt nicht in Unterwäsche in die Küche, während die Waschmaschine schleudert. Schon gar nicht gemeinsam mit Ihrem Besuch.
- Sagen Sie nie am Anfang eines Dates: »Ich kann nicht so lange.«

- Erwähnen Sie nie Ihre Frau.
- Tragen Sie keinen Fahrradhelm. Auch nicht, wenn Sie Angst vor Verletzungen haben.
- Jammern Sie nicht, dass Sie die ganze Zeit alles bezahlen müssen und sich wie ein Sugardaddy fühlen, wenn Sie mit einer Twentysomethingbitch zusammen sind ohne Job und Plan, weil Sie sich »mit ihr so unfassbar jung« fühlen.
- Jammern Sie nicht, dass Sie sich mit den Twentysomethingbitches langweilen, weil die die ganze Zeit auf ihr iPhone starren und darüber sprechen, wer alles was geliked hat.
- Auf Facebook und Instagram gelöscht zu werden von einer Twentysomethingbitch ist kein endgültiges Schlussmachen, sondern eine Aufforderung, sie mithilfe von größeren Geschenken zurückzuerobern.
- Haben Sie keine Angst vor Ihrer sexuellen Zukunft, wenn Sie alt sind und Geld haben. Die internationale Regel lautet: Alter Mann mit Geld + junge Frau. Alter Mann ohne Geld + alte Frau.
- Wenn die Langweile wirklich zu unerträglich wird, gibt es nur zwei Dinge, die helfen: Natur und Tiere.